BOSSA nova

: 우아하고 경쾌하게 조직 혁신하기

비욘드버지팅, 오픈스페이스, 소시오크라시를 결합한 전사적 애자일 적용

BOSSA nova

: 우아하고 경쾌하게 조직 혁신하기

유타 엑슈타인, 존 벅 지음
오웅석 옮김 주현희 감수

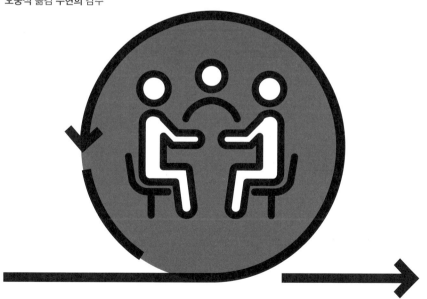

PlanB
DESIGN 플랜비디자인

감사의 말

다음의 검토자들에게 감사의 마음을 전한다. (알파벳 순): 에릭 아벨렌, 비야르테 복스네스, 앤드루 벅, 헤라르트 엔덴뷔르흐, 헨드릭 에세르, 마르크 에버르스, 에이미 그로스, 마이클 허먼, 게르게이 호디치커, 다이애나 라르센, 에반 레이본, 입스 린, 샌디 마몰리, 스티브 몰리지, 크리스타 프라이젠단츠, 아네비크 레이메르. 여러분의 훌륭하고 진지한 조언에 진정으로 감사드리며 그 조언들이 큰 도움이 되었다.

경험을 공유해 주신 여러분에게 감사의 마음을 전한다: 에릭 아벨렌, 비야르테 복스네스, 헨드릭 에세르, 마이클 허먼, 제즈 험블, 안데르스 이바르손, 토드 크로만, 트레이시 컨클러, 다이애나 라르센, 입스 린, 샌디 마몰리, 피터르 판 데 메헤, 요한나 로스먼, 제임스 쇼어, 그리고 카렌 스티븐슨.

애자일 얼라이언스 내 애자일 채택 지원 계획의 구성원들은 창의적인 사상가이자 건전한 이사회로서 우리의 업무에 큰 도움을 주었기에 감사의 마음을 전한다: 에릭 아벨렌, 레이 아렐, 비야르테 복스네스, 젠스 콜드베이, 에스더 더비, 알미르 드루고비치, 헨드릭 에세르, 이즈라엘 가트, 돈 그레이, 마이클 함만, 요겐 헤셀버그, 안데르스 이바르손, 빌 조이너, 보리스 크나이젤, 다이애나 라르센, 피터르 판 데 메헤, 클라우디아 멜로, 하이디 뮈저, 야나 뉘피오르드, 켄 파워, 마이클 사호타, 게오르그 쉴츠, 제임스 쇼어, 데이브 스노든, 레아 슈타

디크, 카티 빌키. 이 계획을 지원해 준 애자일 얼라이언스에게도 감사의 마음을 전한다.

멋진 삽화를 그려 준 카티아 글로겐기서에게 특별한 사의를 전한다! 피드백을 아끼지 않은 독자 크리스틴 마셀로흐와 라모나 브라독 벅, 자신의 작품으로 영감을 전해준 마리오 루체로에게 찬사를 보낸다.

또한 적절한 질문과 토론으로 우리를 바른 방향으로 안내해주신 모든 참가자에게도 감사의 말씀을 전한다. 애자일 2016 및 애자일 인디아 2017의 워크숍 참가자들에게 경의를 표한다: 비핀 아가르와이, 시예드 샤바드 알리, 라비 P 아야르, R 무니 유간다르 바부, 찬드라칸트 비라다르, 랄라텐두 다스, 샤라트 데사이, 마나시 두레자, 티야가라잔 G G, 스리칸트 가누가파티, 하리 이예르, 프라사드 카부르, 타렉 카도우미, 비자야 칼루리, 사티쉬 코트, 하리 키란, 수네타 콘다, 구루프라사드 크리쉬난, 세마 쿠마르, 가네시 T M, 샌디 마몰리, 쉬웨타 모힌드루, 우마 나이두, 시타 푼 CSM, 디비야 라잔나, 수만 라마스와미, 쉬레이 라즈단, 바수데반 A S, 발라지 사트람, 프라샨트 쉬들라가타, 수니트 신하, 수렌데르 수브라마니안, 우다이 티와리, 미히르 란잔 트리파티, 라지브 툴리, 자틴데르 베르마, 찬다르 VR.

마지막으로 끝까지 지켜봐 주고 지원해 준 우리의 파트너 라모나 브라독 벅과 니콜라이 조수티스에게 감사의 말을 전한다.

일반적으로 기업들은 빠른 속도를 요구하며, 잦은 시장 변화에 직면하고, 고객의 (일반적이지 않은) 개별적인 요구에 대처하며, (특히 밀레니얼 세대를 상대로는 더욱 어려운 문제인) 인재 채용과 관리에 어려움을 겪고, 디지털 혁명으로 인해 업계를 막론하고 소프트웨어가 핵심 요소가 되었다는 사실을 잘 알고 있다.

현재 많은 기업이 정보기술(IT) 분야에서 애자일 개발이라고 알려진 프로세스의 여러 형태를 성공적으로 활용하고 있다. 애자일은 소프트웨어 프로젝트 완료율을 획기적으로 상승시키는 동시에 더욱 빠르고 정확한 제품 결정을 가능하도록 만들었다. 이러한 효과를 기대하며 소프트웨어 개발과는 무관한 조직 내 부서에도 애자일 개념을 적용하려는 시도가 있었지만, 성공 사례는 많지 않다. 소프트웨어 생산을 위해 설계된 애자일 도구들은, 기존의 현황 보고 회의 대신 동기화를 위한 "데일리 스탠드업" 미팅을 진행하는 이사회의 예에서 보듯이 엉뚱하게도 완전히 다른 업무에 사용되고 있다.

우리가 애자일 개념을 조직 전체에 적용하는 방법을 배울 수만 있다면 엔지니어링 부서뿐만 아니라 회사 전체에 혁신적인 혜택을 제공할 수 있을 것이다. 그리고, 이는 은행이나 제조업체, 노숙자들에게 음식을 제공하는 자선 단체에 이르기까지 모든 회사와 단체에 적용할 수 있다.

애자일 개념을 확장하기 위해서는 회사(또는 조직)에 대해 어떠한 부서도 배제하지 않는 전체적인 관점을 갖는 것이 중요하다. 전체적인 관점은 첫째, 거대한 변화를 겪고 그를 이겨내는 회사를 만들고, 둘째, 애자일 방법을 회사 전체로 확장한다는 두 가지 과제를 해결해야만 한다. 맥킨지의 최근 설문 조사에 따르면, "민첩한 조직으로 변화하기 위한 기업 혁신이 초기 단계이긴 하지만 긍정적인 결과를 낳고 있다."(맥킨지 설문 조사 참조) 또한 "[…] 애자일에 대한 기업들의 열망이 점점 높아지고 있다. 응답자 중 4분의 3은 조직의 민첩성을 조직의 최우선 의제 또는 3대 의제로 꼽았으며, 이를 위해 더 많은 혁신을 준비하고 있다고 답했다."라는 사실을 알 수 있다.

기업의 당면 과제를 해결하고 IT를 뛰어넘는 애자일을 구현하기 위해서는 전사적 애자일 구현을 위한 지침이 필요하다.

우리는 조사를 통해 이러한 과제를 해결하기 위한 최신의 다양한 독립적인 조직 개발 흐름들을 발견했다.

우리는 그러한 다양한 개발 흐름들에 압도되었음을 인정하고, 발견한 사실들을 공유하고자 한다. 그렇지만, 여러분은 압도당하지 않기를 바란다! 이 책을 읽는 독자들은 익숙하지 않은 용어들을 많이 접할 수 있다는 사실을 알고, 모든 것을 이해하겠다는 욕심을 버리고 그저 새로운 것을 받아들여라! 그런 용어들을 반드시 기억하지 않더라도 이 책을 통해 얻는 것이 분명히 있을 것이다.

처음에는 애자일과 소시오크라시의 결합이 정말 강력해 보였다. 예를 들면 행정 지원에 있어 기능 측면과 사람 측면 사이에 여전히 상이한 부분이 있는데, 예를 들면 열정에 대한 고려 같은 것이다. 비욘드버지팅과 오픈스페이스는 이러한 격차를 해소하기 위해 설계된 것으로 보인다. 이러한 광범위한 개발 흐름 외에도, 우리는 또한 디자인 씽킹, 린 스타트업, 인간 시스템 역학 및 커네빈과 같은 특정 도구와 방법에서 훌륭한 통찰력을 발견했다.

그러나 우리는 다양한 전문가들과 대화하면서 기업의 당면 과제 해결, 즉 기본적으로는 전사적 애자일 구현을 위한 방법을 물어보면 해당 전문가는 자신의 프레임워크 안에서만 답을 내놓는다는 점을 알게 되었다. 예를 들면,

- **비욘드버지팅** 전문가라면 "잦은 시장 변화에 대처할 수 있는 유연성을 가지기 위해서는 매년 고정된 예산 책정을 중단하라"라고 말할 것이다.
- **오픈스페이스** 전문가는 "알 수 없고 통제할 수 없는 것들을 위한 공간을 만들어야 완전히 새로운 것들이 등장할 수 있다. 사람들이 자신들의 열정을 따르도록 한다면 전사적 애자일을 구현할 수 있지만 그렇지 않으면 사람들은 시키는 대로만 할 것이다"라고 말할 것이다.
- **소시오크라시** 전문가는 "상명 하달식 상하 질서가 있는 한 민첩

BOSSAnova : 우아하고 경쾌하게 조직 혁신하기

해질 수 없으니 권력 구조를 먼저 해결해야 한다"라고 말할 것이다.

- **애자일** 전문가라면 "상황에 유연하게 대처하기 위해서는 정기적인 회고 회의를 통해 점검하고 적응해야 한다. 그렇지 않으면 시장에서도, 회사 내부에서도 배울 수 없다"라고 말할 것이다.

모두 맞는 말들이지만, 각 관점은 해당 분야에만 국한되어 있었다. 우리가 계속 요청했다면, 그들은 자신만의 프레임워크로 다른 개발 흐름의 목표를 충족시킬 수 있다고 주장하겠지만 그렇다 하더라도 자신만의 프레임워크 안에서 해결하기 때문에 다른 프레임워크가 제공하는 다양성은 찾아볼 수 없을 것이다. 따라서 이러한 프레임워크를 결합함으로써 얻을 수 있는 더 넓은 관점이 필요했다. 우리는 비욘드버지팅(Beyond Budgeting)에서 B를, 오픈스페이스(Open Space)에서 OS를, 소시오크라시(Sociocracy)에서 S를, 애자일(Agile)에서 A를 따서 이 네 가지 개발 흐름을 결합한다는 의미로 더 넓은 관점을 **보사노바(BOSSA nova)**라고 이름 지었다. "보사노바(BOSSA nova)"에는 다음과 같은 다양한 뜻도 있다.

- **"새로운 물결"** 또는 새로운 트렌드를 뜻하는 포르투갈어이다. 우리는 이 결합이 오늘날의 과제를 해결하기 위해 기업이 올라타야 할 새로운 물결이라고 생각한다.

- 삼바와 재즈를 **융합**한 경쾌한 음악 스타일이다. 우리가 제안하는 것도 역시 다양한 개발 흐름들의 융합이다.
- **복잡한 춤**이다. 춤은 항상 음악과 파트너에 적응해야 하고 새로운 스텝과 음악을 시도해야 한다. 댄서들은 주변 환경에 반응하기도 하고 주변 환경에 영향을 미치기도 하며, 그들의 열정은 음악가들에게 영감을 주고 심지어 관중을 춤 속으로 끌어들이기도 한다. 비록 처음에는 한 사람이 보사노바를 구현하더라도, 그것은 곧 팀 전체에 영향을 미칠 것이다. 또한 적응한다는 것은 정해진 방식을 따를 수 없다는 것을 의미한다. 보사노바는 규범적이지 않으며 당면한 상황에 맞게 유동적으로 적용된다.

이 책에서는 각 개발 흐름에 대해 자세히 설명하지 않고 간략한 요약만 제공하지만, 참고 문헌 목록과 부록을 통해 세부 사항을 확인하는 방법을 기재하여 정리하였다. 그러나, 여러분이 네 가지 개발 흐름 중 한 가지에만 노출되어 있거나 또는 단순히 실험에만 열려 있는 경우라도, 우리 책에 있는 여러 아이디어를 즉시 사용해 볼 수 있다.

우리는 인간 시스템 역학(어양 & 홀러데이 참조)의 적응 활동 접근 방식을 채택하여 **"무엇인가(what?)"**, **"그래서 무엇인가(so, what?)"** 그리고 **"이제 무엇인가(now, what?)"**라는 질문을 제안하였다.[1]

---

1 어양 & 홀러데이에 의해 시작된 이 접근법은 현재 자유화 구조(Liberating Structures)에도 나타난다. (리프마노비치 & 맥캔들리스 참조)

- **무엇인가(what?):** 제1부에서는 기업들이 직면하고 있는 실제 과제에 대한 관찰, 즉 "무엇인가"라는 질문을 살펴본다. 이러한 당면 과제는 새로운 해결책의 필요(이유)로 이어진다. 디지털 혁명과 함께 부상하고 부분적으로는 디지털 혁명의 원인이 된 '애자일 해결 방식'은 큰 성공을 거두었다. 그러나 애자일 해결 방식을 다른 종류의 업무로 확장하여 회사의 전반적인 문제를 해결하려는 시도는 적절하지 못했던 것으로 드러나고 있다. 우리는 이러한 전사적 과제를 가장 잘 해결할 수 있는 전략을 찾기 위해 다른 전략들을 자세히 살펴보고 비욘드버지팅, 오픈스페이스, 소시오크라시, 애자일이라는 네 개의 개발 흐름, 즉 보사노바를 선택했다. 마지막으로, 복합적인 해결책의 기초를 제공하고자, 우리는 전사적인 맥락에서 애자일 선언(Agile Manifesto)의 가치를 해석하였다. (애자일 선언 참조)

- **그래서 무엇인가(so, what?):** 이 두 번째 적응 활동 질문에는 관찰을 통한 통찰력이 필요하다. 제2부에서는 서로 다른 개발 흐름들이 동일한 가치를 이야기하고 있다는 통찰력으로 "그래서 무엇인가"에 대한 질문을 다루었다. 우리는 더 풍부하고 더 완전한 그림을 얻기 위해 그것들을 결합하였고, 네 가지 개발 흐름이 각각 무엇을 말하는지 알아보기 위해 '자기 조직화', '투명성', '지속적인 고객 중시' 및 '지속적인 학습'이라는 각각의 전

사적 가치를 확인하면서 큰 그림을 완성하였다. 우리는 새로운 종류의 회사 조직도와 교차 기능 팀을 바라보는 새로운 방식을 제안하면서 제2부를 정리하였다.

- **이제 무엇인가**(now, what?): 제3부는 세 번째 질문인 "이제 무엇을 할 것인가"에 초점을 맞추었다. 우리는 기업에서 보사노바를 구현하는 방법을 고민했고, 이를 실제로 활용하기 위해 제2부에서 얻은 통찰을 전략, 구조 및 프로세스로 구성하였다. 커네빈(Cynefin)이 조사를 통해 복잡성을 해결하는 것을 권장한다는 점에 주목하여, 우리는 즉시 시도할 수 있는 다양한 조사 방법을 제안한다. (커네빈 참조) 제3부에서는 조사가 제1부에서 언급된 과제를 실제로 해결하는지 검증하고 지속적으로 보사노바를 개발하는 방법을 제안하면서 마무리하였다. 결론인 제4부에서는 사회에서 기업이 차지하는 위치를 살펴보았다.

책 중간중간 우리의 어조가 바뀌기도 한다. 변화된 어조는 일종의 통찰력 있는 여정을 반영하고 있으며, 여러분도 이 여정에 함께해 주기를 바란다. 이 책의 기본 목적은 여러분이 새로운 아이디어 탐구에 항상 열려 있도록 하는 것이다. 여행은 바로 그곳에서 시작된다!

만약 여러분이 책을 읽고 좋았다면, 린펍(Leanpub), 아마존, 트위터, 또는 여러분이 좋아하는 다른 소셜 미디어에 이 책에 대한 리뷰를 써 주기 바란다. 저자들에게 큰 힘이 될 것이다!

목차

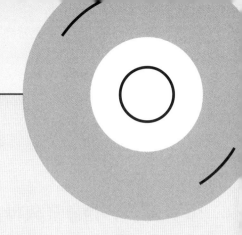

제 3부 선율에 맞춰 춤추기

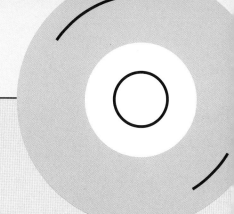

제 4부 파티 타임

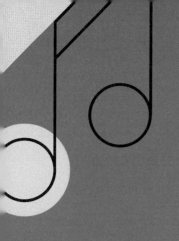

제 1부
악단 구성하기

"민주주의를 사회를 효과적으로 조직하는 훌륭한 모델이라고 칭송하는 '서구' 경제 지도자들의 방식은 상당히 역설적이다. 그들이 자신의 회사로 눈을 돌리면, 그들의 믿음과 영감은 완전히 다른 곳에서, 정반대의 사상에서 나온 것처럼 보이기 때문이다."

비야르테 복스네스Bjarte Bogsnes, 《비욘드버지팅 실행 방법Implementing Beyond Budgeting》

"문제를 발생시켰을 때와 동일한 사고방식으로는 어떤 문제도 해결할 수 없다."

- 알버트 아인슈타인

제1부에서는 적응 활동(Adaptive Action)과 관련하여 '무엇'에 대한 질문을 살펴본다.[2] 기업이 직면한 과제는 무엇인가? 극복하고자 하는 고정관념은 무엇인가? 이러한 과제들을 해결하기 위한 다양한 시도는 무엇인가?

디지털 혁명이 부상하면서 주목 받게 된 개발 흐름인 '애자일(Agile)'은 본래의 핵심 분야인 소프트웨어 개발 분야를 넘어 다른 분야로 확장되고 있다. 우리는 애자일이 기업의 도전 과제를 어떻게 해결하고 있는지 살펴보았다. 광범위한 도전 과제를 해결하기 위한 애자일 접근 방식의 도입은 분명히 훌륭한 시도이지만, 애자일이 소프트웨어 세계에서 이루어 낸 수준의 성공을 이어가지 못하고 있다는 사실도 알게 되었다.

그래서 우리는 연구를 시작했고, 여러 가지 도구와 방법들을 떠올리며 검토했다. 또한 우리는 이런 다양한 시도들을 면밀히 살펴보고 그 중 일부는 따로 정리했다.

그 결과, 우리는 애자일의 가치를 일반화하여 전사적으로 활용할 수 있는 단계에 이르게 되었다.

---

2 어양(Eoyang) & 홀러데이(Holladay) 참조

BOSSAnova : 우아하고 경쾌하게 조직 혁신하기

제1장
오늘날의 과제

기업은 복잡하고 급변하는 시장에서 디지털 혁신(digital disruption)과 같이 근본적이며 점차 증가하는 도전 과제에 직면해 있다. 그렇기 때문에 좀 더 날렵하고 유연해지지 않으면 안 된다.

여러 기업의 정보기술(IT) 부서에서 이런 도전 과제를 해결하며 큰 성공을 이룬 접근 방식이 2001년 '애자일 선언(Agile Manifesto)'으로 시작한 애자일이다.[3] 그러나 정보기술 부서를 넘어 전사적으로 애자일을 활용하고자 했던 기업들이 그다지 큰 성공을 거두지 못하고 있는 실정이다.

따라서 이번 장에서는 일반적으로 기업들이 직면하는 과제와, 정보기술 기반의 애자일 접근 방식을 전사적으로 확장하려는 기업이 직면하는 과제라는 두 가지 주제를 다루고자 한다.

---

[3] 애자일 선언(AgileManifesto) 참조

기업의 과제

현재 기업들은 '뷰카(VUCA)'의 세계에 살고 있다. '뷰카'란 변동적(volatile)이고, 불확실(uncertain)하며 복잡(complex)하고 모호한(ambiguous) 사회 환경을 뜻한다. 뷰카는 예를 들면 인재를 얻기 위한 경쟁, 밀레니얼과 그 이후 세대의 수요 변화, 디지털화, 변화에 발 빠르게 대처할 수 있는 속도를 요구하는 시장, 세계화, 변화의 시기에 생존과 번영 등 여러 요인에 의해 탄생하였다. 이런 뷰카의 세계에서 기업들은 좀 더 유연하고 빠르며 적응력이 뛰어나다는 의미 그대로 민첩한(agile) 방식으로 움직이게 되면서, 애자일 선언이나 스크럼(Scrum)과 같은 특정 애자일 방법에서 정의한 애자일(Agile)의 활용을 고려하게 되었다.

우리는 어떤 일이 발생한 후에 그 원인과 결과를 파악하려는 경향이 있기는 하지만, 상황이 복잡해지면 영향을 미친 원인이 무엇인지 제대로 파악할 수 없게 되는데 이것을 복잡성(Complexity)이라고 한다. 현실은 혼란하며 상황을 오판할 가능성으로 가득하기에 예측 가능성이 부족하다. 또한, 불확실하거나 모호한 상황이 모두 복잡하지는 않지만, 모든 복잡한 상황은 불확실하며 동시에 모호하다.

과거에는 기업들이 장기적인 계획을 수립하고 이정표를 사용하여 그 계획이 잘 진행되고 있는지 확인했다. 그러나 현재에는 시장이나 경쟁업체, 그 외의 다양한 요인들이 너무 빠르게 변화하고 있기 때문에 장기 계획이 수립되는 당일, 혹은 계획이 수립되기도 전에 이미 그 계획은 쓸모없어진다. 계획에 따른 추정으로는 획기적인 경쟁자의 등장에 따른 기술적 도약, 예기치 못한 근래의 대공황과 같은 경제 상황과 사회적 가치의 변화를 예측하기 어렵다. 따라서 기업은 더 이상 예측이 불가능해지고 장기 계획 수립이 어려워져, 계획 수립 시 좀 더 민첩한(Agile) 방식이 필요하게 되었다.

한편 제품 솔루션은 이전보다 훨씬 더 복잡해졌다. 이제는 누구도 이러한 복잡한 문제를 혼자서는 해결할 수 없기 때문에, 많은 기업들은 다른 기업, 고객, 또는 여러 커뮤니티와 협력해야 할 필요성을 인식하고 있다.

이제 우리는 '뷰카'라는 도전 과제에 영향을 미치는 몇 가지 요인을 아래에서 좀 더 자세히 살펴보고자 한다.

해결책이라고 반드시 명백한 것은 아니다. 이른바 틸 조직(Teal Organization, 청록색 조직)[4]의 나선 역학 이론을 인용한 "무(無)관리자 /

---

4   라루(Laloux) 참조

무(無)계급"을 향한 현재의 움직임을 예로 들자면, 일반적인 대규모 조직이 창의성을 높일 수 있긴 하지만 그 조직들은 갈등을 유발하고 어려운 결정을 더욱 어렵게 하며 직원을 떠나게 만든다는 증거가 늘어나고 있다.[5] 이처럼 조직 구조의 해결을 위한 여정은 절대로 간단하지 않으며, 좀 더 미묘하고 세부적인 부분까지 조절하고 규모와 구성원 등 여러 가지 요소를 고려해야 한다.

규모

일반적으로 소규모 조직보다는 대규모 조직이 민첩해지는 것에 더 어려움을 겪는다. 코끼리가 민첩할 수 있을까? 종종 대기업들은 빠르게 혁신하는 소규모 기업을 인수해야 할 때도 있지만, 이런 전략만으로는 문제를 해결하지 못할 수 있다.

린 스타트업 방법론에서는 빠른 속도를 요구하는 시장에 대응하기 위해 규모와 상관없이 모든 기업이 신생 창업 기업처럼 움직여야 한다고 주장한다. 일부 대기업들은 실제로 자신의 소유가 아닌 신생 창업 기업을 위해 기업 내 공간을 제공함으로써 이러한 문제를 해결하기도 한다. 또한 이들은 신생 창업 기업과 비견할만한 내부 싱크탱크

---

5   걸드너(Guldner) 참조

조직을 구축할 수도 있다. 혹은 과거와 같이 인수 기업의 문화를 바꾸는 것이 아니라, 신생 창업 기업을 인수하여 그들의 조직 'DNA'를 그대로 흡수할 수도 있다. 그러나 이러한 전략이 기업이라는 코끼리의 일부를 더욱 민첩하게 만들 수는 있지만, 기업 전체를 민첩하게 만들지는 못한다. 따라서, 기업의 도전 과제는 해결되지 않은 채 잔존한다.

구성원

세대가 바뀌면서 기업들이 해결해야 할 새로운 과제들이 생겨났다. 먼저, 디지털 혁명이 요구하는 문제를 다룰 수 있는 기술자들을 찾기가 더욱 어려워지면서, 기업들은 특정 지역에서 원하는 기술자들을 모두 찾을 수 없게 되었다. 고로 기업들은 전 세계 어디에서든 인재를 구해야 하는 상황에 처하게 되었다.

또 한 가지는 밀레니얼 세대를 시작으로 그 이후의 세대들은 상하질서가 아니라 '네트워크'에서 자란 세대라는 점이다. 이전 세대들은 보이스카우트나 종교 단체와 같은 지역 사회에서 성장한 반면, 젊은 근로자들은 좀 더 임시적이고 느슨한 조직에서 성장하여 동등한 목소리를 내고 자신의 열정을 따르는 것이 더욱 중요한 분위기에서 성장했다. 광범위한 소셜 미디어를 활용하여 네트워크를 형성하고 공개적으로 밝히는 일이 점점 더 흔해지고 있다. 이런 활동이 전통적인 기업들에서는 일반적이지 않았지만, 이제는 밀레니얼 세대 뿐만 아니라 대부분의 직원들이 직장에서도 이런 활동을 하고 있다. 또한 이런 네트워크로 인해 직장에 기대하는 바가 달라졌고 기업들은 이러한 새로운 기대에 부응해야 하는 상황이다. 즉, 기업은 이제 직원들이 열정을 따르도록 유도하고, 필요한 정보에 동등하게 접근할 수 있도록 하며, 동시에 모든 사람의 목소리를 존중하고 독재적인 권력으로 상하 질서를 강요하지 않아야 한다. 이러한 도전에 대비하지 않는다면, 기업들은 숙련된 인재를 새로 채용하거나 기존의 직원을 붙잡는 데 어려움을 겪게 될 것이다.

기업 문화 또한 혁신에 강한 영향을 미치는 요인이며, 변화를 지지 혹은 저지한다. 인류학자 카렌 스티븐슨(Karen Stephenson)이 말했듯이, "조직과 지역 사회를 포함해 모든 문화는 신뢰의 네트워크이며, 계층 구조는 단지 보조적인 역할을 할 뿐이다. 신뢰 네트워크는 변화를 가로막는 가장 큰 저항 요인이다. 그렇지만 이러한 신뢰 네트워크를 활성화한다면 바로 그 저항을 지속 가능한 변화로 바꿀 수도 있다."

일반적으로, 전형적인 인사 부서라면 업무를 분류하고, 직무 기술서를 작성하며, 그 직무를 수행할 인원을 채용하는 정교한 시스템을 갖추고 있을 것이다. 직무 기술서는 역할과 책임을 정리해 놓은 목록이다. 그렇다면 기업들은 먼저 직무를 정의한 후에 인재를 구해야 할까? 아니면 인재를 먼저 구하고 그들이 어떤 일을 할 수 있는지 알아봐야 할까? 아마도 후자가 더 많은 혁신으로 이어질 것이다. 혁신은 틀에 박힌 역할을 수행하는 사람에게서 나오는 것이 아니라, 훌륭한 사회적 기술을 갖추고 의미를 부여하며 자기 분야에 정통하고 열정적이면서 동등한 목소리를 요구하는 사람[6]에게서 나오기 때문이다.

디지털 혁명

기업가이면서 투자자이자 소프트웨어 엔지니어인 마크 앤드리슨(Marc Andreessen)은 종종 월스트리트에서도 인용하는 자신의 에세이에서 이렇게 밝힌 바 있다. "소프트웨어가 세상을 집어삼키고 있다."[7]

- 다시 말해, 소프트웨어가 관여하지 않는 영역이 점점 축소되고 있다. 간단한 예로, 오늘날 전통적인 자동차 제조 회사들은 스스로를 자동차 제조 회사가 아니라 오히려 소프트웨어 기업으로 생각하는데, 이는 자동차 사이의 차별화 요소가 바로 소프트웨어에 있기 때문이다. 은행과 보험 회사도 사정은 다르지 않다. 결과적으로 점점 더 많은 기업들이 자신의 핵심 제품이 무엇인지 새롭게 해석해야 할 상황에 이르렀다.

---

6   두히그(Duhigg) 참조
7   앤드리슨(Andreessen) 참조

• 인공 지능 기계는 한때 기계 지능이 넘지 못할 것으로 여겼던 바둑이나 포커와 같은 영역을 이미 정복했으며, 또한 자동 주행 기능이 곧 우리의 자동차를 운전할 것이다. 게다가 기업들이 대부분 영역을 자동화하면서 다음과 같은 여러 결과가 나타나게 되었다.

  - 근로자에게 요구되는 기술이 바뀌고, 사람들은 자동화된 프로세스를 처리하고 프로그래밍할 수 있어야 한다.
  - 머지않아 많은 일자리가 기계로 대체될 것이며, 인간 근로자들에게 남은 유일한 업무는 혁신과 관련된 일이 될 것이다.

• 기업은 자신을 바라보는 외부의 인식을 통제할 수 없게 되었다. 다양한 종류의 소셜 미디어는 기업의 평판을 만들어 내는 힘을 가지고 있고, 그 평판은 쉽게 변하지 않는다. 이렇듯 기업에 대한 투명성이 불가피해지면서 직원, 고객, 그리고 잠재 시장과의 관계도 변화의 국면을 맞이한다.

가치 충돌

기업의 전형적인 목적은 주주의 가치를 극대화하는 것이다. 최고 경영자의 궁극적인 성과 척도는 현재의 주가이고 임원들은 그 숫자에 얽매여 있다. 이런 척도의 밑바탕에는 기업의 궁극적인 지배력이라는 것이 투자자와 고객, 기타 이해 당사자들이 참여하는 대화의 결과에서 나오는 것이 아니라 소유권에서 나온다는 생각이 깔려있다. 이러한 전통적인 관점에 따르면, 누군가는 기업을 소유해야 하고, 기업이 번창하려면 시장 수요에 신속하게 적응하고 개별 고객의 요구사항까지 맞춰야 한다. 그러나 스티브 데닝(Steven Denning)이 2016 애자일 컨퍼런스에서 언급한 바와 같이, 주주 가치 극대화는 종종 고객의 요구와 상충하기도 한다.[8]

"실무팀에서 일하고 있다면 기업의 목적이 현재 주가에 반영되는 주주 가치의 극대화이며, 임원들의 보너스도 그와 관련이 있다는 생각을 이해하기 어려울 것이다. 이러한 생각은 곧 주주를 위한 가치를 창출하려는 움직임으로 이어지는데, 이는 고객을 위한 가치를 창출하자는 애자일과는 반대되는 것이다. 이렇듯 경영진과 실무팀이 반대 방향의 가치를 추구하는 기업이라면 지속적이며 극심한 마찰을 겪게 된다. 기업의 목적이 주주 가치와 현재 주가를 최대화하는 것이라는 생각은 사실 꽤 최근에 나온 것으로, 1980년대 중반이 되어서야 나타났고 심지어 잭 웰치조차도 그것을 가장 바보 같은 생각이라

---

8 산업 분석 패널(Industry Analyst Panel) 참조

고 불렀다."

– 스티브 데닝

스티브의 말은 가치와 구조의 충돌을 잘 보여준다. 이를 해결하려면 '지속적이며 극심한 마찰'을 '상생의 통합'으로 바꿀 수 있어야 한다. 최고 경영자라면 공개 석상에서 "우리의 목표는 고객을 위하는 것이다."라고 말할 수도 있다. 그러나 현실에서는 이사회가 주주들을 위한 단기 가치에 초점을 맞추고 있다. 이런 상황에서 마찰은 여전히 눈에 띄지 않고 따라서 해결하기가 더욱 어려워진다. 아드리안 캐드베리 경(Sir Adrian Cadbury)은 최근 잭 웰치 제너럴 일렉트릭 전 최고 경영자의 말을 인용하며 이러한 마찰을 언급했다.[9]

"[…] 당신의 주요 자원은 직원, 고객 그리고 제품이다. 주주 가치의 극대화를 반대하는 사람들이 꽹장히 많은데, 이들은 이사회가 주주 가치를 극대화할 법적 의무가 있다는 전제와 '회사'와 '주주'는 동일하다는 전제를 잘못 이해한 것이다. 잠재적인 대안이 없는 것은 아니지만, 재무와 회계 영역에는 여전히 이러한 주주 가치 극대화의 충실한 옹호자들이 남아 있다."

이러한 가치의 충돌은 급변하는 세계에 대처하는 기업의 능력을 저해하는 가장 큰 요인일 것이다. 제2장에서는 이러한 충돌을 해결

9   캐드베리(Cadbury) 참조

하기 위한 기존의 전략들을 살펴볼 것이다.

기업의 과제 요약

'뷰카'의 세계에서 기업들은 수많은 도전 과제들에 직면한다. 이러한 과제들을 해결하기 위해 기업들은 유연성과 적응력을 키워 더욱 민첩하게 변해야 하는 상황이며, 이에 따라 기업들은 자연스럽게 애자일 접근 방식을 추구하고 있다. 이 장의 두 번째 부분에서 볼 수 있듯이, 애자일은 하나의 단계일 뿐이지만 회사 전체에 적용되면 큰 힘을 발휘한다.

BOSSAnova : 우아하고 경쾌하게 조직 혁신하기

애자일 확대에 따른 과제

애자일 '운동'은 소프트웨어를 좀 더 효과적으로 개발하고자 하는 열망에서 시작되었다. 2001년에 발표된 애자일 선언이 획기적인 이정표가 되었다.[10] 소프트웨어 분야에서 애자일 방법이 성공을 거두고, 소프트웨어가 거의 모든 곳에 보급되면서 애자일은 이제 소프트웨어 개발 분야 외에서도 적용되고 있다. 애자일이 처음 시작된 곳이 아닌 다른 영역까지 적용 범위를 넓히며 몇 가지 결과가 도출되고, 그에 따라 많은 의문이 제기되고 있다.

규모에 따른 애자일 적용의 어려움

- 애자일은 단일팀 활동으로 시작했다. 이제는 대규모 개발 활동

---

10 자세한 내용은 애자일 선언을 참조

에서도 애자일 접근 방식을 활용하려고 하며 이에 따라 애자일도 확대되어야 할 필요가 생겼다. 그리고 소프트웨어 또는 정보기술 분야뿐만 아니라 대규모 소프트웨어 프로젝트와 더 나아가 프로그램 전체에서도 애자일을 사용하고 있다. 대형 전문가 스크럼(SPS), 기업 스크럼(Enterprise Scrum)이라고도 불리는 확장형 애자일 프레임워크(SAFe), 대형 스크럼(LeSS), 학습 기반 애자일 프레임워크(Disciplined Agile Framework), 넥서스(Nexus) 등 다양한 프레임워크가 개발되어 애자일을 확대 적용하는 데 도움을 주었다. 이러한 프레임워크들은 대부분 매우 복잡하고 규범적인 운영 방식이기 때문에 기본 원칙을 잘 보여주지는 않는다.[11] 이 프레임워크들은 스크럼과 칸반(kanban) 등에서 얻은 지식을 활용하고 이를 혼합하여 개발팀에서 프로그램 단계에 이르기까지 대규모로 적용된다. 또한 프레임워크로 구축되지는 않지만 애자일 원칙을 확대시키는 확장 접근 방식도 전사적인 애자일 적용에 대한 해결 방안을 제시하지는 않는다.[12] 이것은 단일팀을 여러 팀으로 확장하는 데 초점을 맞추고 있지만 이러한 팀들이 회사 전체에 어떻게 통합되는지는 언급하지 않는다. 마지막으로, 이러한 프레임워크들은 태생적으로 규범적이고 내

---

11 야콥센 외(Jacobsen et.al.) 참조
12 엑슈타인(Eckstein)과 확장원칙(ScaledPrinciples) 참조

부 조직에 초점을 맞추기 때문에 즉각적이며 외부에 초점을 맞추어 고객에게 가치를 제공하는 애자일의 정신과는 배치된다.[13] 그러나 애자일의 기반이 되는 애자일 선언은 단일팀 접근 방식으로만 제한되어 있지 않다는 점을 명심해야 한다.

- 이제는 애자일이 소프트웨어와 정보기술 외의 분야에도 적용되고 있기 때문에, 그 외의 분야인 인사, 마케팅, 영업, 법무 등의 타 부서에서 민첩하다는 것이 무엇을 의미하는지, 그리고 이러한 서로 다른 부서들이 어떻게 연결되어야 하는지 등에 대한 답이 필요하다. 아니면 기업들은 오히려 이러한 부서들을 해체해야 하는 것일까?

- 프로젝트 및 프로그램으로 애자일을 확장하는 것은 관리 리더십에 큰 영향을 미친다. 주주들의 기업 독점 통제와 같은 기본적인 법적 개념이 여전히 적절한가? 더 넓은 관점에서 보면, 주주들의 기업 독점 통제는 애자일을 사용하는 기업들뿐만 아니라 모든 기업들에게 문제가 되는 것으로 보인다. 이 문제에 대해서는 제2장에서 더 깊이 살펴본다.

- 모든 팀에 적용 가능한 단일 형태의 애자일은 없으며, 이러한 형태나 변형으로는 전사적 애자일이 의미하는 다음과 같은 과제를 해결할 수 없다.

13　데닝(Denning) 참조

- **조직 구조**: 애자일, 매트릭스, 네트워크 또는 그 외의 방법을 사용하는 계층 구조가 있어야 하는가?
- **예산, 법적 지배구조 또는 보상 시스템**: 애자일 방식으로 어떻게 작동해야 하는가?
- **지속적인 고객 중시**: 주주들이 빠른 투자 수익을 기대하고 있다면 이것은 특히 어려운 질문일 수 있다.
- **애자일의 개념**: 전사적 맥락에서 일반적으로 통용되는 애자일에 대한 정의는 없다. 이것이 투명성을 의미하는가? 작업 기간이 끝난 후 진행하는 회고 회의를 통해 배우는 것인가? 자기 조직화 또는 관리자 제거와 같은 특정 행동 방식인가? 칸반이나 스크럼을 사용하는 것인가? 자기 조직화가 없는데 애자일이 있다고 할 수 있는가?

전사적 애자일 시도

위에 제시된 모든 질문에 대한 답변을 도출하기 위해 다음과 같은 다양한 시도를 해 보았다.

- 예를 들어, 부서를 초월하는 비즈니스 애자일(business agility)[14]을

---

14 https://businessagility.institute/

적용하고, 애자일 방식으로 인사와 마케팅 부서를 실험하는 회사가 몇 곳 있다.[15]

- 관리팀이 스프린트 백로그를 사용하여 업무를 정리하고 일일 스크럼을 사용하여 업무를 동기화하는 회사도 있다. 이사회의 수준에서도 학습한 내용을 숙지하기 위해 데일리 스크럼이나 회고 회의를 사용하는 경우가 있다.

- 서로 다른 팀의 상호 연결을 위해 각 팀의 대표가 상호 중요 사안에 대해 의견을 모으는 회의인 스크럼의 스크럼(Scrum of Scrums)이라는 오래된 접근 방식이 있다. 이 회의는 팀 간, 프로젝트 간, 프로그램 혹은 부서 간 상호 연결의 가치를 보여준다.

- 대개 하나의 프로젝트 또는 프로그램 내에서 팀들을 상호 연결하는 또 다른 접근 방식이 팀 간 회고 회의이다. 따라서 스크럼의 스크럼과 비슷한 방식으로, 서로 다른 팀에서 한 명 혹은 두 명이 만나 결과와 협업을 검토하고 그에 따라 필요한 사항을 조정한다.[16]

- 또한 자기 조직화에 기반하여 팀 간 작업을 수행할 수 있는 또 다른 접근 방식이 있다. 따라서, 다음의 애자일 선언 원칙을 신뢰하는 것 외에는 특별한 답이 없다. "의욕적인 사람들을 중심

---

15   애자일HR선언(AgileHRManifesto)과 애자일마케팅선언(AgileMarketingManifesto) 참조
16   엑슈타인(Eckstein), 라르만(Larman) & 보데(Vodde) 참조

으로 프로젝트를 구축하라. 그들에게 필요한 환경과 지원을 제공하고, 업무를 완수할 수 있도록 신뢰하라." 프레임워크 중 하나인 대형 스크럼(Large Scale Scrum)은 줄여서 LeSS라고도 하는데, 이는 예를 들어 10개의 팀으로 전체 구조를 만들기 위해 앞서 말한 원칙에 의존한다. 그러므로, LeSS는 팀들이 회의에서 구조를 결정하게 될 각 팀의 대표자를 선출함으로써 구조에 합의하는 방법을 찾을 것이다.[17]

- 또한 앞서 언급한 프레임워크들 모두 단일팀 이상으로 애자일을 확장할 수 있다.[18]

그러나 애자일이 회사의 구조, 전략 또는 전체 프로세스에서 어떤 의미를 가져야 하는지 말해주는 전사적 애자일에 대한 전체적인 관점은 존재하지 않는다. 또한 자기 조직화, 투명성, 지속적인 고객 중시 및 지속적인 학습 또는 피드백과 같은 애자일의 핵심 가치가 기업에 어떤 영향을 미치는지에 대한 설명 또한 없다.

---

17 라르만(Larman) & 보데(Vodde) 참조
18 확장형 애자일 프레임워크(SAFe), 대형 스크럼(LeSS), 학습 기반 애자일 프레임워크 (Disciplined Agile Framework), 넥서스(Nexus) 참조

애자일 확대에 따른 과제의 요약

현재 애자일 선언을 전사적으로 적용하기 위해 파편화된 애자일 접근법을 많이 시도하고 있다. 애자일을 전사적으로 확대하려는 시도는 전통적인 주주 가치 중심과 평등주의, 고객 중시라는 상반된 가치와 구조의 충돌에 부딪혔다. 또한, 거버넌스에 대한 종합적인 이론이 부족하여 일관성 있게 새로운 방법을 개발하기도 어렵다.

종합적인 과제 요약

　기업들은 변동성, 불확실성, 복잡성, 모호성이라는 뷰카(VUCA)의 세계에 존재한다는 것을 인식하고 있지만, 전략과 구조, 대처 과정을 아우르는 개념은 없다. 이는 직원들에게 부정적인 영향을 끼친다. 예를 들어 밀레니얼 세대는 결정에 관여하고 자신의 열정을 따르며, 자신의 지식을 활용하여 중요하다고 생각하는 것을 할 수 있기를 기대하기 때문에 좌절을 경험한다. 이렇게 좌절을 경험한 직원들은 자신의 최대 잠재력을 고려하지 않는 직무 기술서의 제약을 받는다고 생각할 것이다.

　오늘날 기업들은 주로 주주 이익을 극대화하기 위해 노력하고 있지만, 이러한 가치 체계는 기술과 정보의 급격한 변화에 대처하는 능력을 저해하고 있다. 애자일 선언을 전사적인 애자일로 확대하는 방법이 명확하지 않아 이는 분열되고 불만족스러운 시도로 이어지는 경우가 많았다. 따라서 전사적 애자일을 일반화하는 데 따른 당면 과제를 살펴보거나, 좀 더 민첩해지는 기업의 당면 과제를 살펴보면 아래와 같은 유사한 문제점에 도달하게 된다.

1. 뷰카의 세계에서 기존의 개념은 기업의 전략, 구조 또는 프로세스에 직접 적용될 수 없다.
2. 기업은 하향식으로 의사 결정을 내리지만, 오히려 귀중한 통찰력을 가지고 있는 사람은 제품이나 시장에 자주 접근하는 실무 직원인 경우가 많다.
3. 단기 이익을 추구하는 주주의 관심과 고객의 요구에 대한 집중이 상충하여 가치 충돌이 발생한다.
4. 기업의 민첩성을 높이려면 모든 부서가 민첩해져야 한다. 그러나 기존의 애자일 시스템은 기술 관련 부서 외에 적용될 때 어려움을 겪는다.

이러한 문제들을 해결하는 것이 바로 이 책의 목적이다.

제2장
악기 조율하기

제1장에서는 기업과 애자일 실행자가 직면한 문제에 대해 살펴보았다.

우리는 최근의 여러 조직 개발뿐만 아니라 '사회 기술 연구'와 같은 역사적인 개발도 잘 알고 있으며, 그중에서 가장 도움이 되는 것들을 선택하기 위해 그것들을 분류했다. 이 책을 집필할 당시에도 계속해서 새로운 활동들이 생겨났던 것을 미루어볼 때, 우리가 몇 가지 흥미로운 개발을 놓쳤을 수도 있음을 밝힌다.

우리는 가장 유망한 네 가지 개발 흐름을 선택한 후에 각각의 원칙과 가치를 살펴보았다. 우리는 특히 애자일 선언문에 주의를 기울였고 좀 더 쉽게 전사적으로 적용하기 위해 그 가치들을 해석하고자 했다.

검토한 조직 개발 흐름

    제1장에서 요약한 문제들과 관련하여 여러 갈래로 발전해 온 개발 흐름들이 있다. 이 책을 쓰기 위해 조사하는 과정에서 우리는 수많은 최신 흐름들을 면밀히 살펴보았다.

살펴본 조직 개발 흐름

분석 도구

조직을 분석하는 데 사용할 수 있는 진단 도구는 많이 있지만, 우리는 실용적 시스템 모델(Viable System Model)과 애자일 숙련TM 모델(Agile FluencyTM Model)을 비롯한 몇 가지 도구들을 염두에 두고 있었다.[19]

(참고: 이러한 기술적 방법론들을 언급하는 이유는 이러한 것들이 존재한다는 사실을 알리고 독자 여러분이 원하면 좀 더 알아볼 수 있는 기회를 제공하고자 함이다. 이 책에서는 이들을 자세히 다루지는 않는다.)

우리는 대부분 커네빈(Cynefin)이나 인간 시스템 역학(Human Systems Dynamics)과 같이 복잡한 변화를 다루는 데 초점을 맞춘 도구를 참고했다.

---

19   비어(Beer)와 애자일 플루언시 참조

- 커네빈(Cynefin): 문제, 상황, 시스템을 기술하기 위한 지식 관리 모델이다.[20] 이 모델은 주어진 상황에 맞는 설명이나 해결책을 찾는 데 도움이 되는 다양한 전후 사정의 유형을 정의한다. 내재적 불확실성 같은 복잡한 성격을 가진 시스템의 진화적 특성을 설명하기 위해 IBM 컨설턴트 데이브 스노든(Dave Snowden)이 개발한 이 프레임워크는 복잡한 적응 시스템, 인지 과학, 인류학, 서술 패턴, 그리고 진화 심리학에 관한 연구에 바탕을 두고 있다. 커네빈의 주된 가치는 복잡한 상황을 해결할 때, 실험이나 질문이 필요한 이유를 설명하고자 함이 아니다. 준비된 방안을 따르지 못하거나 그 상황을 이해하기 위한 세부 분석을 하지 못하는 이유를 설명한다는 점에서 중요하다. 커네빈은 제3부에서 중요한 도구가 될 것이다.

- 인간 시스템 역학(Human Systems Dynamics, HSD): 복잡한 적응 시스템을 위한 모델, 방법, 도구의 집합으로, 질문에 기반하며 복잡성 이론을 통합함으로써 불확실성과 예측 불가능성을 아우른다. 예를 들어, 인간 시스템 역학 모델 중 하나인 적응 활동(Adaptive Action)은 다음과 같은 질문을 한다.[21] 현재 상황을 이해하기 위해 해야 할 일은 '무엇인가(what)', 통찰을 얻기 위해 해

---

20   커네빈과 스노든(Snowden) 참조
21   어양(Eoyang) & 홀러데이(Holladay) 참조

야 할 일은 '그래서 무엇인가(so what)', 마지막으로 무엇을 할지 결정하고 실험 결과를 평가하기 위해 해야 할 일은 '이제 무엇인가(now what)'. '이제 무엇인가'라는 질문의 결과가 나오면 '무엇인가'라는 질문으로 다시 돌아가 새로운 질문의 순환을 시작해야 한다. 복잡한 인간 시스템 이해라는 측면에서 인간 시스템 역학은 다음과 같은 질문을 던진다.

- '범주'를 정의하는 것은 무엇인가, 즉 특정한 사람들을 모이게 하는 것은 무엇인가?
- '범주' 내의 또는 다른 '범주'와의 '차이'는 무엇인가?
- '범주' 내의 또는 다른 '범주'와의 '교환'은 무엇인가?

인간 시스템 역학: 범주, 차이, 교환

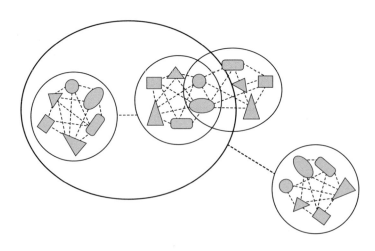

BOSSAnova : 우아하고 경쾌하게 조직 혁신하기

이런 사고의 방법은 프랙탈(Fractal)이며, 이는 다른 추상성 수준에서 반복된다는 것을 의미한다.

위의 목록에 들어있는 각각의 조직 개발 흐름을 검토하는 과정에서 우리는 각 흐름이 너무 제한적이지 않으면서 단순하고 실용적인 면을 유지하는지 살펴보고, 제1장에서 정리한 도전 과제들을 해결할 수 있을 것인지를 확인했다.

모든 것이 창의적인 해결 방법을 제시하고 있기는 하나, 어떤 것은 다른 것에 비해 더욱 많은 해결 방안을 제시하고 있다. 우리는 이러한 해결 방법들의 다양한 통찰력이 실용적으로 통합된 해결 방법에 특히 무게를 두고 살펴보았다.

채택하지 않은 조직 개발 흐름

　우리는 많은 개발을 살펴본 후 고어, 스포티파이, 모닝 스타와 같은 기업 위주의 개발 흐름은 알아보지 않기로 결정했다. 이들을 해결 방안으로 사용하고 싶을 수도 있겠으나 전후 상황에 따라 다를 수 있으므로 주의가 필요하다. 우리는 또한 센게, 조직적 학습, U 이론, 레스폰시브 오르그와 같이 훌륭한 아이디어는 제시하지만 구체적인 조언을 해 주지는 않는 철학들 또한 제외하기로 했다.[22] 처음에 우리는 셈코(Semco)를 이 범주로 분류했지만, 이들이 셈코 스타일 연구소(Semco Style Institute)를 설립했다는 사실에 흥미를 느꼈다. 검토해 보니, 이 연구소는 오픈스페이스와 비욘드버지팅의 다양한 기능을 제공하고 있었다. 셈코는 새로 떠오르고 있는 많은 개발 사례 중 하나일 뿐이며, 이들을 일일이 확인하기는 어려워서 제외했다!

22　센게 외(Senge et.al), 샤머(Scharmer), 레스폰시브(Responsive) 참조

스포티파이^{Spotify}의

안데르스 이바르손^{Anders Ivarsson}이 전하는 통찰

스포티파이는 일반적으로 '스포티파이 모델'이라고 부르는 업무 방식, 특히 제품 개발팀 구성 방식으로 유명해졌다. 비록 그것이 다른 사람들이 모방하라고 만든 모델은 아니었지만, 이제는 걷잡을 수 없이 커져서 현재 많은 회사들이 '스포티파이 모델'을 운영하거나 적어도 많은 부분을 모방한다고 표방하고 있다.

스포티파이에서 적용할 애자일 확대에 대해 작성한 초안에서도, 이후 우리의 엔지니어링 문화에 대한 영상 등의 간행물에서도 우리는 기술, 프로세스, 문화, 가치 등 다양한 주제를 다루어 왔다. 하지만 사람들이 기억하고 가장 자주 모방하는 것은 스쿼드, 트라이브, 챕터, 길드 등의 팀 구조이다.

이렇듯 실행(스쿼드, 트라이브)과 지배(챕터, 길드) 간의 구분에는 많은 강점이 있으며, 스포티파이가 이러한 변화를 도입한 것이 가치 있는 일이었다는 이야기를 여러 회사로부터 듣고 있다. 그러나 한편으로는 많은 회사들이 이러한 변화에 어려움을 겪고 있거나, 이러한 변화를 통해 큰 혜택을 보지 못하고 있기도 하다.

나는 왜 이런 일이 일어나는지, 왜 단순한 팀 구조의 변화가 어떤 기업에서는 큰 영향을 미치는 반면, 또 어떤 기업들은 그 혜택을 받기는커녕 단순한 변화조차도 이루지 못하고 고군분투하고 있는지 의

문을 가졌다.

내가 스포티파이에서 확인한 점은 우리의 제품과 작업장의 여러 측면들이 잘 어우러져 서로를 보완해준다는 사실이다.

- 우리는 쉽게 팀의 자율성을 보장하는 신뢰도가 높고(high-trust) 실패해도 안전한(safe-to-fail) 문화를 가지고 있다.
- 우리는 개별 부품으로 나눌 수 있는 제품을 다루기 때문에 생산 팀은 서로 다른 우선순위와 다양한 페이스로 작업할 수 있다.
- 우리는 마이크로 서비스라는 기술 플랫폼과 상당히 모듈화된 코드를 보유하고 있기 때문에, 팀은 다른 팀과 지나친 동기화 없이도 자신들의 경험을 작업, 구축, 실행, 유지 및 운영할 수 있다.
- 우리는 공동의 목표를 위한 협력과 상향식 혁신 및 속도 사이의 적절한 균형을 목표로 정하고 전사적인 우선순위를 정하는 최선의 방법을 개발하고 실험해 왔다.
- 우리는 심지어 물리적 작업 공간에서도 팀워크와 공동 사무실에 초점을 맞추고 있다.

여기서 중요한 점은 팀 구조 자체가 만병통치약은 절대로 아니며, 팀 구조가 우리의 문화, 우리의 기술 아키텍처와 플랫폼, 우리의 제품, 그리고 심지어 우리의 작업 공간과도 잘 어울리기 때문에 우리에게 효과가 있었다는 점이다.

BOSSAnova : 우아하고 경쾌하게 조직 혁신하기

만약 이들 중 일부만을 취해서 다른 맥락에 적용한다면, 수많은 마찰을 경험하게 될 것이다. 당신의 조직이 전체 제품에 필요한 하나의 크고 복잡한 코드베이스를 다루고 있다면 팀에게 완전한 자율성을 부여하기가 어려울 것이며, 만약 당신이 팀보다 더 많은 수의 제품을 다루고 있다면 각 팀에 분명한 임무를 부여하기가 더욱 어려울 것이다. 또한 엄격한 책임과 의사 결정 추적에 대한 규제가 심한 영역에서 일한다면, 실패를 용인하는 문화와 완전한 팀 자율성을 달성하기가 어려울 수도 있다. 예를 들어 웹 개발 전담과 같은 하나의 기술 스택에서만 작업할 경우, 서로 다른 챕터와 길드로 분리하는 것이 의미가 없을 것이다.

우리는 때때로 스포티파이에서도 이러한 효과를 보기도 한다. 새로운 분야를 개척하는 팀을 지도한 적이 있었는데, 그 팀이 빠르게 성장하여 여러 팀으로 분리하는 작업이 필요했다. 몇 번의 논의 끝에 우리는 팀을 세 개로 분리했고 각 팀은 경험의 일부를 소유하게 되었다. 임무의 관점에서 보면, 새로 만들어진 세 개의 팀은 합리적이면서도 자율적이었으며 매번 서로 관여하지 않고도 제품과 사용자 경험(UX) 결정을 내릴 수 있었고, 별도의 우선순위에 맞춰 일할 수 있었다. 그러나 백엔드(backend) 시스템은 팀의 정신적 분리를 실행하지 않았고 충분히 모듈화 되지 않았기 때문에, 세 팀이 동일한 시스템에서 작업하게 되고 서로 충돌하기도 했으며 동일한 코드로 작업하는 엔지니어 간 공동 작업이 필요한 경우가 자주 발생했다. 독립적으로 처리되어 팀 하나가 온전히 맡을 수 있을 정도의 소규모 서비스로 시스템을 분리하는 리팩터링(refactoring, 소프트웨어 공학에서 사용자가 보는 외부 화면은 그대로 두고 내부 논리나 구조를 바꾸고 개선하는 유지보수 행위 - 옮긴이)을 시도하자, 그들은 훨씬 더 빠르게 움직일 수 있었고, 실제로 새로운 임무와 팀 자율성의 혜택을 얻을 수 있게 되었다.

스포티파이가 제품 개발의 모든 측면에서 조율과 협력을 이끌어내기 위해 많은 노력을 했던 것처럼, 이 책의 저자인 유타와 존이 조직 전체에 적용할 수 있는 효과적인 방법과 프로세스를 찾기 위해 노력한 흔적이 보인다. 현대적이고 조금 더 민첩한 여러 가지 기업 운영 방식들을 결합한다면 서로 마찰을 일으키거나 상충하지 않고 조화롭게 협력하여, 개별 방법으로 운영하는 것보다 더 효과적일 수 있다.

우리는 프레데릭 라루(Fredric Laloux)의《조직의 재창조(Reinventing Organizations)》라는 책을 통해 널리 알려진 오렌지, 그린, 틸 조직 등의 '나선 역학(Spiral Dynamics)'을 오랫동안 꼼꼼히 살펴보았다. 그러나 이것이 실용적인 일일 작업 도구가 아니라 설명을 위한 범주화 작업물이기 때문에 결국에는 더 깊이 탐구하지는 않기로 했다.

우리는 여러 사람들이 작성한 문헌이 있는 독창적이고 뿌리 깊은 방법을 찾아보았다. 그 결과, 우리는 서클포워드, 홀라크라시, 소시오크라시 3.0 대신 소시오크라시를 선택했다.[23] 또한 마찬가지 이유로 베타코덱스가 아닌 비욘드버지팅을 선택했다.[24]

우리는 경영에 대한 테일러의 기계론적 관점을 바꿔놓은 1920년대의 메리 파커 폴렛(Mary Parker Follet)과 1930년대의 호손 실험(Hawthorne experiments)에서 시작하여[25], 경영에서 직원과 기술의 역할에 대한 이해를 포함하는 일련의 조직 개발의 흐름이 생겨나는 경영 접근 방식의 역사를 살펴보았다. 간혹 사회-기술적 시스템(socio-technical systems)이라고도 하는 이러한 방법은 장기 지향적인 경향이 있다. 이들은 전체적인 조직적 관점을 가지고 있으며, 기술적 관점과 인간/사회적 관점을 모두 고려한다. 여기서 중요한 통찰력 중 하나는 처음부터 더 큰 일을 분리해서 작아진 부분을 개인에게 할당하는 것보다는, 더 큰 일을 자기 조직화 방법으로 함께 하는 반자율적(semi-autonomous)이고 자기 결정적(self-determined)인 그룹들이 더 성공적이라는 점이다. 일부 사람들이 '사회-기술(socio-technical)'이라는 용어를 추앙하기는 하지만, 이러한 일련의 조직 개발 연구가 우리가 언급한 최신 관행들에 점차 포함되고 있다고 생각했기 때문에 사회-기술 방법론 자체에는 초점을 맞추지 않았다.

또한 우리는 일반적인 방법으로 적용된 개발 방법을 선호했다. 예

---

23   서클포워드(Circle Forward), 로버트슨(Robertson), 소시오크라시 3.0 참조

24   베타코덱스(Beta Codex) 참조

25   폴렛(Follett)과 에머리(Emery) & 트리스트(Trist) 참조

를 들면, 일부 기업들이 오픈스페이스를 전사적으로 사용하려고 한다는 것은 알고 있지만, 기업 조직 방법으로 월드카페나 긍정 탐구를 사용한다는 얘기는 들어본 적이 없기 때문에 이들을 포함하지 않았다.[26]

딥데모크라시는 남아프리카 공화국이 아파르트헤이트에서 민주주의로 발전하는 과정에서 생겨난 이름이다.[27] 이후 심리학자 아놀드 민델(Arnold Mindell)은 이것을 개발하여 우리의 목소리, 인식 상태, 그리고 현실의 틀에 초점을 맞추어, 대화에서 모두의 목소리가 중요한 역할을 할 수 있도록 하였다. 이것의 주된 용도는 단체들의 뿌리 깊은 갈등 해결이며 또 다른 갈등 해결의 방법으로는 회복적 서클(Restorative Circles), 비폭력 대화(Nonviolent Communication), 중재가 있다.[28] 물론 우리는 이러한 집단적 사고방식이 분명히 가치 있다고 생각한다. 그러나 이것들이 권력을 구조화하거나 일상적인 사업을 수행하는 방법에 대한 조언을 제공하지는 않으며, 이러한 방법으로 회사를 운영하려는 사람이 있다는 얘기도 들어본 적이 없다.

우리는 월드블루[29]도 알아보았다. 트레이시 펜턴(Traci Fenton)은 효과적인 참여 경영의 관행을 문서화하며 실증 작업을 훌륭히 완수했

---

26   브라운(Brown)과 쿠퍼라이더(Cooperrider) 참조

27   딥데모크라시(Deep Democracy) 참조

28   회복적 서클(Restorative Circles)과 로젠버그(Rosenberg) 참조

29   월드블루(World Blu) 참조

고, 월드블루 인증 기업들도 괜찮은 성적을 보여주는 듯하다. 월드블루에 대해 더 자세히 알고 싶은 독자들이 있겠지만, 우리는 이 이론을 자세히 살펴보지 않기로 했다. 복잡한 시스템과 까다로운 시스템을 결합하기 위한 구체적인 권고 사항을 명확히 제시하지 않고, 월드블루 원칙을 뒷받침할 법적 구조를 권장하지 않는 등 권력 이론을 제시하지 않았기에 제1장에서 설명한 문제를 해결할 수 없다고 생각하기 때문이다.

마지막으로, 한 가지 더 언급할만한 개발은 협동조합이다. 스페인 바스크 지역에서 시작된 몬드라곤은 조직에 대한 협력적 접근을 표명함으로써 소득 불평등을 줄이는 데 주목할 만한 성공을 거두었다. 몬드라곤의 방법론은 세계 각지에 성공적으로 퍼져나갔다. 다시 한 번 말하지만, 우리는 독자 여러분이 온라인으로 이용할 수 있는 몬드라곤 대학의 협동 관리자 교육 등 몬드라곤 관련 내용에 대해 자세히 알고 싶을 수도 있다는 것을 이해한다. 그러나 협동조합 모델은 기업의 벤처 캐피털 참여 가능성을 제한하고, 제1장에서 언급한 가치 충돌 문제를 해결하지 않고 회피하기 때문에 우리는 몬드라곤을 제외하기로 했다.

조직 개발 흐름의 융합

조사를 마친 후, 우리는 10년 이상 업계에서 상당한 인정을 받고 있는 애자일을 과제 해결을 위한 기반으로 사용하기로 결정했다. 애자일 선언이 정의한 가치들도 제1장에서 설명한 기업들의 현재 과제를 해결하는 것으로 보인다. 그러나 애자일 선언이 정의한 가치들은 전사적 과제를 해결하기 위해 바뀌어야 할 부분도 있다. 변형된 가치를 정의하기 위해 우리는 조직 설계를 개선하기 위한 다음의 세 가지 개발 흐름을 통합하기로 했다.

- 비욘드버지팅(Beyond Budgeting)
- 오픈스페이스(Open Space)
- 소시오크라시(Sociocracy)

또한 우리는 한정된 방법으로 변형된 가치를 정의하기 위해 린 스타트업이나 디자인 씽킹과 같은 다른 개발 흐름을 이용했다.

우리는 앞서 언급한 모든 개발에 대해 심도 있는 전문가들은 아니다. 하지만, 이 책을 준비하면서 해결책을 위한 우리의 선택이 타당하다는 것을 증명하기 위해 여러 가지 폭넓은 조사를 했다. 우리는 애자일, 소시오크라시, 비욘드버지팅, 오픈스페이스를 **융합**하는 것이 통합적이고 실용적인 해결 방안이 될 가능성이 가장 높다는 결론을 내렸다. 이 네 가지 개발 흐름은 기업 운영, 더 나아가 사회 운영을 위한 애자일 '일반 이론'을 만드는 데 필요한 포괄적인 전략을 제공한다.

이 네 가지 개발 흐름은 모두 제1장에서 논의한 과제에 대한 귀중한 접근 방식을 제공한다. 이들은 비슷한 가치와 원칙을 가지고 있으며, 또한 다양한 관점에서 전사적 애자일 적용을 지원함으로써 서로를 보완한다.

이제 이 네 가지 개발 흐름을 개괄적으로 알아보고 후속 장에서 더 자세한 내용을 설명하겠다. 당신이 울창한 숲을 지나도록 우리의 안내 과정이 조금 길더라도 조금만 참아 주길 바란다.

비욘드버지팅

'비욘드버지팅'은 누가 발명했다기보다는 비욘드버지팅 개념을 뒷받침하는 가치와 원칙들을 추출하기 위해 협력한, 전 세계 최고 재무 책임자(CFO) 네트워크가 발견한 것이라고 할 수 있다. 이들은 **재무 및 인적 자원 관점**에서 기업의 성공 요인을 관찰했다. 비욘드버지팅의 초기 구현은 1970년대 후반 스웨덴 은행인 한델스방켄(Handelsbanken)에서 이루어졌는데, 이는 소시오크라시가 발전하고 있던 때와 거의 같은 시기였다. 초기에는 비욘드버지팅 협회[30]에서 네트워크가 발생했고 지금은 비욘드버지팅에 대한 책이 많이 나와 있다.[31]

'비욘드버지팅'이라는 용어는 예산 편성만을 의미하지 않는다. '버지팅(Budgeting)'은 전통적인 명령과 통제의 경영에서 사용하는 일반적인 도구를, '비욘드(Beyond)'는 기존의 경영 모델을 넘어선다는 것을 의미한다. 비욘드버지팅과 기존 경영 모델과의 가장 유의미한 차이점은 명령과 통제 대신 **권한 부여와 적응**에 가치를 둔다는 점이다. 리더십 스타일의 원칙이 뒷받침되면 명령과 통제에서 권한 부여와 적응으로 전환이 이뤄진다. 고정 목표와 상대 목표 사이의 차이를 이해하는 것이 주된 초점으로, 이는 규범적이지 않으며 소시오크라시, 그리고 애자일과 마찬가지로 다양한 원칙을 받아들일 준비가 되어있다는 것을 의미한다. 이 경우, 권한 부여와 적응이라는 원칙을 받아들인 것이다.

---

30 BBRT 참조
31 특히 호프(Hope)와 복스네스(Bogsnes) 참조

예를 들어 명령과 통제의 경영에서 고정 목표라고 하면, 예산이 제한된 사업을 의미하기도 하고 직원의 성과를 관리하는 고정 목표를 말하기도 한다. 그러나 두 경우 모두 고정 목표라는 것이 의미가 없는데, 이는 시장이 변하고 성공하기 위해 더 많은 돈이 필요하다는 것을 알게 되더라도 고정 예산 외에는 다른 방법이 없기 때문이다. 또한 실제로는 자금이 더 적게 소비되더라도, 우리는 대개 다음 사업에 필요한 예산을 얻지 못할 것을 우려하여 기존에 할당된 금액을 모두 소비한다.

예를 들어 직원의 목표라는 관점에서 제품 100개가 고정 목표인 영업 사원을 생각해 보자. 만약 그 직원이 80개를 팔고 경쟁자가 120개를 팔았다면, 그 영업 사원은 좋은 평가를 받지 못할 것이다. 하지만, 만약 실적이 80이고 경쟁자가 50을 판다면, 이 판매 직원은 아마 좋은 평가를 받을 것이다. 또는 11월 즈음에 100개라는 목표를 채우지 못할 것을 알게 되면, 다음 해에 판매량을 달성하기 위해 판매를 내년으로 연기할 것이다. 반대로 만약 100개라는 목표를 달성했어도 역시 내년 목표 달성을 위해 판매를 연기할 것이다.

비욘드버지팅을 고안한 최고 재무 책임자들은 사업 단위이든 개인이든 고정된 목표 설정이 조정을 허용하지 않거나 최근의 개발 요구에 초점을 맞추지 못하기 때문에 회사에는 좋지 않다는 사실을 알게 되었다. 비욘드버지팅의 12가지 원칙은 모두 이러한 관찰에서 도출된 것이며 조정이 가능한 것들이다.[32] 예를 들면 다음과 같다.

- **고객**(Customers), '고객의 요구를 모든 직원의 업무와 연계하라.' 이는 전사적으로 고객 중시를 구축하기 위한 분명한 요청이다.
- **투명성**(Transparency), 진하게 이 원칙은 제대로 알아야 적절한 결정을 내릴 수 있으니, 자기 관리, 혁신, 학습, 통제를 위해 정보를 개방하라고 요구한다. 이 원칙은 이미 그 이름에서부터 투명성을 요구하고 있다.
- **자율성**(Autonomy), 이는 사소한 업무까지 관리 및 통제하는 것 (마이크로 매니지먼트)이 좋은 결과로 이어지지 않는다는 애자일의 믿음인 '자율성을 가진 사람들을 신뢰하라'와 유사하다.
- **리듬**(Rhythm), 진하게 이는 달력이 아니라 비즈니스 리듬과 이벤트를 중심으로 역동적으로 경영 프로세스를 구성하라는 요구이다. 회사 내부와 주변 환경에서 일어나고 있는 일들을 파악하고 그렇게 알게 된 내용을 고려하여 적절하게 조정하라.

비욘드버지팅은 기존의 재무 및 인사 부서로부터 전사적 애자일에 접근하며, 정책을 통해 이런 부서들이 어떻게 애자일을 지지하거나 저지하는지 잘 보여준다. 이것은 기업의 전통적인 지원 기능을 다룬다.

---

32 비욘드버지팅의 원칙에 대한 전체 개요는 부록 참조

구 스타토일^{Statoil}, 현 에퀴노르^{Equinor}의
비야르테 복스네스^{Bjarte Bogsnes}가 전하는 통찰

'비욘드버지팅'은 훌륭하고 강력한 관리 모델이지만 다소 오해의 소지가 있는 이름을 갖고 있다. 이는 사실 예산을 없애는 것에 대한 것이 아니라 명령과 통제에서 권한 부여와 적응으로 급격히 변화하는 과정에서 나타나는 전통적인 경영의 수많은 결과 중 하나일 뿐이다. 이것은 우리의 사업 환경과 우리 조직 내의 사람들이라는 현실을 진지하게 받아들이자는 것이며, 또한 조직의 말과 행동 사이에 일관성을 유지하자는 것이다. X라는 이론의 프로세스로 운영하면서 Y라는 이론의 리더십 비전을 갖는다면 말과 행동 사이에 괴리가 생기기 때문에 도움이 되지 않는다. 리더십이나 경영 프로세스를 다루는 훌륭한 개념들이 많이 있지만, 비욘드버지팅과 같이 이론과 실천, 그리고 전체 상황을 모두 해결하는 경우는 거의 없다.

애자일 커뮤니티에 속한 사람들은 비욘드버지팅이 기업의 애자일에 관한 것이라는 점을 잘 이해한다. 애자일의 확대 적용은 달성하기 어렵고 때로는 불가능하기까지 하지만, 소프트웨어 개발을 획기적으로 혁신하는 데 효과적이었던 바로 그 프레임워크와 언어를 사용한다면 비욘드버지팅이 애자일 확대 적용의 효과적인 방법이 될 수 있다. 대부분의 경영진과 고위 관리자들은 애자일에 익숙하지 않거나 이해하지 못하기 때문에(그리고 그들 대부분은 럭비를 하지 않기 때문에), 스

크럼을 일종의 피부병이라고 생각하더라도 놀라지 말자! 비록 비욘드버지팅은 경영진이 동의하지 않더라도 그들과 관련된 내용들을 다루고 있다.

비욘드버지팅의 채택이 애자일이나 린보다 더딘 이유는 이 모델이 리더십과 경영 프로세스를 모두 다루는 광범위한 접근 방식이기도 하고, 애자일과 린이 소프트웨어 개발과 제조에서는 취급하지 않았던 방법으로 많은 경영진의 믿음과 특권을 건드리기 때문이다. 그러나 나중에 고위 임원들은 프로젝트 진행의 빠른 속도와 비용 절감을 확인하고, 첫인상과는 달리 비욘드버지팅이 위협적이거나 무서운 것은 아니라는 것을 깨닫게 된다.

내 책《비욘드버지팅 실행 방법》에서 설명한 것처럼, 나의 비욘드버지팅 여정은 20여 년 전에 시작되었다. 나는 운 좋게도 현명하고 용감한 최고 재무 책임자와 최고 경영 책임자 아래에서 일할 수 있었다. 우리가 예산도 없는 상태에서 훨씬 더 많은 자율성을 가진 새로운 경영 모델을 제안했을 때, 그들이 보여준 반응은 두려움과 부정이 아니라 호기심과 격려였다. 그것이 우리 모두에게 큰 신뢰의 도약이 되었다. 1995년만해도 비욘드버지팅이라는 말이 없었다. 보레알리스(Borealis)와 우리가 구현한 모델은 몇 년 후 '비욘드버지팅'이라는 이름으로 알려지게 되었다. 이 운동의 가장 큰 영감의 원천은 물론 스웨덴의 한델스방켄이었다. 1995년에는 이 회사에 대해 실제로 들어본 적이 없었다. 이때만 해도 '검색'이라고 하면 도서관에 가고 사서를 부르는 것을 의미하던 때였다! 초기 몇 년 동안은 상대적으로 '예산 지향적'이지 않았지만, 그 과정에서 리더십의 역할이 더 커졌으며 1998년 내가 재무부에서 인사부로 이동할 때에는 모든 것이 완벽하게 준비가 된 상태였다.

내가 2002년에 노르웨이의 거대 에너지 기업인 스타토일(현재의 에퀴노르)로 돌아갔을 때에도 나의 비욘드버지팅 여정은 계속되었다. 나는 또 운 좋게도 현명하고 용감한 관리자인 엘다 세트르(Eldar Sætre)를 만났고, 오늘날 그는 에퀴노르의 최고 경영 책임자가 되었는데 이는 너무나 당연한 결과라고 할 수 있다.

비욘드버지팅을 제대로 실행해 보자는 결정이 내려진 2005년 이후로, 나는 이를 구현하는 데에 전념해 왔고, 지금도 그렇다. 사람들은 종종 비욘드버지팅이 얼마나 오래 걸리는지, 우리가 그 작업을 '완료'했는지 묻는다. 우리는 완료하지 못했고, 어쩌면 앞으로도 결코 완료할 수 없을지도 모른다. 이건 프로젝트가 아니라 우리 모두가 더 대담해지는 여정이기 때문이다. 지금 우리는 2005년 당시에는 진행하기 매우 어려웠고 일부는 불가능했을 토론을 하고 있다.

우리는 '행동하고자 하는 의욕(Ambition to Action)'이라고 부르는 에퀴노르 모델을 지속적으로 심화하고 확대해 왔다. 예를 들어 여기에는 위험 관리 통합뿐만 아니라, 인사 관리 프로세스와의 긴밀하고 일관성 있는 연결, 가능하고 타당한 일정 수행, 순환 일정의 반대인 역동적 예측 구현 등이 포함된다. 현재 나타나고 있는 흥미로운 논의는 목표에 관한 것이다. 우리는 목표가 없이도 무엇을 어떻게든 할 수 있을까? 왜 우리는 단지 측정을 위해 목표를 정해야 하는가? 방향을 설정하고 성과를 평가하는 더 좋은 방법들은 많이 있다!

그렇다면 이 운동이 시작된 지 거의 20년이 지난 지금, 비욘드버지팅의 현주소는 어디인가? 짧게 답하자면, 기존과 달리 훨씬 더 좋은 위치에 있다. 기업, 학계, 컨설팅 사업 분야에서 비욘드버지팅에 큰 관심을 보이고 있고 점점 더 많은 회사들이 비욘드버지팅을 시행하고 있다. 비욘드버지팅 협회는 현재 여러 국가와 파트너쉽을 맺고 있으며, 비욘드버지팅 공동체는 그 어느 때보다 규모가 크고 강력하다.

이 훌륭한 책에서 설명한 것처럼, 세상에는 다양한 개념과 공동체가 있다. 우리가 다른 지역 출신이거나 다른 언어를 사용할 수도 있지만, 우리는 공통된 적과 싸우고 있다. 우리가 힘을 합치면 합칠수록, 우리는 더욱 강해질 것이다. 그것을 뭐라고 부르든 상관없다. 마치 오늘날 인터넷 이전 시대를 떠올릴 때 웃으며 이야기하고 있는 것처럼, 어느 순간 그리 멀지 않은 시점에는 우리 모두가 전통적인 경영이 주류였던 시대에 대해 웃으며 이야기하고 있을 것이다. 그런 날이 얼마 남지 않았다!

오픈스페이스

공식 용어는 '오픈스페이스 테크놀로지(Open Space Technology)'이지만, 우리는 대중적인 용어인 '오픈스페이스'를 사용할 것이다. 대규모 회의를 조직하던 해리슨 오웬(Harrison Owen)은 회의 중 쉬는 시간에 참가자들이 자신들이 원하는 만큼, 그리고 그들이 원하는 사람과 함께 그들에게 중요한 주제에 대해 이야기를 나누는 시간을 갖는다는 사실을 발견하였다. 이러한 통찰을 통해 오웬은 다음과 같은 오픈스페이스 원칙을 개발했다.[33]

- **'누가 오든 모두 적합한 사람들이다'**: 쉬는 시간에 대화할 때, 어떤 사람도 이야기를 시작하기 전에 특정인을 기다릴 생각을 하지 않는다. 오픈스페이스 세션에서도 마찬가지이다.
- **'어디가 되었든 모두 적합한 장소이다'**: 쉬는 시간에 나누는 대화는 오픈스페이스 세션과 마찬가지로 어디서나 이루어질 수 있다.
- **'언제 시작하더라도 모두 적합한 시간이다'**: 쉬는 시간에 사람들이 시계를 쳐다보지 않고 서로에게 말을 하는 것처럼, 이 시간이 시작하기에 적절한 때라면 특정한 시간을 기다릴 필요가

---

33 오픈스페이스 원칙에 대한 전체 개요는 부록 참조

없다.

- **'어떤 일이 일어나더라도 모두 그럴만한 일이 일어나는 것이니, 놀라지 않도록 대비하라!':** 쉬는 시간에 사람들은 특정 과정을 따르지 않고 그저 흐름을 따른다.
- **'한 가지가 끝나면 그제서야(이번 세션 내에서) 끝난 것이다':** 이것은 첫 번째 원칙과 유사하다. 즉, 사람들이 어떤 주제에 대해 끝났다고 느낄 때면 다른 주제로 바꾼다는 뜻이다.

'OpenSpaceWorld.org'의 설립자인 마이클 허먼(Michael Herman) 은 이렇게 얘기한다. "이 원칙들은 규범적인 것이 아니라 수천 건의 작은 실험들의 결과이다. 거의 모든 것이 어떻게 작동하는지에 대한 설명이며……언제 효과가 있을지를 설명한다."[34]

이러한 원칙에 따라 '오픈스페이스'는 다음의 가치들을 지지한다.

- 오픈스페이스의 핵심은 바로 **'자기 조직화(Self-Organization)'** 이다. 참가자들은 성공이나 해결 방안이 필요한 만큼 중요하다 고 생각되는 모든 문제를 파악하고 해결하기 위해 초대된다. 밸 브(Valve)와 같은 회사는 제품을 정의하고 전달하는 데 이 아이 디어를 사용한다. 모든 직원은 제품 또는 서비스에 대한 아이디

---

34   허먼(Herman) 참조

어를 제안할 수 있으며, 공개 배정이라고 부르는 방식을 통해 다른 사람들이 참여하여 이 아이디어를 발전시켜 나갈 수 있다. 다시 말해, 고객 가치의 제공조차 자기 조직화를 기반으로 한다.

- 오픈스페이스의 모든 참가자들에게는 **열정**과 **자기 책임**이 요구된다. 자신의 열정을 갖는다는 것은, 참가자 자신이 기여하지 않거나 배우고 있지 않다는 것을 인식할 때마다, 다른 곳에 가서 배우거나 기여할 수 있다는 것을 의미한다. (이것은 '이동의 법칙'이라고 하는데, 원래 이름은 '두 발의 법칙'이었다.)

- 오픈스페이스가 발생하려면 **권한 부여**가 필요하다. 사람들이 무엇에 집중할 것인지, 누가 무엇을, 얼마나 오랫동안 일할 것인지 전혀 알 수 없기 때문이다. 특히 리더는 자신이 모든 것을 알지 못하며, 공백을 메우고 새로운 통찰력을 얻기 위해 조직 내 다른 사람에게 의존할 수 있다는 사실을 알아야 한다. 이런 식으로, 리더는 자신을 포함한 모든 사람들이 정말로 상황을 더 좋게 바꾸고 싶어 한다는 것을 깨닫고 인정할 수 있다. 이에 대해 허먼은 이렇게 말한다. "그저 상식 선상에서 생각해 보라. 일을 가장 잘 아는 사람들이 모든 이의 만족을 극대화하기 위해 자신들이 아는 것을 사용하도록 만들면 된다." 일반적으로, 모든 사람들이 이 과정을 경험하고 나면 신뢰가 쌓인다.

오픈스페이스의 가치들은 각 원칙들을 뒷받침한다. 이에 대해 마이클 허먼은 이렇게 말했다. "'누가 오든 모두 적합한 사람들이다'라는 말은 어떤 일을 훌륭하게 처리할 수 있는 능력을 가진 사람들은 진정으로 관심을 갖고 자유롭게 참여하기를 선택한 사람들이라는 점을 말한 것이다. '언제 시작하더라도 모두 적합한 시간이다'라는 말은 정신과 창의성이 24시간 내내 깨어있을 수 없기 때문에 우리가 여기 모여 있는 동안 언제라도 나타날 수 있는 멋진 아이디어와 새로운 통찰을 예의주시하리라는 점을 말한 것이다. '어떤 일이 일어나더라도 모두 그럴만한 일이 일어나는 것이다'라는 말은 모든 사람이 어떠한 가능성이라도 받아들임으로써 우리가 현재 일어나고 있고, 작동하고 있고, 실현 가능한 현실에 온전히 주의를 기울일 수 있도록 한다는 의미이다. 마지막으로, '한 가지가 끝나면 그제서야 끝난 것이다'라는 말은 주어진 문제를 처리하는 데 얼마나 오래 걸릴지 결코 알 수 없다는 것을 뜻하며, 그 일을 끝내는 것이 임의적인 일정을 고수하는 것보다 더 중요하다는 것을 상기시켜 준다. 종합하자면 이 원칙들이 전하는 바는 다음과 같다. '열심히 일하고, 집중하되, 놀라지 않도록 준비하라!'" 그리고 우리가 또 한 가지 잊지 말아야 할 것은, '어디가 되었든 모두 적합한 장소이다'라는 말은 어떤 장소든 그룹의 업무를 지원할 수 있다는 사실이다.

오픈스페이스 원칙은 리눅스 시스템 개발처럼 오픈 소스 개발의 핵심을 반영한다. 그동안 오픈 소스 접근 방식이 자원봉사 활동에서 산업으로 전환될 수 있는지에 대한 논의가 꽤 오랫동안 이어지고 있

었다. 그리고 최근에 이러한 원칙을 바탕으로 회사를 조직한 좋은 경험 사례들이 생기고 있다.[35]

'오픈스페이스'는 자기 조직화를 발현할 수 있는 단순하고 명확한 지침을 제공함으로써 애자일, 소시오크라시, 비욘드버지팅을 지원한다. 큰 조직에서는 오픈스페이스를 단순히 소통 기술로도 사용할 수 있고, 작은 조직에서는 익숙한 방식이나 틀에 박힌 방식으로부터 벗어날 수 있도록 다양한 상황에서 오픈스페이스의 원칙들을 적용할 수 있다. 또한 오픈스페이스 원칙은 애자일, 소시오크라시, 비욘드버지팅 방법의 속도를 높여주는 일종의 촉매제 역할을 할 수 있다.

마이클 허먼 협회[Michael Herman Associates]의 마이클 허먼이 전하는 통찰

내가 애자일 소프트웨어 개발에 대해 알게 된 것은, 쳇 헨드릭슨(Chet Hendrickson), 앤 앤더슨(Ann Anderson), 그리고 오브젝트 멘토(Object Mentor)의 개척자들이 시카고 외곽의 애자일/XP 유니버스 컨퍼런스를 위해 나에게 오픈스페이스 트랙의 진행을 요청했던 2002년이었다. 그들이 나에게 애자일에 대해 설명할 때, 나는 불쑥 이렇게 소리쳤다. "여러분은 오픈스페이스에서 소프트웨어를 만들고 있

---

35   깃허브(GitHub), 밸브(Valve), 화이트허스트(Whitehurst) 참조

군요!"

우리는 가장 중요한 문제와 기회, 기능, 작업 등 모든 것들을 해결하기 위해 애자일과 오픈스페이스 양쪽에서 적극적으로 사람들을 초대했다. 그 후, 우리는 한 번에 몇 개씩 반복하여 자기 조직적이고 자율적인 그룹을 만들었다. 이러한 접근 방식은 관리자가 적극적인 참여를 위해 통제를 제공하고, 근로자가 자율성을 위해 투명성을 제공하는 교환을 요구하고 지원하기 때문에 계급 구조 조직에서 효과적이다.

오픈스페이스에서의 초대는, 복잡한 적응 시스템의 용어로 '유인 요소'라고 불리는 목적을 작업 시스템의 중심에 두기 때문에 미리 정해진 안건 없이도 때로는 수백 명에 달하는 동심원 안으로 들어가는 것도 가능하다. 초대를 통해 관리자는 업무의 우선순위와 방향을 전달한 후 통제에서 한 발짝 물러설 수 있다. 동시에 초대는 더 큰 공유 목적을 위해 다른 사람에게 가능한 한 많이 학습하고 기여할 것을 요구한다.

몇 년 전에 900명 규모의 휘발유 배달 물류 부서를 운영하는 관리자들이 다음과 같이 간단한 이메일 메시지로 다양한 기능과 단계를 설명하며 동료 100명 이상을 오픈스페이스로 초대한 적이 있다.

식은땀이 나고, 모든 것이 점점 더 복잡해 보인다. 받는 것은 적은데 더 많은 것을 달성하라고 요구받고 있고 터널 끝에 빛이 있는지도 알 수 없다. 혼란이

다가오고 있는 것 같다… 이런 말들이 익숙한가?

순전히 운영만 고려하는 현재의 접근 방식과는 반대로, 좀 더 적응적인 초점이 [해당 부서]에서 나와야 하며, 그래야만 지속 가능한 성과 우위를 확보해서, 규율에 따라 질서와 무질서가 바뀌는 혼돈의 가장자리라는 최적의 지점에서 생산적인 변화를 꾀할 수 있다.

[이틀 반 동안] [장소/호텔]에서 우리와 함께 이 최적의 지점이 어떤 모습이고 어떤 느낌일지 함께 알아보자.

이 글은 '적응 과제(adaptive challenge)'에 관한 책에서 비롯되었다. 이것은 단지 크고 복잡한 문제일 뿐만 아니라, 전에는 결코 보지 못했던 질문이었기 때문에, 처음으로 해결해야 하는 필수적인 변화였다. 1년간의 연구와 토론 끝에, 관리자들은 유닛의 미래를 고민하며 짜낸 12개 혹은 15개의 도전 과제를 정리하여 목록으로 만들었다. 이제 그들은 이 문제를 해결하기 위해 나머지 조직원들을 초대할 준비가 된 것이다.

프로그램 시작 전날 밤, 우리는 관리자들의 적응 과제 목록을 개회식 때 발표해야 하는지 진지하게 토론했다. 나는 발표를 하지 말자고 충고했고, 종래에는 그들도 내 의견에 동의했다. 그런데 안건이 작성되고 워크숍 세션이 시작되자마자, 그룹의 작업을 확인하기 위해 관리자들은 모두 뒷주머니에서 목록을 꺼내 들었다. 예상대로 관리자들의 '적응 과제'는 모두 벽에 게재된 수십 가지 이슈에 자세히 설명되어 있었다.

다음 날 아침, 전체 회의에서 큰 혼란이 일어났다. 의심과 좌절감이 점차 커져서 어떤 남자는 이렇게 말했다. "우리가 뭔가 잘못하고 있는 것 같다. 다른 사람들과도 이야기를 해봤지만, 여기 벽에 적힌 과제 중 그 어떤 것도 식은땀이 나게 하거나 밤잠을 설치게 하는 것은 없다. 우리가 여기 온 목적과 맞지 않는 일을 하는 것 같다!" 많은 다른 사람들은 그 말에 동의했지만 무엇을 해야 할지는 몰랐다.

크게 둘러앉아 한 시간이 넘도록 힘든 대화를 나눈 후에야 그 그룹은 관리자들이 희망하고 구상했던 모든 것, 즉 조직이 나아가기 위해 필요했던 작업을 바로 자신들이 하고 있었음을 이해하고 신뢰하기 시작했다. 관리자들이 가장 큰 전략적 과제와 위협으로 여겼던 것을 다른 사람들은 단순히 '매일 해결해야 하는 작업'으로 이미 경험하고 있었던 것이다.

회의가 끝날 무렵에는 관리자뿐만 아니라 다른 사람들도 가장 중요한 문제들을 모두 확인하고 논의하여 문서화하고, 세 번째 날 아침에는 그룹 전체가 투표를 통해 우선순위를 정했다. 100명 이상의 사람들로 구성된 이 자기 조직적인 팀은, 모두가 이해하고 함께 작업할 준비가 된 '백로그(backlog)'의 우선순위 목록을 정했다.

소시오크라시

'소시오크라시'의 큰 틀은 회사를 더 효율적으로 운영하기 위한 공학적 접근을 찾기 위해 애쓴 헤라르트 엔덴뷔르흐(Gerard Endenburg)가 개발했다.[36] 그는 다음과 같은 네 가지 사이버네틱(cybernetic, 운영 및 통신 과학)의 원칙을 도출했다.[37]

- 서클(Circle)
- 이중 연결(Double-linking)
- 동의(consent)의 의사 결정
- 동의에 의한 적임자 선출

그는 가치 시스템이나 특정 철학의 개입 없이 공학적인 원리만을 바탕으로 일반적인 방법을 기술하고자 했다. 예를 들어, 망치는 일반적인 도구이며, 사람이나 조직은 누구라도 그것을 사용할 수 있다. 그러나 이 외에도 소시오크라시에는 맥락이 있다. 헤라르트의 부모님은 새로운 경영 아이디어를 시도해 볼 수 있는, 살아있는 실험실인 엔덴뷔르흐 전기 공학(Elektrotechniek) 회사를 설립하였고, 그는 그

---

36   엔덴뷔르흐(Endenburg), 벅(Buck), 빌라인스(Villines) 참조
37   원칙의 전체 개요는 부록 참조

런 부모님의 평등주의적 가치를 키워준 퀘이커 학교에 다녔다. 소시오크라시 원칙들은 주주, 지역 사회, 물리적 환경에 이르기까지 모든 이해 당사자를 포함하여 회사 내 개인들에게 권한을 부여하는 효과를 가진다. 즉, 모든 사람에게 권한이 부여된다는 뜻이다.

첫째, '서클(Circle)'은 참가자들이 공통된 목표를 가짐으로써 존재한다. 여기에서 공통된 목표는 고객이 이해하고 관심을 갖는 제품 또는 서비스이다. 따라서 고객을 중시하지 않는다면 서클이 더 이상 존재할 이유가 없기 때문에 서클은 사라진다. 서클은 내외부 고객에게 가치를 제공하는 시스템에 참여하는 사람들로 구성된 팀, 즉 서클은 고객에게 가치(제품 및 서비스)를 제공하는 시스템에서 일하는 사람들의 회의체이다. 그들은 자신의 일상적 운영에 대한 지침이 되는 정책을 결정하고, 이러한 일상적 운영을 조정하기 위해 전통적인 운영 회의에서 만난다. 또한 서클은 유기체로 취급되기 때문에 압력이나 스트레스에 관계없이 지속적으로 발전해야 한다. 각 서클은 그들 자신의 개발과 구성원들의 개발을 계획할 책임이 있으며, 여기서 개발은 서클의 목표와 상호작용하는 학습, 교육, 연구를 의미한다. 개인과 서클의 개발을 강조하기 때문에, 소시오크라시 서클의 구성원들은 복잡성에서 학습하는 방법을 배우게 된다.[38]

둘째, '이중 연결(Double-linking)'은 서클들을 연결한다. 소시오크라

---

38   드라고-세버슨 외(Drago-Severson et.al) 참조

시는 '소시오(socios)', 즉 '동료'에 의한 통치를 의미한다. 이와 달리 민주주의는 일반 대중인 '데모(demos)'에 의한 통치 방법이다. 그러므로 소시오크라시는 민주주의 개념의 부분 집합이며, 회사에서 작동 가능한 민주주의이다. 여러분은 왜 마을 시장이나 국회의원과 같은 정치인들에게 투표할 수 있으면서 회사에서는 상사에게 투표할 수 없는지 궁금해 한 적이 있는가? 만약 여러분이 리더를 투표로 뽑을 수 없다면, 그것은 민주주의 체제가 아니다. 소시오크라시의 이중 연결은 이런 딜레마를 해결한다. 이중 연결은 각 서클이 차상위 서클에 앉아 해당 서클의 정책 결정에 온전히 참여할 상사가 아닌 대표자를 선출하는 것을 의미한다. 이중 연결은 피드백을 조직 구조 안에 구축하는 방법이다. 다음에 논의할 동의(consent)의 원칙 때문에 피드백을 무시할 수 없다는 점이 중요하다. 이중 연결은 이사회까지 이어지는데, 이는 직원/근로자로부터 선출된 대표자가 이사회 의사 결정에 참여할 수 있는 전권을 가지고 이사회에 참여한다는 것을 의미한다.

셋째, '동의의 의사 결정'은 서클 회의에서 모든 참가자는 정확한 피드백이 나올 수 있도록 동등한 목소리를 낼 수 있어야 한다는 의미이다. 완벽하게 동등한 사람들이 결정을 내린다는 것은 어려운 일이다. 다른 관점으로 결정하는 상위의 리더가 단 한 명도 있어서는 안된다. 모두 다른 관점을 가지고 있으면 합의를 기대할 수 없고, 어떤 사람에게는 괜찮은 것이 다른 사람에게는 '논리적'이지 않을 수도 있다. '소시오크라시'는 동의의 의사 결정이라는 개념을 통해 이 난제를 해결한다. **동의**(consent)는 완전히 의견이 일치하거나 전적으로 찬성한다기보다 의견이 수용 가능한 수준이라는 의미이다. 구성원들은 정책 제안에 대한 합리적이거나 중대한 이의가 없는 경우 그 제안에 동의한다. 시스템의 모든 요소는 시스템 내에서 '수용'될 수 있어야 하며, 그렇지 않을 경우 시스템은 작동하지 않는다. 어떤 면에서는 '기능적'인 의미를 가지는데, 예를 들자면, 자동차 타이어에 바람이 빠졌을 때 타이어는 '운행'이라는 결정에 '동의'할 수 없다. 이는 타이어에 바람을 다시 넣을 때까지는 기능적으로 운행이 불가능하기 때문이다. 소시오크라시에서 동의의 의사 결정은 서클 회의에서만 이루어지며 오랜 기간 동안 효과가 입증된 권장 프로세스를 따른다.

'동의'가 '합의(consensus)'와 비슷하게 들릴 수 있지만, 실제로는 상당히 다르다는 점에 유의해야 한다. 예를 들어, 위와 같은 상황에서는 타이어와 '합의'에 이를 수 없을 것이다. 즉, 도로를 달리고 싶어도 타이어에 바람이 빠진 상태에서는 자동차가 달릴 수(달리는 것에 동의할 수) 없다. 원한다고 어떤 것이든 찬성할 수는 없는 것이다. 반면 시스템의 한 요소로서, 타이어는 달리는 것에 '동의'하지 않을 수 있다. '모든 사람이 결정에 찬성하는가?'가 합의 여부를 묻는 전형적인 질문이라면, 동의를 묻는 질문은 '모든 사람이 결정을 (기능적으로) 실행할 수 있고, 실행할 의향이 있는가?'이다. 이것은 '합리적이거나 중대한 이의가 없음'을 의미하며, 이는 찬성이 아닌 결정을 '수용'한다는 것을 의미한다.

넷째, '동의에 의한 적임자 선출'은 동의 원칙의 필연적인 결과이다. 앞서 이중 연결 원칙에서 선출된 대표자가 서클의 감독자 또는 관리자를 선택하는 과정에 온전히 참여한다고 했다. 자기 조직적인 방식으로 서클 내에서 이름이 거론되는 후보에게 동의를 구하는 것이 추천 과정이다. 이것은 다수결에 의존하지 않으며, 이 선출 과정은 승패라는 익숙한 감정으로 이어지는 것이 아니라 오히려 '우리가 함께 선출했다'는 만족감을 불러일으키곤 한다. 이 과정은 모든 주요한 역할과 책임에 맞는 사람을 선출하는 데 사용된다.

소시오크라시는 "회사 내규가 실제로 복잡하고 돌발적인 사고방식을 지원하는가, 아니면 상명 하달식, 명령과 통제라는 낡은 방식에서 나온 시대착오적인 것인가?"와 같은 근본적인 질문에 대해 실용적인 방향으로 생각하도록 만든다. 이로써 우리는 권력 불균형에 민감하게 반응하게 된다. 자기 조직화는 모든 사람이 권한을 부여받고 고객의 요구에 대응할 때에만 생긴다. 소시오크라시 구현을 위해 개발된 절차들은 다양한 종류의 문화, 구성원, 그리고 업무 전반에 걸쳐 효과적이며 따라서 포괄적인 관점으로 이어진다.

소시오크라시 그룹의 피터르 판 데 메헤Pieter van der Meché가 전하는 통찰

왜 최고 경영진이 '소시오크라시'에 관심을 가져야 하는가? 21년

간 경험해 본 바가 있는 내가 그에 대해 대답한다면 이렇게 답할 것이다. "소시오크라시가 모든 조직의 이해 관계자들 사이의 협력 수준을 높여 주기 때문이다." 많은 조직들이 '우리와 남을 나누는' 문화, '말만 하고 행동은 하지 않는' 문화, '책임은 없고 불평만 하는' 문화로 힘들어 하고 있다. 이러한 어려움은 항상 외부에서, 특히 최고 경영진에게는 잘 보이지 않는데, 이는 경영진이 아닌 사람들이 목소리를 낼 만큼 안전하다고 느끼지 않기 때문이다. 그들은 윗선과의 충돌로 인해 자신의 경력에 부정적인 영향이 생길까 두려워한다. 이러한 갈등 때문에 좋은 아이디어, 적극성, 통찰력, 에너지가 사라지고, 심지어 이런 것들이 아예 생겨나지 않게 되기도 한다.

최고 경영자로서 여러분은 회사 이해 관계자들의 속마음이 실제로 어떠한지 알고 싶을 것이다. 또한 이해 관계자들이 서로 다른 관점을 조율하고 보완하여 조직의 목표를 달성하기를 바랄 것이다. 다른 무엇보다 더욱 확실하게 이를 가능하게 해 주는 것이 바로 '소시오크라시의 의사 결정 구조'이다.

나는 고위 경영진이 지도부 및 중간 관리자 대표들과 함께 회사 전체의 정책을 결정하는 다양한 서클 회의에서 교육을 담당했다. 그 과정에서 초기에는 적대적이었던 입장이 소시오크라시 접근법을 통해 바뀌면서 모든 서클 구성원들이 공동으로 결정하고 그 결정에 진정으로 헌신하는 모습을 자주 보았다.

한 대학교에서 교원 승진을 결정하던 때의 일이다. 예산 삭감으로 인해 오직 5명만 승진할 수 있었지만 팀장들은 이미 20명에게 승진을 약속한 상태였다. 어떻게 해야 할까? 누가 승진하고 누가 승진하지 못하는가? 팀장들은 서로 자신의 팀원이 승진해야 한다고 강력하게 주장했고, 최고 경영진에게 이 어려운 결정을 맡기기 위해 두 차례의 회의를 마친 끝에, 누군가가 감봉되면 어떻게 되는지를 큰 소리로 말하기 시작했다. "지출을 줄이고 저축을 해야겠지. 더 큰 집을 구입한다거나 더 비싼 휴가를 계획하는 일 따위는 입도 뻥긋하면 안 될 거야. 사무실에서도 마찬가지이지 않겠어?" 이것을 계기로 어차피 예산도 삭감되었고 일부 직원만 혜택을 받을 수는 없는 노릇이니 승진 자체를 무효화하자는 아이디어가 나왔다. 이 제안이 동의를 얻자, 몇몇 팀장들은 반대했다. "우리 부서에는 몇 년 동안 일을 열심히 했지만 그에 맞는 급여는 받지 못하는 직원이 있다. 그에게 실제로 이뤄낸 성과 수준에 맞는 정당한 승진 소식을 한동안 듣지 못할 것이라는 소식을 전할 수는 없다."

이후 이어진 의견 조율 과정에서 굉장히 적은 보수를 받는 사람들이 있다는 점을 많은 이들이 인정했다. 그래서 모든 이들이 원래의 제안서에 한 가지 사항을 추가하자는 데에 동의했고, 자신의 팀에 그런 사례가 있다고 생각하는 팀장들은 자신이 소속되어 있는 서클에 상황을 설명할 수 있었다. 승진의 근거가 모두에게 명백하다면 급여 인상의 대상이 되고, 여러 질문에 제대로 답변을 할 수 없는 등 근거가 불분명하면 급여 인상의 대상이 되지 않았다. 세 건이 상정되었고, 한 건이 동의를 얻었다. 이들은 회의를 마치며 자신들이 결정한 내용을 설명하고 실행할 수 있는 동기가 생겼고 실제로 그렇게 행동했다.

흥미롭게도 그들은 틀에 얽매이지 않았고, 더 많은 돈을 얻어내기 위해 경영진과 계속 협상하거나, 최대 승진 건수를 달성하겠다고 하지 않았다. 대신, 재정적으로 지속 가능한 조직을 유지하겠다는 공동의 목표에 초점을 맞췄다. 그들은 모두에게 발언 기회가 돌아가는 일련의 회의에서 공유한 주장과 정보를 근거로, 자신들의 의견과 견해를 다시 정리했다. 그들은 공통의 이해를 확인하였으나 가장 중요한 점은 해결 방법을 결정하는 책임이 각 참가자의 손에 있었다는 것이다. 이는 자신의 허용 범위 내에서 고려할 수 있는 것이 스스로 결정할 수 있는 능력과, 문제를 함께 해결하기 위해 참가자들이 경청하고 의견을 재고하며 공동의 목표에 집중하도록 자극하는 공동 책임의 조합임을 뜻한다.

동의의 원칙이 효과적으로 작용하기 위해서는 '사회적 안전'이 가장 중요하다. 참가자는 서클 미팅 중에 자신의 동의를 자유롭게 사용하여 자신이 수용할 수 없는 결정은 수정할 수 있어야 한다. 비록 이러한 수정이 많은 긴장을 유발할지라도 그래야만 한다. 서클 회의 중에 동의의 원칙 사용을 제한하는 규칙을 정하려 한다면, 동의의 원칙이 불러오는 효과는 기대할 수 없다. "오직 맡은 '역할'만 생각하고 얘기해라", "당신이 말할 수 있는 주제에는 한계가 있다. 전략에 관한 문제는 리더의 영역이니 그 이야기는 하지 마라" 등의 발언이 동의의 원칙을 제한하는 사례들이다. 이러한 제약이 절대적인 기준으로 사용된다면, 협력 수준에 여러 가지 부정적인 영향을 미치는 조작의 원천이 된다.

애자일

애자일 선언에는 회사 내 팀들이 소프트웨어 개발 방법 개선을 도와주는 일련의 가치와 원칙들이 포함되어 있다.[39] 우리는 소프트웨어 팀의 수준을 넘어 회사 전체를 대상으로 하고 있기 때문에, 전사적으로 적용할 수 있도록 애자일 선언의 가치를 수정해야 한다.

다음은 이러한 애자일의 가치들을 회사 전체의 맥락으로 재해석한 내용이다. (따옴표 안의 내용은 애자일 선언에서 발췌한 것이다.)

1. **"프로세스와 도구보다는 개인과 상호 작용"** : 원래의 소프트웨어 맥락에서 이 가치는 애자일 팀이 자신만의 특정 프로세스를 찾고 시간이 지남에 따라 이를 개선하여 고객을 위한 비즈니스 가치를 창출해야 함을 의미한다. 따라서 프로세스와 도구는 사람과 그들의 상호 작용을 지원해야 하며 그 반대가 되어서는 안 된다. 애자일을 사

---

39 원칙에 대한 전체 개요는 부록 참조

용하지 않는 기업은 팀의 필요와 상관없이 표준 프로세스와 도구를 보유하는 경향이 있다. 그러나 전사적 관점에서 본다면, 이 가치는 회사 전체가 복잡하고 눈에 띄는 하나의 시스템으로 운영되어야 하는 필요성을 반영해야 한다고 생각한다. '자율성을 위한 조정'이라고도 하듯이 사람만이 복잡한 시스템을 관리할 수 있다. 도구가 저절로 생겨나는 것은 아니다. 복잡한 시스템으로 운영하기 위해서 회사는 전사적으로 **자기 조직화**를 강화해야 한다.

2. **"포괄적인 문서보다는 작동하는 소프트웨어"** : 이 말은 확실히 소프트웨어 분야를 특정한 것이다. 즉, 시스템이 무엇을 해야 하는지 설명하는 문서가 아니라 실제로 작동하는 시스템이 중요하다는 것을 의미한다. 결과적으로, 실행 중인 시스템은 실제 진행 상황을 투명하게 만들고, 이 지식을 통해서만 팀과 이해 당사자들이 정보에 기반하여 제대로 된 결정을 내릴 수 있다. 2017년 애자일 인디아 컨퍼런스에서 워크샵 참석자들은 '가시적 실현(visible delivery)'을 제안했고 우리는 처음에 이것에 큰 관심을 가졌다. 그러나 곰곰이 생각해 보면, 회사의 모든 부서가 반드시 실질적인 결과물을 만들어 내는 것은 아니다. 또한 '가시적 실현'이라는 용어는 제품이나 서비스를 생산하는 전체의 과정이 아닌 결과에 초점을 맞추고 있다. 따라서 "작동하는 소프트웨어"는 실행되는 작업의 종류와 관계없이 "실제로 일어나고 있는 일"을 의미하며 개인의 취약성이 노출된다는 느낌을 포함할 수 있다. 투명성은 정보에 접근할 수 있는 능력을 의미하며 반드시 '명

확성(clarity)'을 동반하지는 않는다. 예를 들어, 혼란한 상태를 파악하고 있다는 것이 투명하다는 것을 의미하기는 하지만 그렇다고 그 상황이 매우 명확한 것은 아닐 것이다. **투명성**은 애자일 접근 방식을 사용하는 팀 내에만 국한되는 것이 아니라 기업 전체로 확대되어야 한다.

3. **"계약 협상보다는 고객 협업"** : 계약도 중요하기는 하지만 계약 자체로는 우리가 올바른 제품을 만들고 있는지를 확인할 수 없다. 제품 혹은 서비스 제공을 구축하는 팀은 내외부 고객과 지속적으로 연락하며 그들이 진정으로 필요로 하는 것이 무엇인지 파악해야 한다. 전사적인 차원에서 보면 이것은 제품이나 서비스가 고객의 요구를 진정으로 충족시킬 수 있도록 고객과 지속적으로 연락을 취할 수 있는 독창적인 방법을 찾아야 함을 의미한다. 고객을 찾고 관계를 형성하여 긴밀하게 만드는 과정은 저절로 되는 것이 아니다. 서비스나 제품을 제공하는 회사와 고객의 이해관계가 일치해야 한다. 이해관계가 일치한다면, 회사는 자연스럽게 회사 전체의 핵심인 **지속적인 고객 중시**를 이어갈 것이다. 회사에서의 역할과는 상관없이 구성원 모두가 고객을 확실히 이해해야 한다.

4. **"계획을 따르기보다는 변화에 대응하기"** : 원래의 소프트웨어 맥락에서 팀은 계획을 세우지만, 계획이 기획만큼 중요하지는 않다. 고객의 요구에 대한 피드백, 동료와의 협업, 기술 결과 검토 등의 과정에서 유동적으로 대응할 수 있어야 한다. 대응이란 피드백을 통해

배우고 새로운 방법이나 좀 더 효과적인 행동, 계획 조정 방식을 발전시킨다는 것을 의미한다. 이는 다가올 일에 대해 알 수 없고 통제할 수도 없지만, 그 과정에서 좋은 선택을 하라는 것이다. 학습의 범위는 작은 개선에서부터 새로운 시스템으로 이어지는 혁신적 도약에 이르기까지 다양하다. 살아있는 유기체가 끊임없이 적응하고 변화하듯이, 기업의 학습을 위해 구성원 모두가 기업 성장에 기여해야 한다. 따라서 **지속적인 학습**은 전사적 애자일 적용에 필수적이다.

애자일 선언에 대한 여러 가지 다른 해석들이 존재하지만[40], 애자일 선언의 핵심 가치를 이러한 방식으로 해석하면 기업 전체에 적용할 수 있으리라 믿는다. 새로운 선언문이 아니라 위의 해석이 애자일을 전사적으로 적용하는 데 도움이 되기를 바랄 뿐이다.

피드백은 애자일 선언 본래의 가치와 전사적 애자일 적용에서 파생된 가치를 합쳐 총 네 가지 가치 모두에서 중요한 역할을 한다. 예를 들어, '계약 협상보다는 고객 협업'에서는 고객과 피드백을 주고받는 일이 지속적인 고객 중시만큼이나 중요하다. 하지만, 단순히 "더 많은 피드백을 주고받아라"라고 말하는 것만으로는 충분하지 않다. 이를 활용하기 위해서는 피드백의 특성을 차별화하고 좀 더 구체적으로 확인할 필요가 있다. 자기 조직화, 투명성, 지속적인 고객 중시 및 지속적인 학습이 전사적 애자일 적용을 가능하게 만든다면 이

---

40 애자일HR선언(AgileHRManifesto), 애자일마케팅선언(AgileMarketingManifesto), 또는 모던애자일(ModernAgile) 참조

를 통해 소위 '잘 나가는 회사'로 만들 수 있다.

부정할 수도 피할 수도 없는 뷰카의 세계에서 이러한 가치들은 기업의 생존과 번영을 위한 공식은 아니더라도 기본적 조건이라는 것에는 틀림이 없다. 애자일 확장과 관련한 과제에 대해 제1장에서 살펴본 바와 같이 이러한 애자일의 가치들을 전사적으로 구현하는 일은 간단하지 않다. 이들을 적용하려면 비욘드버지팅, 오픈스페이스, 소시오크라시 등의 다른 개발 흐름의 지혜를 결합해야 한다.

로스먼 컨설팅 그룹 Rothman Consulting Group inc. 의
요한나 로스먼 Johanna Rothman 이 전하는 통찰
애자일은 사고방식이고 가치이자 원칙이다

사고방식이란 어떤 상황에서 당신이 취하는 행동의 지침이 되는 가치, 신념, 원칙이다. 애자일 사고방식은 애자일 팀의 협업과 피드백을 소중하게 여기는 것이다. 단계를 잘게 쪼개고 진행 상황을 자주 점검하는 것이 도움이 될 것이라는 사실을 믿어야 한다. 협업하는 사람들이 훌륭한 제품을 제공할 수 있다고 믿어라. 업무를 위해 협력, 실행, 투명성이라는 애자일과 린 원칙을 사용하라.

애자일을 통해 프로젝트와 일상 업무에 적응력을 기를 수 있다. 또한 성장의 사고방식을 받아들이면 이러한 적응력을 활용할 수 있다.

팀으로 일하면서 성장의 사고방식, 애자일과 린 원칙, 가치와 믿음을 받아들이면, 당신은 실험을 할 수 있고 그 실험을 통해 배울 것이 있다는 사실을 알게 된다.

즉, '애자일 사고방식'이란 "내가 배울 수 있고 그 결과를 바탕으로 진전을 이룰 수 있는 작은 실험이란 무엇일까?"라고 질문하는 마음가짐이다. 애자일 실행 방법 선택을 돕기 위해 다음과 같은 업무 정의를 고려해 볼 수 있다.

- 당신은 원하는 것(일종의 가치)을 전달할 수 있다.
- 당신은 원하는 때에 이러한 가치를 전달할 수 있다.
- 그 이후에 가장 중요한 작업으로 돌아갈 수 있다.
- 이전 작업을 통해 작업 및 작업 프로세스에 대해 배울 수 있다.

위에 있는 모두가 애자일은 아니지만, 좋은 업무의 정의일 수는 있다. 원하는 것을 원하는 시간에 전달하고, 그 이후에는 다음으로 넘어가서 배울 수 있다면, 당신은 피드백 사이클을 갖추게 된 것이다. (애자일 선언 뒤에 있는 애자일 원칙들을 살펴보라.)

다음과 같은 방법들을 통해 애자일 능력을 배가할 수 있다.

- 반복: 주어진 기간 동안 팀이 수행할 수 있는 업무를 제한한다.
- 진행 중인 업무에 제한을 두는 칸반: 팀이 할 수 있는 작업을 제

한하고 작업의 흐름을 보여준다.

- 회고: 이전 작업을 통해 배운다.
- 혼자 작업하는 사람의 경우 스탠드업 회의: 업무 완료에 대한 세부적 책임을 강화한다.
- 짝 이루기, 무리 짓기, 또는 모빙: 진행 중인 업무를 제한하고 팀의 업무 검토와 학습에 도움이 된다.
- 익스트림 프로그래밍 XP(Extreme Programming)의 기술 우수성 실천 방법: 코드 및 테스트 변경을 가능하게 한다.

위에 제시된 방법들이 반드시 애자일일 필요는 없지만 도움이 되며 상황에 따라 더 유용한 다른 실천 방법을 찾을 수도 있다.

애자일이 업무의 지침이 되는 협업, 투명성 및 실행의 사고방식이라는 점을 상기하라. 그것은 특정한 틀이나 교리에 관한 것이 아니다. 애자일 접근 방식은 조직 내부와 외부에 변화를 가져오고, 구성원들의 성장과 성공을 돕는 문화를 만든다.

요약

이 장에서는 다양한 조직 개발 흐름을 평가하고 제1장에서 제기된 전사적 애자일 적용이라는 과제에 대한 최선의 해결 방법들을 검토하였다. 우리는 철학적이거나 특정 기업에만 적용할 수 있는 것이 아니라 단순하면서도 실용적인 개발 흐름에 초점을 맞추기로 했다.

우리는 다음의 핵심 개발 흐름들을 선택하여 영문명의 앞 글자를 따서 기억하기 쉽게 '보사노바(BOSSA nova)'라고 이름 붙였다.

- **비욘드버지팅(Beyond Budgeting):** 재무적 관점에서 기업에게 필요한 유연성과 적응성을 다룬다.
- **오픈스페이스(Open Space):** 책임감으로 뭉친 열정으로 처음 세 가지 방법의 효과를 배가시켜 준다.
- **소시오크라시(Sociocracy):** 회사의 전체적인 구조에 피드백을 주입하고 주주와 고객 사이에 상충되는 이해관계를 종합한다.
- **애자일(Agile):** 소프트웨어 개발 등의 분야에서 큰 성공을 거두

었으며, 비즈니스 측면의 대부분이 급속하게 디지털화되고 있
는 현재의 상황에서 특히 중요하다.

보사노바 여정

다음으로 우리는 초창조적(super-creative)인 인재를 제대로 활용하
고 고객의 요구에 초점을 맞추는 혁신적인 전략을 제공하는 린 스타
트업 및 디자인과 같은 다른 개발 흐름의 통찰을 살펴볼 것이다.

각각의 개발 흐름 자체만으로도 유연성과 적응력 향상에 도움이
된다. 이 책에서는 4가지 핵심 개발 흐름을 개별적으로 자세히 살펴
보고 이런 흐름들이 융합하여 전사적 애자일 적용에서 어떤 역할을
하는지 알아볼 것이다.

포르투갈어로 '새로운'의 뜻을 가진 'nova'는 개발의 흐름이 아닌 당신의 여정을 표현한 것이다! 보사노바(BOSSA nova)의 구현은 최종 목적지가 없는 여정이다. 제3부의 도입부에서는 이 여정을 시작하고 지속하는 방법에 대해 알아볼 것이다.

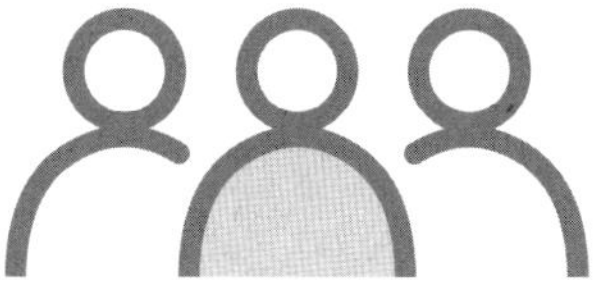

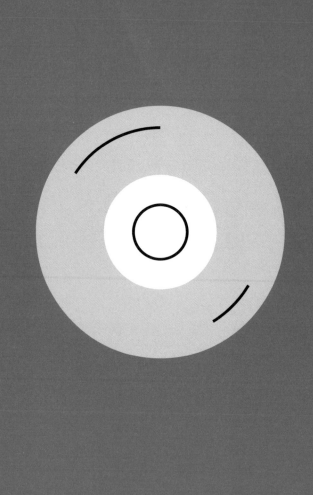

제 2부
즉흥 연주

"당신의 직원, 고객, 주주 중 어느 쪽을 먼저 생각해야 하는가? 이것은 그리 어려운 문제가 아니다. 당신의 직원들을 가장 먼저 생각해야 하고, 직원들을 올바르게 대한다면 그들은 고객을 올바르게 대할 것이고, 그러면 고객들은 다시 돌아와서 주주들을 행복하게 만들 것이다."

- 제레미 호프(Jeremy Hope), 피터 번스(Peter Bunce), 프란츠 뢰슬리(Franz Röösli),

《리더의 딜레마 the Leader's Dilemma》

제1부 제2장에서는 각 조직 개발 흐름 사이의 상호 관련성에 대해 크게 신경 쓰지 않고 각각 개발 흐름의 가치를 살펴보았다. 이번 장에서는 그들이 서로 어떻게 관계를 맺고 도움을 주며 서로의 차이점인 "그래서 무엇인가"에 대한 것을 알아보고자 한다.

우리는 완전히 새로운 프레임워크를 개발하거나 또 다른 선언을 내놓고 네 개의 개발 흐름을 모두 거기에 맞추려 하기보다는, 하나의 프레임워크로 시작해서 거기에 다른 흐름들을 추가하는 것이 더 쉬울 것이라고 생각했다.

"소프트웨어가 세상을 집어삼키고 있다"는 앤드리슨의 말처럼 현재 디지털 혁신에 따른 변화가 중요하기 때문에, 우리는 디지털 세계에서 개발된 흐름인 애자일부터 시작하여, 회사 전체의 맥락에서 사용하기 위해 애자일 선언에서 도출한 다음의 가치를 자세히 살펴보기로 했다.

- 자기 조직화(Self-Organization)
- 투명성(Transparency)
- 지속적인 고객 중시(Constant Customer focus)
- 지속적인 학습(Continuous Learning)

경험은 이러한 가치들이 현실 세계에서 작용한다는 것을 보여준다. 이 가치들은 더 깊은 신뢰 시스템의 설명이 아니라 경험에 대한 증거이다.

다음으로 할 일은 이러한 각각의 가치를 살펴보고 각 흐름이 전사적 적용에 어떤 영향을 미치는지 알아보는 작업이다. 이 접근법은 우리가 서술을 제한하는 위험을 감수하며, 관점들을 분리한다는 것을 의미한다. 각각의 가치에 대한 탐구를 마치면서, 우리는 가치에 대한 종합적인 내용 또는 서술을 제공한 후, 제3부에서 전체적인 접근법을 살펴볼 것이다.

제1장
자기 조직화

'자기 조직화(self-organization)'란 팀과 같은 시스템이 외부의 통제 없이 목적의식을 가지고 자신의 일을 한다는 것을 의미한다.[41] 사람으로 말하자면, 자기 조직화는 모든 사람이 동등하게 무언가를 기여할 수 있는 기회를 갖도록 요구하는 것과 유사하다. 동등성은 모든 구성원이 중요한 역할을 하며, 공동 작업에 개개인의 특성을 더하는 것을 의미한다. 비록 역할이 매우 특정되고 제한적이며 각자가 매우 다르더라도, 공통의 목표를 달성하기 위해서는 여전히 모든 사람들의 목소리가 필요하다. 그러므로 개개인이 자신의 역할에 매우 특화되어 있으며 동시에 조직 전체에서도 큰 역할을 한다. 모든 사람이 전체에 의미 있는 목소리를 낸다는 것은 자기 조직화와 새로운 발상의 전제 조건이다.

예를 들어 스크럼 팀에서는 팀 전체가 계획 회의에서 과제를 협상할 수 있고 더 나아가 회고 회의에 자신들의 생각을 추가할 수 있다. 이런 식으로 팀은 자기 조직화되고 새로운 아이디어를 떠올릴 수 있다. 그러나 소수의 구성원만 참가할 수 있다면, 스프린트에서 어떤 작업을 수행할 수 있는지에 대해 잘못 추정할 수 있고, 그로 인해 프로세스의 개선에 대한 통찰력이 제한될 수 있다.

---

41   프린키피아사이버네티카(PrincipiaCybernetica) 참조

BOSSAnova : 우아하고 경쾌하게 조직 혁신하기

자기 조직화의 과제

경영진은 어떤 방법으로 모든 이에게 자기 조직화를 지시할 수 있을까? 그리고 자기 조직화 시스템에서 관리자의 역할은 무엇인가? 전통적인 조직에서 경영이란, 사람들에게 무엇을 해야 하는지 지시하는 명령의 구조를 따른다. 그러나 이는 자기 조직화 활동을 중단시킨다. 사람들에게 주어진 업무는 대개 다른 활동들과 연계되어 있어서 자기 조직화를 하기에 충분한 자율성을 갖추고 있지 못하기 때문이다. 혹은, 업무를 작은 조각들로 나누는 테일러리즘에 기반한 접근 방식을 사용하고 있다면, 그 조각들은 너무 작아서 자기 조직화가 불가능하다. 능력, 책임, 업무가 분리되어 일부는 관리자에게 할당되고 일부는 '피관리자(managee)'에게 할당되어 있다면, 자기 조직화는 실행될 수 없다.[42]

또 다른 과제는 집단이 자기 조직화를 실행하기 위해서 집단 구성

---

42   에머리(Emery) & 트리스트(Trist) 참조

원의 모든 목소리를 들을 필요가 있다는 점이다. 이는 자기 조직화가 전사적으로 적용되는 경우에도 마찬가지이다. 그러나 기존의 방식으로는 '모든 사람의 목소리 듣기'의 실행 여부에 대해서는 미지수다.

다양한 조직 개발 흐름의 관점

이제 우리는 비욘드버지팅, 오픈스페이스, 소시오크라시, 애자일이라는 네 가지 개발 흐름으로 돌아와서 그것들이 자기 조직화라는 개념에 어떤 식으로 접근하는지 알아보고자 한다. 또한 제1부 제2장에서 언급했던 유용한 도구인 인간 시스템 역학(Human Systems Dynamics)의 관점도 추가하였다.

비욘드버지팅

비욘드버지팅은 제5원칙인 '행동할 자유를 가진 사람들을 신뢰하라; 누군가 그것을 남용한다고 해서 모든 사람들을 처벌하지 마라'에서 자율성에 대한 신뢰의 중요성을 강조하고 있다. 이 원칙은 전통적인 회사들이 남용과 부정행위를 통제하기 위해 많은 규칙과 지침을 제정했다는 사실에 바탕을 둔다. 예를 들어, 숙박 비용이나 이동

수단의 등급과 같은 여행 경비에 대한 일반적인 규정을 생각해 보자. 이러한 규정들은 종종 통제하거나 관리하지 않으면 사람들이 너무 많은 돈을 쓸 것이라고 가정하는 것에서부터 작성된다. 그런 문화는 모든 부서와 사람들을 불신한다. 이에 대해 비야르테 복스네스는 다음과 같이 설명했다.

"많은 리더십 상황에서와 마찬가지로, 간단하지만 잘못된 대응과 좀 어렵지만 올바른 대응이 있다. 단순하고 잘못된 것은 누군가가 누군가에게 잘못을 저질렀기 때문에 모두를 감옥에 가두는 것이다. […] 옳지만 좀 더 까다로운 대응은 관련자들과 단호하게 대화하여 필요한 결과를 가져오도록 하는 것이다. 신뢰는 부드럽다고 만들어지는 것이 아니다."

또한 신뢰 문화의 확립은 규칙과 규제를 적게 만들고, 그에 따라 제2원칙과 제4원칙이 요구하는 세세한 관리, 계층적 통제, 관료주의를 감소시킨다.

- 제2원칙: '세부적인 규칙과 규정이 아닌 **공동의 가치**와 **건전한 판단**을 통해 통치한다.'

  공유된 가치는 여러 사람들이 자기 책임을 갖고 함께 일하도록 하는 접착제 역할을 한다. 가치는 모든 사람을 이끌기 때문에 어떤 규칙이나 규정보다 확실한 유인책이다. 규칙과 규정은 프레임워크만 설정할 수 있을 뿐이지만 가치는 상황에 따라 사람들을 이끌 수 있다.

- 제4원칙: **'강한 소속감**을 기르고 **책임** 있는 팀들을 위주로 조직하되, 계층적 통제와 관료주의를 피하라.'

애자일이나 소시오크라시와 마찬가지로 비욘드버지팅도 책임감과 같은 공통 목표를 자기 조직화를 위한 전제 조건으로 정의한다. 다른 말로 하자면, 한 그룹에 모인 사람들에게 공통된 목표가 없다면 자기 조직화를 할 목적이 없기 때문에 자기 조직화가 이루어지지 않는다. 또한 소속감을 고취하여 자기 조직화의 또 다른 전제 조건인 평등과 원만한 대인 관계라는 개념을 불러올 수도 있다.

오픈스페이스

오픈스페이스는 전적으로 자기 조직화에 기반을 둔다. 오픈스페이스는 참가자를 초대하고 목적에 맞게 형식을 조정한다. 예를 들어, 미리 설정된 회의 종료 시간이 있더라도 실제로 시간이 얼마나 소요되는지 확실히 정해지면 시간이 조정될 것이다. 즉, 미리 정해진 회의 종료 시간에 도달했다고 해서 작업이 종료될 필요는 없다는 말이다. 이런 기본 구조를 통해 누구나 주제를 제안할 수 있고, 모든 사람이 주제 고유의 목표를 달성하는 데 가장 도움이 되는 방법과 장소를 정할 수 있다. 개인들은 자신의 흥미와 기여 욕구에 따라 움직이면서, 한 주제에 충실히 임하거나 다른 주제로 옮겨갈 수 있다.

이러한 형식은 다음과 같은 특징을 가진 전통적인 회의 문화와는 크게 다르다.

- 주로 상급자와 같은 '자격 있는' 사람이 참석자를 초대한다.
- 상급자가 판단하기에 '올바른' 사람을 초대한다.
- 회의 시간은 사전에 정해져 있다. 일반적으로 회의가 훨씬 더 길거나 짧을 수 있지만 미리 지정한 시간까지는 정확하게 진행한다.

따라서 오픈스페이스는 함께 작업하기 위해 스스로 선택한 팀에 의존한다.[43] 이러한 접근 방식은 팀, 그룹 또는 서클의 구성이 외부에 영향을 미치는 다른 개발 흐름들과는 다른 점이다. 일단 팀이 구성되면 자기 조직화를 시작한다. 오픈스페이스에서는 사람들이 어느 팀, 그룹 또는 서클에 참여할지 자기 스스로 결정한다. 여기에서 개인은 자신의 경험과 학습, 그리고 기여에 있어 본인 스스로가 최고의 관리자이다. 따라서 오픈스페이스는 사람들에게 논의되거나 해결되어야 할 주제들을 중심으로 스스로 조직하기 위한 올바른 선택을 할 권리

---

43   마몰리(Mamoli) & 몰(Mole) 참조

와 책임을 부여한다. 오픈스페이스 원칙에 따라 기업들이 스스로 조직하는 오픈스페이스는 전체 조직이나 고객 또는 집단적이고 중요한 목적을 위해 자신이 할 수 있는 한 많이 배우고 기여할 수 있는 권리와 책임을 모든 사람들에게 부여한다. 또한 다른 흐름과 비슷하게, 집단의 주제나 다소 공통된 목표가 없으면 오픈스페이스에서 자기 조직화는 발생하지 않는다.

소시오크라시

소시오크라시는 노벨상 수상자인 일리야 프리고진(Ilya Prigogine)의 통찰력에서 나온 개념으로 자기 조직화를 지원하는 구조를 만든다. 프리고진은 이것이 레이저의 가스 분자이든, 개울 바닥의 모래 알갱이든, 또는 사람들이 모인 집단이든 기본적으로 동일하며 외부의 힘을 가하는 시스템의 요소를 가지고 있다면, 그 요소는 자기 조직화를 이룬다는 점을 확인했다. 레이저는 가스 분자가 일관된 빛을 발산하기 위해 전기 충격이 필요하고, 모래 알갱이가 파동을 스스로 일으키기 위해서는 흐르는 물이 필요하다. 이처럼 동등한 사람들의 모임은 업무를 스스로 조직하기 위해서 공통된 목표, 즉 고객의 요구라는 압력을 필요로 한다.

동등성(Equivalence)이란 소속된 모든 사람들의 다양한 목소리를 들어야 한다는 것을 의미한다. 이것은 인간의 자기 조직화에 중요한 요건이다. 소시오크라시는 필요한 동등성을 창출하기 위해 **동의에 의한 의사 결정 절차**를 이용한다. 제안된 결정에 대해 합리적이고 중대한 이의가 없는 경우, 동의에 의한 의사 결정이 이루어진다. 이 과정은 모든 사람에게 서로를 신뢰하라고 요구하지 않고, 시간이 지남에 따라 신뢰가 쌓이는 구조를 만든다.

소시오크라시는 서로 다른 추상 수준(levels of abstraction)에 자기 조직화라는 개념을 하나 더 추가한다. 업무는 자연스럽게 서로 다른 추상 단계에서 일어난다. 예를 들어, 이른 봄에 정원사는 자신이 정원에서 기를 식물들을 선택하기 위해 씨앗 카탈로그를 참조할 수도 있다. 또한 이 정원사는 자신의 정원 부지를 어떻게 배치할지 볼 수 있는 밑그림을 그릴 수도 있다. 이 활동들은 다소 추상적이다. 이 추상적 과정을 거치고 나서야 봄에는 땅을 갈고, 씨를 뿌리고, 잡초를 뽑는 구체적인 일을 할 것이다.

전통적인 조직에서는 '추상 노동자(abstraction workers)'가 명령 구조를 사용하여 실제로 작업을 수행하는 사람들에게 무엇을 해야 하는지 지시한다. 이런 구조에서는 동등성이 사라지고 자기 조직화가 일어날 수 없기 때문에 '구체적인' 작업을 하는 사람들에 의한 자기 조직 활동이 중단된다. 아래 그림은 전형적이고 전통적인 하향식 지배 구조를 보여준다.

BOSSAnova : 우아하고 경쾌하게 조직 혁신하기

소시오크라시는 동등성을 회복하기 위해서 '밑바닥'에서부터 들어오는 피드백 체계를 필수로 사용한다. 여기에는 추상적인 업무에서 구체적인 업무로 이어지는 '하향식' 단일 명령 연결뿐만 아니라 구체적인 업무에서 추상적인 업무로 이어지는 '상향식' 권력 흐름을 생성하는 두 번째 권력 체계가 있다. 이렇게 이중으로 영향을 주는 체계를 '이중 연결(double linking)'이라고 부르며, 각 단계에서는 추상적인 관점에서 구체적인 업무를 지시하는 관리자 외에도 구체적인 관점에서 추상적인 업무에 관여하는 사람이 선출된다. 각 단계는 한 명이 아닌 두 명으로 상위 단계와 하위 단계를 연결한다. 각 단계별 조직의 정책 결정은 구성원들과 선출직 서클 대표(들)의 동의에 의해 이루어진다. 여기에 상향식 의견 개진이 더해지면 **순환 계층 구조**가 만들어진다.

순환 지배 구조

애자일

애자일은 자기 조직화를 개개인의 상호 작용에서 생기는 신뢰와
연계한다. 이러한 연계를 통해 팀은 필요에 맞는 프로세스를 자유롭
게 제안할 수 있으며, 회사가 실제 목적에 적합하지 않은 도구와 프
로세스를 지시할 때 이를 막을 수 있고, 일반적으로 회고 회의에서

프로세스를 조정할 수 있다. 또한, 리더들은 팀원들을 신뢰하고 그들이 고객 가치를 창출할 수 있는 환경을 제공해야 한다.[44] 그렇지만 기업들은 팀의 성공을 지연시키거나 오히려 방해하는 규칙과 지침을 설정하곤 한다.

애자일은 자기 조직화를 위한 전제 조건으로서 **교차 기능 팀**을 요구한다. 팀은 제품에 대한 서로 다른 관점들이 공동으로 작용하는 경우에만 완전한 제품을 제공할 수 있다. 완전한 제품 또는 완벽한 기능이나 사용자 사례의 제공은 자기 조직화를 위한 또 다른 전제 조건인 팀의 공통 목표의 역할을 한다. 만약 팀들이 기능에 따라 구성된다면, 모든 팀은 자신의 기능적 전문 지식에만 집중할 것이고, 이는 일반적으로 최종 제품에서 호환되지 않는 인터페이스라는 문제로 이어진다.

---

44 이것과 다음의 애자일 선언의 다섯 번째 원칙을 비교해 보라: '동기 부여를 받은 개인을 중심으로 프로젝트를 구축하라. 필요한 환경과 지원을 제공하고 작업을 수행할 수 있도록 신뢰하라.'

기타 관점

　'인간 시스템 역학'은 복잡한 적응 시스템을 위한 모델, 방법 및 도구의 모음이다. 이것은 탐구에 기반하며, 복잡성 이론을 통합함으로써 불확실성과 예측 불가능성을 고려한다. 인간 시스템 역학은 자기 조직화를 위한 세 가지 조건을 다음과 같이 정의한다.[45]

- **범주**(Container): '무엇'인가를 조직하는 모든 인간 시스템으로, 그 대상은 소유물, 실행, 믿음 또는 국가, 봉사, 종교와 같은 것이 될 수 있다.
- **차이**(Difference): 한 범주를 다른 범주와 구별하고, 동일한 범주 내 부분 사이에서 긴장을 발생시킨다. 긴장은 다루는 방식에 따라 창조적일 수도, 갈등처럼 파괴적일 수도 있다.
- **교환**(Exchange): 범주 간의 상호작용을 정의한다. 이런 발견은

45　HSD 및 어양 참조

프랙탈이며 이것은 다른 추상성 수준에서 반복됨을 의미한다.

이러한 관점에서 자기 조직화는 여러 가지 의미를 가진다. 예를 들어, 한 그룹에 같은 생각을 가진 사람들이 많으면 자기 조직화가 더욱 쉬워질 수 있다. 모든 사람이 같은 전문 용어를 사용하는 전문직 모임이나 모두가 공통의 역사를 공유하는 가족 모임에서 이 현상을 발견할 수 있다. 그러나 같은 생각을 가진 사람들로만 이뤄진 좁은 범주에서는 그룹 간의 교환 횟수가 증가하는데, 왜냐하면 각 그룹은 다른 그룹과의 조정이 필요한 다른 결과물을 갖게 될 것이기 때문이다. 그러면 그룹 간의 차이는 더 극명해질 것이다.

따라서 범주, 범주 간의 차이, 그리고 범주 간 교환의 성격을 변화시킴으로써, 자기 조직화 현상을 필요에 맞게 조정할 수 있다. 당면한 상황에 따라 무엇이 더 도움이 되는지 결정된다.

noma8의 샌디 마몰리[Sandy Mamoli]가 전하는 통찰

스내퍼(Snapper)는 뉴질랜드의 웰링턴에 있는 여행 티켓 서비스 제공업체이다. 이들은 직원 60명의 비교적 소규모 기업이지만 전 세계 고객들에게 서비스를 제공하고 있다.

2010년에 시작된 이들의 여정은 애자일로 시작해서 홀라크라시로 옮겨간 후 애자일, 소시오크라시, 홀라크라시, 그리고 오픈스페이스가 모두 들어간 최적의 혼합 형태로 이어졌다.

• 애자일

2010년에 나는 스내퍼 내 정보기술 등의 부서에 애자일을 소개하는 팀의 일원으로 활동했다. 우리는 애자일을 적용함으로써 정보기술 분야 전반에 걸쳐 좀 더 활발한 협업이 일어나고, 프로젝트 수행의 속도와 품질이 개선되기를 바랐다.

애자일은 스내퍼에게 한 약속을 이행했다. 스내퍼의 업무 개선도 이루어 냈지만, 특히 중요한 것은 협업과 상호 존중 그리고 고객을 향한 진정한 열정이 일어나는 문화를 꽃피우게 했다는 사실이다. 지난 7년 동안 이곳의 직원들은 원칙을 따르고 업무 방식을 완벽하게 통제하는 진정한 애자일을 달성했다.

그러나 애자일은 주로 정보기술 등 일부 부서에만 한정되어 있었다. 이들은 여전히 정보기술, 재무, 마케팅 및 고객 서비스 팀이라는 전통적인 조직 구조를 유지하고 있었다. 가끔은 부서 간의 협업이 어려웠고 난감한 상황이 발생하기도 했다.

• 획기적인 조직 재설계

2016년 스내퍼는 성공과 성장을 예견했지만 동시에 규모 확장의 위험성도 잘 알고 있었다. 따라서 그들은 추가적인 고통 없이 인력을 추가할 수 있는 기반이 필요했다.

바로 그때 그들은 홀라크라시를 접하게 되었다. 이들은 협업을 더 잘할 수 있다는 홀라크라시의 가능성에 이끌렸고 조직 전체에 프레임워크를 제공함으로써 애자일을 보완할 수 있다고 생각했다. 철저한 투명성, 적절한 수준의 의사 결정, 역동적인 조직, 이 모두가 적합해 보였다.

또한 그들은 여기에 내재된 지속적인 개선이라는 잠재성에 매료되었다. 홀라크라시에서 각 팀(서클)과 역할은 스스로 개발하는 것에 달려 있다. 기술 담당 최고 책임자(CTO)가 언급한 바와 같이, 분기마다 50명씩 작은 변화를 준다면, 매년마다 최대 600개 정도가 크고 작게 개선될 것이고, 이 모든 것은 하향식 명령이 아니라 직원들이 주도하는 상향적 과정을 통해 가능하다.

• 홀라크라시

스내퍼는 전에 같이 일했던 경험이 있는 나에게 이번에는 홀라크라시를 도입하고 안착할 수 있도록 도와달라고 부탁했고 우리는 흔쾌히 허락하고 작업에 착수했다.

시작부터 우리는 규칙을 엄격하게 준수했다. 우리는 일단 모든 것을 홀라크라시의 계획 의도에 맞게 시도해 본 후에 지식과 경험을 활용하여 약간의 변화를 주고자 했다.

우리는 각 서클이 각자의 목적과 영역, 책임을 정의하도록 했다. 여기까지는 괜찮았다. 나는 한 달 정도면 작업을 마치리라 낙관했다. 어려워 봤자 얼마나 어렵겠는가?

그러나 결과적으로 이것이 매우 어려운 작업이라는 사실을 깨달았다. 직원들은 혼란스러워 했고, 그들의 조직 문화에 맞지 않는다고 느껴지는 규범 용어와 엄격한 규칙을 싫어했다. 대부분은 우리가 홀라크라시를 도입하는 이유에 대해 이해는 하면서도 그것이 실현되었을 때 어떤 모습이 될지 명확한 그림을 그리지 못했다.

· 소시오크라시

우리는 홀라크라시에 담긴 생각과 목표가 갖는 잠재력을 알아보긴 했지만, 규범집에 너무 많은 규칙이 있었기 때문에 체계 자체에 압도되었고 원리를 망각하기 쉬웠다. 애자일 용어로 이야기하자면 그것은 '애자일 이해'와 '애자일 실천'의 차이와 같았다.

애자일 세계에서 이러한 문제에 직면할 때 우리는 해결을 위해 애자일 선언 및 그와 관련된 원칙들에 의지한다. 조직을 재구성하면서 우리는 홀라크라시 저변의 원칙들이, 사실은 소시오크라시였다는 사실을 알게 되었다. 이를 깨닫고 소시오크라시 원칙에 초점을 맞추자 우리는 그 시스템의 본질과 바람직한 행동 양식을 명확하고 간결한 방식으로 회사 전체에 전달할 수 있었다. 소시오크라시 덕분에 우리는 협력을 공고히 하고, 더 빠르고 확실하며 쉽게 의사 결정을 내릴 수 있게 되었다.

이제 우리는 의사 결정이 동의에 의한 록 콘서트 같다고 생각한다. 상호 연결된 서클로 이뤄진 시스템이 가시성을 제공하여 우리는 개선 상황을 확인할 수 있게 되었다.

• 오픈스페이스

소시오크라시와 홀라크라시를 통해 사람들은 자신이 속한 분야를 개선할 수 있는 힘이 있다는 사실을 알게 되었고, 일단 문제가 확인되면 그것은 많은 기여자들의 참여로 해결될 수 있다는 사실도 깨달았다. 이러한 개선 프로젝트들은 작업 그룹에 대한 일종의 자기 선택으로 이 작업에 참여한 사람들에 의해 추진되었고 이것이 오픈스페이스 테크놀로지의 발판이 되었다.

오픈스페이스의 자기 선택 작업 그룹, 자유로운 회의 형식, 협업 의제 및 유연한 회의 기간 덕분에 협업이 크게 개선되었고, 이에 따라 우리는 오픈스페이스를 거버넌스 및 전술 회의에서부터 모든 회사 회의로까지 확대 적용하였다. 오픈스페이스의 영향력은 토론해야 할 주제와 해야 할 일을 스스로 정리하는 데 도움이 되었고, 이 모든 것은 자발적인 기여자들에 의해 이루어졌다.

오픈스페이스는 새로운 작업 방식에서 높은 수준의 참여도를 유지하는 데 큰 역할을 했고, 그 결과 지루한 회의에 참석하거나 별로 관심이 없는 개선 프로젝트에 참여하도록 강요받는다고 생각한 사람은 아무도 없었다. 이는 자유와 지속적인 개선이라는 우리의 문화를 확대하는 데 큰 도움을 주었다.

• 결론

우리는 지속적인 개선을 가능하게 하고, 조직 전체에 명료성과 가시성을 제공하며, 관련된 당사자들이 빠르게 의사 결정에 이르게 하는 등, 소시오크라시, 홀라크라시, 애자일, 오픈스페이스의 조합이 얼마나 강력한지 확인했다. 이 조합은 분산된 리더십과 책임, 지속적 개선, 그리고 투명성과 같이 우리가 동의하는 원칙과 가치를 지원하는 시스템을 만들어 주었다.

새로운 통합 – 자기 조직화

권력의 동등성, 상호 존중 및 공정성에 대한 공통 목표, 공유 가치 및 이상을 통해 기업의 모든 부분이 자기 조직화를 이룰 수 있다. 따라서 가치에 대한 공통의 목표와 합의를 명확하게 정의하는 시간이 필요하다.

서로 다른 개발 흐름들은 자기 조직화를 지원하기 위한 구조의 변화를 제안하며, 개발 흐름들의 조합은 이를 다음의 방식으로 강화한다.

- 자기 조직화는 **공통 목표, 동등성 및 공유 가치**에 의해 촉발된다. 이는 범주를 정의하므로 목표와 가치는 범주의 크기에 영향을 미친다.
  - 고객이 자기 조직화 현상을 주도하는 내외부의 압력이나 힘을 가져오기 때문에 고객의 요구에 따라 목표가 결정되면 범주가 더 강력해진다.

- 교차 기능성은 다양하고 필요한 관점들을 포함해야 한다. **관점의 다양성**은 공동의 목적과 균형을 이루어야 한다.
- 개인의 지혜와 개인 간 상호작용에 대한 **신뢰**를 통해 규칙과 지침을 최소화할 수 있다. 이는 미시 관리의 대상이 아니므로 반(牛) 자율적이다.
  - 모든 직원이 회사의 성공에 긍정적으로 기여하기를 원한다는 가정 하에 규칙 및 지침을 수립하라.
  - 스스로 선택한 팀과 그룹을 이용하여 이러한 신뢰를 강조한다.
- **회고 회의**는 프로세스와 구조를 실제 필요에 맞게 조정한다.
- **동의에 의한 의사 결정** 절차는 모든 관련자에게 동등한 목소리를 보장하는 동등성을 창출한다.
- **이중 연결**은 계층 구조에서 일반적인 하향식 연결 외에 상향식 연결을 만들어냄으로써 피드백 고리를 구축한다.
- 해당 주제에 관심이 있는 모든 사용자가 참석할 수 있는 **공개회의**를 구성하라. 주제가 최우선이어야 한다. 그래야 완전히 새로운 것이 등장할 수 있고, 일정이 우선순위에 따라 조정된다.

자기 조직화는 신뢰를 만들기 때문에, 만약 자기 조직화를 장려하는 구조가 잘 작동한다면, 신뢰의 수준은 시간이 지남에 따라 높아질 것이다.

제2장

투명성

'투명성(Transparency)'은 사람들이 정보에 기반한 결정을 내릴 수 있도록 정보에 접근할 수 있게 한다는 것을 의미한다. 모든 조직 개발 흐름에서 방법들이 작동하기 위해서는 투명성이 필요하다. 방법들은 서로 긴밀하게 연결되어 있기 때문에 지속적인 학습과 지속적인 고객 중시를 위해서는 투명성이 필요하다. 하지만, 그동안은 "최고의 인재를 모두 잃게 될 수 있으니 직원들에게 인원 감축에 대한 이야기를 하지 말라" 또는 "나는 이 혁신적인 아이디어를 달성하려고 노력하고 있으며, 저항을 억제하기 위해 이를 비밀로 할 것이다" 등 은폐의 업무 문화를 오래 답습해 왔다. 다시 말해, 조직의 규모가 커지면서 투명성이 불편하게 느껴질 가능성이 높다. 그러나 결국 투명성은 비밀을 유지해야 한다는 엄청난 부담을 해소시켜 줄수 있다.

투명성 구현의 과제

투명성을 구현하는 것은 매우 어렵다. 만약 고객이 해당 제품을 어떤 방식으로 사용하는지 팀에 공유하지 않는다면, 팀은 고객이 진정으로 필요로 하는 것을 제공할 수 없을 것이다. 또한 권력 다툼이 계속된다면, 팀은 사용 가능한 제품을 제공하는 데 필요한 정보를 얻을 수 없게 될 것이다. 반면 정보가 너무 많으면 정보 과부하를 일으킬 수 있고 모든 이들이 정보를 솎아내야 하는 거대한 부담이 생기기도 한다.

그럼에도 불구하고 투명성은 성공을 위한 필수 요소이다. 이는 단순히 정보를 공유하는 것이 아니라 효과적인 방법으로 정보 공유를 가능하게 하는 구조화 작업이다. 만약 어떤 정보가 부족한지 모른다면, 그 팀은 현재 당면한 모든 문제를 결코 이해할 수 없을 것이다. 얼마 전, 깊은 좌절과 분노로 전사적 품질 경영 실험이 중단된 적이 있었다. 팀들은 몇 달 동안 프로젝트를 진행했지만, 경영진이 자신들의 요구를 제대로 충족시키지 못했다는 이유로 결국 그 프로젝트 작업을 거절했기 때문이다. 따라서 전체적인 그림을 이해하려면 경영진이 참여하는 프로세스를 구성해야 한다.

마이클 허먼의 말을 바꾸어 말하면, 문제는 "투명성에 의해 제한될 수 있다."[46] 투명성을 구현하려면 오랫동안 산재한 기존의 문제들을 더 이상 감출 수 없기 때문에, 투명성은 문제 탐지기라 할 수 있다. 따라서, 투명성은 고질적으로 이어져 온 문제를 최종적으로 해결하는 열쇠이기도 하다. 하지만, 만약 기존의 회사 문화가 문제를 숨기고자 한다면 어떨까?

46   허먼 참조

다양한 조직 개발 흐름의 관점

네 개의 개발 흐름은 투명성에 접근하는 방식에 있어서 흥미로운 차이가 있다.

비욘드버지팅

비욘드버지팅 제3원칙은 '자율 규제, 혁신, 학습 및 통제를 위해 정보를 개방하고 제한하지 말라'이다. 비욘드버지팅의 공동 설립자 중 한 명인 제레미 호프에 따르면 투명성은 '새로운 통제 시스템'이다. 그러므로 그룹은 정보를 실제로 이용 가능한 경우에만 정보에 입각한 결정을 내릴 수 있다. 하지만 정보를 이용할 수 있도록 하는 것은 나쁜 소식을 숨길 수 있는 방법이 없어지는 것이기 때문에 더 많은 취약성과 두려움을 야기한다. 이런 취약성은 다른 종류의 통제, 즉 시기적절한 현실 접근 및 관찰된 문제 해결을 위한 창의성을 발휘할 기회에

대한 제어로 이어진다. 다시 말해, 투명성은 사회적 압력을 통해 자기
규제를 만든다.

오픈스페이스

오픈스페이스는 모든 토론 주제가 밀실에서 처리되지 않고 올바르
게 제기되도록 보장함으로써 투명성을 구축한다. 더 나아가 오픈스
페이스는 특정 주제에 대해 토론하기 위해 '올바른' 사람들이 나타나
기를 기다리는 것이 아니라, 토론에 참여하는 사람이 누구이든 올바
른 사람이라고 믿어야 한다고 요구한다. 그 사람들은 토론에 참석하
여 해당 주제에 관한 작업을 할 만큼 충분히 관심을 갖고 있는 사람
들이다. 투명성은 모든 사람이 모든 정보를 받는 것이 아니라 정보가
필요한 사람들이 그것을 찾고 얻을 수 있다는 것을 의미한다. 정보를
구하려는 사람들은 필요한 정보를 얻게 될 것이다.

다음과 같이 진행 중인 켄터키 대학 농촌 보건 센터(Center for Rural
Health)의 조직적 오픈스페이스의 사례를 알려준 마이클 허먼에게 감
사의 마음을 전한다.[47]

이 개인 역량 강화 모델에는 다음과 같은 다섯 가지 제약이 있다.

---

47   케펄(Kepferle) & 메인(Main) 참조

1. 논의해야 할 문제나 기회가 있다면, 회의 시간과 장소에 대한 내용을 널리 알려서 관심 있는 사람이면 누구나 참석할 수 있도록 한다.

2. 제안된 해결책이나 아이디어는 널리 홍보하여 센터의 정책, 프로그램 또는 절차로 인정될 수 있도록 해야 한다. 단, 켄터키 대학의 규칙에 모순되는 경우 다른 해결책을 모색할 수 있다.

3. 제안된 해결책은 다른 사람에게 피해를 주어서는 안 된다.

4. 제안된 해결책은 목표 달성에 최대한의 영향을 미칠 수 있도록 제한된 자원을 쏟아부어야 한다.

5. 우리에게 주어진 업무를 수행하는 것이 그룹 업무에 우선한다. 하지만, 만약 진정으로 관심을 갖는 '올바른' 사람들이 어떤 주제에든 관련된다면, 그들은 자신들의 일이 완성되고 그룹의 일이 성공적으로 마무리될 수 있는 방법을 찾을 것이다.

다음 사항에 대한 제약은 없다.

1. 회의를 소집할 수 있는 사람

2. 해결해야 할 문제 또는 기회의 유형

3. 회의를 진행할 수 있는 시간

4. 회의에 참석할 수 있는 사람

5. 그룹이 활동하기 위해 필요한 정보의 활용 정도

이 규칙들은 다른 사람들이 무엇에 관심을 갖고 어떤 책임을 지고 있는지 누구나 볼 수 있다는 것을 의미한다. 의무와 할당보다는 '초대'를 사용하면 '통제'라는 환상이 걷힌다. 조직적 오픈스페이스에서는 어떤 문제나 중요한 기회라도 제기할 수 있기 때문에 투명성 수준이 환경과 현재 상황으로까지 확장될 수 있다. 대규모 회의에 초대 혹은 대규모 회의를 소집하거나 회의 중 브레이크아웃 세션을 요청할 권리 및 책임은 도요타 공장 생산 라인에서 불량을 발견하면 '(누구나) 줄을 당겨' 보고하는 것과 같은 권리이자 책임이다.

소시오크라시

소시오크라시에서의 투명성은 모든 사람이 모든 정보를 볼 수 있는 것이 아니라 의사 결정에 필요한 모든 정보에 대한 접근으로 정의된다. 즉, 모든 사람이 그들에게 필요한 모든 정보를 볼 수 있어야 함을 뜻하며, 이는 팀이 결정을 내리기 위해 필요한 정보를 얻는 데 장벽이 없다는 것을 의미한다. 정보를 숨기는 사람은 다른 사람을 조종하고 통제할 수 있는데, 이는 자기 조직화에서 논의되는 동등성에 위배된다.

팀이 공동 결정을 내릴 때, 팀은 해결책 개발을 시작하기 전에 문제와 관련된 모든 정보를 모은다는 뜻으로 **'윤곽 잡기**(pictureforming)'를 시작한다. 이 단계에서는 곤란한 질문이 나올 수 있으며 그에 대한 답을 반드시 해야 한다. 예를 들어, 기업은 계약에서 매입가 계산 시 경쟁사가 유리해지지 않도록 회계부에 회사의 재무 간접비를 공개하지 말라고 요구할 수 있다. 그러나 서클로 알려진 소시오크라시 팀은 이익 분배 보상이 올바르게 계산되고 있는지 알고 싶을 수 있다. 이러한 상충되는 요구를 해결하기 위한 한 가지 방법은 서클이 팀과 회계부가 모두 수용할 수 있는 대표를 선정해 장부의 정확성을 심사하고 검증하는 것이다.

애자일

애자일은 업무와 업무를 만드는 과정을 투명하게 만든다. 즉, 애자일에서의 투명성이란 실제로 무엇이 어떻게 진행되고 있는지 실시간으로 확인할 수 있음을 의미한다. 따라서 팀은 고객과 공동으로 다음에 무엇을 할 것인지, 그리고 어떻게 성과를 측정할 수 있는지에 대해 고민한다. 스크럼과 같이 업무를 만드는 과정에서 팀은 작업 중인 소프트웨어를 이해 관계자에게 제시하고 작업 진행 상황을 투명하게 공개한다. 팀의 업무에 관심이 있는 모든 사람이 정확히 무엇을 얼마나 완료했는지 알 수 있기 때문에 시스템의 실제적이고 정기적인 실행이 바로 투명성의 핵심이다.

반대로, 애자일이 아닌 팀에서는 이러한 정보를 제공하는 실행 가능한 시스템이 없고 최종 제품만 검증 가능하기 때문에, 실제로는 별 의미가 없는 정보로 가득한 문서 작업만 할 뿐, 진행 상황에 대한 정보를 찾거나 검증할 수 없는 경우가 많다.

새로운 통합 – 투명성

투명성을 정의하는 방식에서 네 개의 개발 흐름이 매우 일관성이 있다는 사실은 매우 놀랍다. 종합하여 말하자면, 투명성이란 진실을 알아야 하는 사람들에게 진실을 확실하게 보여주는 구조라고 할 수 있다. 투명성이란 법적으로 요구되는 기밀성을 지키고 정보 과부하를 피하기 위해 정보를 관리할 수 없다는 것을 의미하는 것이 아니다. 각 개발 흐름은 모든 사람들이 진실을 알 수 있도록 도와주는 다음과 같은 구체적인 구조적 훈련을 추천한다.

- 작업 및 결과물을 향한 **진행 상황**을 투명하게 만들어라.
  - 가끔은 불편한 정보일 수 있지만, 정보를 모르면 관련된 조치를 취할 수 없다.
  - 정보는 구체적인 실행과 같은 검증 가능한 사실에 기초한다.
- 작업을 수행하는 데 필요한 사람들이 정보를 **이용**할 수 있고 **접근**할 수 있도록 하라.

- '윤곽 잡기'는 해결 방안을 개발하기 전에 관련 정보를 수집하는 데 사용된다.
- 필요한 모든 정보를 공유한다.
- 자기 조직화 팀은 주제를 토의하는 데 필요한 모든 정보를 가지고 있다.

제3장
지속적인 고객 중시

'지속적인 고객 중시(Constant Customer Focus)'는 서비스 또는 제품을 제공하는 회사와 고객 모두의 관심사를 조정하는 것을 의미한다. 고객은 일반적으로 회사로부터 제품이나 서비스를 받는 개인 또는 기관을 말한다. 그러나 고객은 주주나 규제 기관과 같이 당신을 방해하는 모든 주체가 될 수도 있다. 때로는 고객의 요구와 충돌하기도 하는데, 예를 들어 예비 고객인 마피아에게 서비스를 제공하는 것은 법규와 상충할 수 있기 때문에 고객 중시는 적절한 균형을 이루어야 한다.

애자일 기업이 되기 위해서는 외부 고객 중시가 기본 가치인 것처럼 보이기 때문에 지속적인 고객 중시가 다른 모든 가치의 원동력이라고 주장할 수 있다. 당신이 '왜'라고 이유를 묻는다면, 언제나 대답은 '고객 중시'가 될 것이다. 예를 들어 '왜 자기 조직화가 중요한가?', '왜 투명성이 필요하거나 지속적으로 학습해야 하는가?'라고 묻는다면 그 답은 '고객을 신경 써야 하기 때문이다'가 된다. 하지만 기업 자체도 하나의 고객이다. 회사도 물론 이윤을 추구하며 살아남고 번영해야 한다.[48] 따라서, 당신은 가치에 대한 이 '왜'라는 질문에 '회사가 살아남고 번영해야 하기 때문이다'라는 대답을 할 수도 있다. 그래서 실제로는 회사 자체와 외부 고객이라는 두 고객이 있다는 사실을 염두해두고, 윈-윈 접근 방식(win-win approach)을 사용하여 두 고객의 이익을 종합하는 것이다.

제2부를 시작한 제레미 호프의 인용문은 윈-윈 접근법에 대한 좋은 예

48 레이본(Leybourn) 참조

를 제공한다. 인용문에서 이야기하는 골자는 결국 주주, 외부 고객, 직원들을 '우선'으로 여긴다는 것인데 이를 위해서는 모든 당사자의 요구가 충족되어야 한다. 우리는 특별히 이 난제를 해결하기 위해 소시오크라시를 살펴보고자 한다.

지속적인 고객 중시라는 가치의 핵심 단어는 '지속적인(constant)'이다. 전통적인 공장이라면 고객은 주문을 하고 생산 과정이 끝나면 제품을 받는다. 지속적인 고객 중시의 가치는 제품이나 서비스의 성격과 상관없이 전체 생산 과정 동안 고객과 긴밀한 관계를 이끌어내는 공동의 학습을 요구한다. 이 관계는 양방향이어서, 고객은 한편으로는 정기적으로 꾸준히 제품을 배송 받으며, 다른 한편으로는 정기적으로 꾸준히 피드백을 제공한다. 이런 관계를 통해 생산은 제품이 고객의 요구를 충족시킬 수 있도록 올바른 방향으로 흐른다. 예를 들어, 어느 신발 제조업체는 고객이 온라인에서 자신의 신발을 디자인할 수 있도록 한다. 어떤 대학의 학부는 관계자 대표뿐만 아니라 학생들을 학교 운영에 참여시킨다. 한 제과점에서는 새로운 종류의 페이스트리 특별 주문 행사에 손님들을 초대한다. 그리고 '당연히' 소프트웨어 개발에서는 고객이 함께 참여하여 고객에게 가장 적합한 서비스를 제공할 수 있는 방법을 모색한다. 서로 다른 조직 개발 흐름들이 지속적인 고객 중시에 어떻게 접근하는지 자세히 살펴보기 전에 몇 가지 당면 과제에 대해 먼저 살펴보도록 하자.

전사적 고객 중시 구축의 과제

애자일의 접근 방식과 달리, 비욘드버지팅, 오픈스페이스, 소시오크라시는 '고객 중시(customer focus)'를 보장하는 역할을 요구하지는 않는다. 애자일에서는 이를 관리하기 위해 특정 자원을 할당하는 '제품 책임자(product owner)'라는 이름의 역할이 유용하다는 사실이 입증되었다. 그러나 제품 책임자 역할과 회사의 다른 부분들의 관계가 명확하지 않은 경우가 많으며, 회사의 직원인 내부 제품 책임자를 조직에 포함시키는 방법에 대한 명확한 지침도 없다.

예를 들어, 기업은 고객 중시 정책이 있다고 말하면서, 한편으로는 회사의 다른 부서에서 개발되고 특정 고객이 실제로 필요로 하는 것과도 맞지 않으며 너무 장기적인 목표를 가지고 있는 제품 책임자의 연간 성과를 검토할 수도 있다. 그러면 제품 책임자는 보너스를 받지 못하기 때문에 지속적인 고객 중시를 유지할 수 없다. 이러한 결과를 피하기 위해 애자일 팀은 제품 책임자의 영웅주의에 의존한다. 그러나 더 나은 전략은 문제를 제거하는 구조를 구축하는 것이다. 또 다른 예로, 내부 제품 책임자가 팀이 지속적인 고객 중시를 실행할 수 있도록 준비하는 과정에서, 회사의 다른 부서에서 누군가가 갑자기 나타나 해당 권한을 주장하며 고객 중시를 저해하는 경우가 있을 수 있다. 제품 책임자는 이러한 잠재적 방해 요인을 이해 관계자 협업 프로세스로 포함시켜 우려 사항을 다른 관점으로 고려할 수 있고 이러한 위험을 회피할 수도 있다. 그러나 다시 말하자면 회사 전체의 구조가 잘 조직되어 있다면 제품 책임자가 굳이 '영리한 정치 전략가'가 될 필요도 없을 것이다.

그렇다면 여기서 핵심 질문은 '어떻게 하면 제품 책임자 기능의 중요한 측면은 살리면서 나머지 세 가지 개발 흐름의 방법들을 사용하여 내재된 문제를 극복할 수 있는가?'라는 것이 될 것이다.

다양한 조직 개발 흐름의 관점

우리는 제품 책임자 기능을 회사 구조에 포함하여 지속적인 고객 중시를 구축하는 방법에 대한 통찰력을 얻기 위해 다른 개발 흐름들을 살펴보았다. 소시오크라시는 고객 중시와 주주의 역할에 대한 질문에 기여한다. 그런 다음 애자일로 돌아와 부분적으로는 분명한 제품 책임자 역할이 존재하기 때문에 개발된 애자일의 다양한 고객 중시의 도구 세트를 살펴보았다.

비욘드버지팅

비욘드버지팅은 다음과 같은 세 가지 예산 목적을 인식하고 이를 각각 다르게 처리한다.

- 목표 설정 : **'목표'**란 실현하기를 원하는 것으로 우리의 야망을

반영한다.

- 예측 : **'예측'**은 현실이 좋든 싫든 간에 실현될 것이라고 생각하는 것이다.

- 자원 할당 : **'자원 할당'**은 목표를 달성하기 위해 필요한 것으로, 희소한 자원을 적절하게 분배 및 활용하는 것이다.

전통적인 예산 집행 과정에서 세 가지 다른 목적은 일반적으로 하나의 프로세스로 해결되며, 그 결과는 '예산'이라는 구체적인 수치로 나타난다. 그러나 이러한 접근법은 종종 충돌을 일으킨다. 예를 들어, 판매량 예측을 요청하면, 사람들은 최종 수치가 목표치에 적중하거나 초과하도록 만들기 위해 예측치를 낮춘다. 또 다른 예로는 이것이 다음 해에 필요한 자원에 접근할 수 있는 유일한 기회라는 것을 아는 라인 관리자가 제시하는 비용 예측을 들 수 있다. 그 결과 우리가 잘 알듯이 게이밍, 샌드배깅(sandbagging), 낮은 견적, 그리고 제2장에서 논의한 편향된 예측 등이 발생한다.

이 같은 갈등은 세 가지 목적을 각각의 세 가지 프로세스로 분리해 다른 숫자로 운영되고 다른 방식으로 실행될 수 있도록 만들면 해결할 수 있다. 이러한 개념들을 좀 더 알아보기 위해 다음 내용을 살펴보자.

- 상대적인 목표(relative targets) : 우리의 야망을 반영해야 하지만

가능하면 절대적인 목표는 피해야 한다. 대신, 목표는 경쟁사의 성과라든지 우리 자신과 비교할 수 있는 다른 것들과 관련이 있어야 한다. 이에 대해 비욘드버지팅 협회 비야르테 복스네스 이사장은 다음과 같이 자세히 설명한다. "그러나 이러한 목표 설정의 목적은 내부적으로 학습이 되어야 하며, 완만한 성과 추진은 그에 따른 좋은 부수 작용으로 작용해야 한다. 낙오자가 되고 싶은 사람은 아무도 없다. 또한 상대적인 목표는 둥글고 중간 정도의 야망 수준으로, 때로는 범위 등으로 표현되기도 한다. 일부 조직은 더 나아가 목표를 건너뛰기도 한다. 그들은 야망 수준 설정 및 성과 평가를 위해 다른 방법을 찾는다."

- 연속 예측(rolling forecasting) : 이 전략은 앞에 놓인 상황과 조율해야 할 대상을 파악하여 더 정밀하게 예측하는 방법이다. 우리는 연속 예측을 위해 우리의 상황은 어떤지, 시장 상황은 어떤지, 그리고 시장의 방향은 어디로 향할지, 우리에게 시사하는 내용은 무엇인지 등을 수시로 질문한다. 우리에게 어떤 의미가 있을까? 비야르테 복스네스는 자신의 경험을 통해 느낀 바를 다음과 같이 말한다. "연속 예측은 일반적으로 분기마다 업데이트되며, 5개 분기와 같이 항상 미래를 바라봐야 한다. 노르웨이의 에퀴노르 사와 같이 일부 기업들은 미리 설정된 빈도나 시간 단위가 아니라 좀 더 사건 중심적인 '**동적 예측(dynamic forecasting)**'

BOSSAnova : 우아하고 경쾌하게 조직 혁신하기

을 추구한다. 만약에 예측에 업데이트가 필요하다고 생각되는 상황이 발생하면 자신의 예측을 업데이트한다. 공유 예측 데이터베이스를 사용하면 누구나 필요할 때 업데이트된 최신 정보를 이용할 수 있다."

- 참고: 연속 예측은 목표 설정과 자원 할당이라는 두 가지 예산 목적에도 적용되는 '계속 예산(rolling budget)'이 아니다. 이들은 위에서 설명한 바와 같이 별도의 프로세스로 처리된다.

- 동적 자원 할당(dynamic resource allocation) : 자원의 '지속적인 제공'을 의미한다. 이에 대해 비야르테 복스네스는 다음과 같이 자세히 설명한다. "연간 예산이 '너무나 큰' 결정이기 때문에 연 단위로 이뤄지는 세부적인 자원의 사전 할당을 피하는 것이 핵심이다. 대신, **'적절한 시기에 적절한 수준에서'** 의사 결정을 내리는 더욱 지속적인 실행을 적용한다. 이는 결정할 프로젝트나 활동에 대한 정보뿐만 아니라 실행 능력에 대한 정보를 최대한 마지막에 확보해야 한다는 것을 의미한다. 이 정보는 이용 가능한 최신 예측에서 나온다. '적절한 수준에서'라는 말은 가능한 한 조직에서 멀리 떨어져 있다는 것을 의미한다. 명확한 결정 지점이 없이 비용을 운용할 경우에는 전반적인 '경비 지출 비율 지침(burn rate guiding)'에서 단위 비용 목표치에 이르기까지, 또는 필요할 때만 개입을 통해 실제 비용 추세를 모니터링 하는

등의 다양한 대안적 비용 관리 도구를 사용할 수도 있다."

목표, 예측 및 자원 할당은 모두 고객 관계와 밀접하게 연관되어 있다. 이것들을 통해 우리는 고객을 위한 제품과 서비스를 빠르게 제공할 수 있다. 따라서 고객에게 좋은 것이 회사에도 좋은 것이며, '어떻게 고객을 최고로 대할 것인가'라는 질문이 항상 핵심이 된다. 또한 비욘드버지팅은 팀이나 개인의 성과 평가가 고객 중시에 영향을 미친다는 점도 분명히 한다. 예를 들어, 성과 평가는 시장의 상황, 고객 우선순위 또는 경쟁 제품 등의 시장의 변화를 고려해야 한다. 목표는 가능하면 시장이나 다른 팀, 혹은 자신의 성과에 맞춰 설정되어야 하고 변화하는 상황을 무시한 채 장기 목표에 묶여 있으면 안 된다. 이 접근법을 통해 위에서 언급한 바와 같이 개인의 목표와 실제 고객의 요구가 상충하는 잠재적 충돌을 해결할 수 있다. 이에 대해 비야르테 복스네스는 다음과 같이 언급한다. "비욘드버지팅에서는 전체적인 성과 평가가 중요하다. '중요하다고 모든 것을 측정할 수는 없고 측정되는 것들이 모두 중요한 것도 아니다.' 상대적인 목표가 낮을수록 전체적인 성과 평가가 더 많이 필요하다. 역풍 혹은 순풍, 야망 수준 설정, 감수해야 하는 위험과 결과의 지속 가능성 등 사후 통찰을 반영하는 것이 목적이다."

성과 측정은 핵심 성과 지표를 뜻하는 KPI를 기준으로 할 수 있다. KPI에서 'I'는 지표를 의미하며 완전한 진리를 말하는 경우는 거의 없다.[49] 비야르테 복스네스가 강조했듯이, 핵심 성과 지표가 "KPT, 즉 핵심 성과 진실(Key Performance Truth)은 아니다!" 실제 성과를 제대로 판단하기 위해서는 이면을 유심히 살펴봐야 한다. 특히 학습이 회사 전체의 성공을 위해 더 중요하기 때문에 성과 평가는 개인의 인센티브로만 보아서는 안 된다.

비욘드버지팅은 지식 업무에 있어서 돈보다 목적, 전문성(mastery), 자율성, 소속감이 훨씬 더 효과적인 동기 부여 요인이라는 것을 보여주는 광범위한 연구 결과를 반영한다. 더욱이 비욘드버지팅의 관점에서 오늘날의 업무는 일반적으로 팀 업무이기 때문에 개인화할 수 없다. 따라서 개인 인센티브는 종종 차선의 행동을 유도하기 때문에 권장되지 않는다. 그 대신 공동의 성공에 대한 공통의 보너스 제도를 활용해야 한다.

마지막으로, 비욘드버지팅의 위대한 사상적 리더인 고(故) 제레미 호프(Jeremy Hope)는 회사의 전체 초점이 비용 및 수익이 아니라 고객에게 전달되는 가치에 초점을 맞춰야 한다는 구조적 개념을 연구했다. 이러한 변화는 비용 및 수익 센터 대신 가치 센터와 재무 및 마케팅과 같은 지원 서비스 팀만 운용하도록 회사 전체를 재구성하는 결과로 이어진다.[50] 지원 서비스 팀은 가치 센터를 통제하는 것이 아

---

49 복스네스 참조

50 호프(Hope) 참조

니라 그들과 협업한다. 이 때 고객을 위한 가치가 창출되는 가치 센터에 초점을 맞춘다. 예를 들어, 스웨덴 은행 한델스방켄은 모든 지점이 자신만의 방식으로 시장에 서비스를 제공하도록 한다. 이는 각각의 지점에 기대하는 단 한 가지가 해당 지점이 고객에게 가장 적합한 서비스가 무엇인지 판단하게 만드는 것이다.

오픈스페이스

정기적인 오픈스페이스 모임은 고객에게 초점을 맞춘 검토 및 조정 기간 동안 애자일, 비욘드버지팅, 소시오크라시를 지원할 수 있다. 또한 오픈스페이스 미팅에서 다루는 주제들은 종종 고객에게 집중된다. 그러나 고객 중시가 전제 조건은 아니다. 소통 기술로만 사용되는 오픈스페이스는 지속적인 고객 중시를 보장하기 위한 구체적인 지침을 제공하지 않는다.

그러나 밸브와 같은 일부 회사들은 오픈스페이스를 사용하여 자신을 조직하고 있다.[51] 이러한 방식으로 사용되는 조직적 오픈스페이스는 독특하고 중요한 결과물인 열정을 창출한다. '어떻게 하면 자발적인 프로젝트에서 볼 수 있는 열정을 회사 업무에서도 볼 수 있을까?'

51 밸브 참조

라며 궁금해 하는 관리자를 자주 본다. 조직적 오픈스페이스가 없다면 관리자들은 자기 아이디어에 대한 열정만 찾고 있을 것이다. 하지만 관리자로서 당신은 열정에 대해 걱정할 필요가 없다. 왜냐하면 사람들은 자연스럽게 자신의 일에 가치와 의미를 두기 때문이다. 조직적 오픈스페이스는 사람들이 팀으로서 그것을 직접 추구할 수 있도록 한다. 열정에 초점을 맞춘 조직적 오픈스페이스는 '새로운 업무', 즉 사람들이 '정말로 원하는' 일을 할 수 있게 만든다.[52]

책임감으로 뭉친 이러한 열정을 오픈 소스(Open Source)라고 불리는 비슷한 접근법에서 볼 수 있다. 예를 들어, 리누스 토르발드(Linus Torvalds)가 더 나은 운영 체제를 원했을 때, 그는 리눅스를 개발하기 시작했고 이를 발표하자 많은 다른 사람들이 자진해서 도와주었다. 일반적으로 조직적 오픈스페이스를 사용하는 회사에서는 직원이 충족되지 않은 고객의 요구를 발견하면 회사로 돌아가 해당 요구를 해결하겠다고 제안하고, 충분한 인원이 작업을 원할 경우 해당 제품이나 서비스를 제공하도록 조직할 것이다. 그 직원은 먼저 허락을 받을 필요가 없다.

조직적 오픈스페이스를 통해 지속적인 고객 중시를 보장하는 또 다른 방법은 신제품 설계 시 협업을 위해 고객을 초대하는 것이다. 따라서 조직적 오픈스페이스는 고객 중시, 새로운 아이디어의 출현,

52   베르그만(Bergman) 참조

그리고 책임감으로 뭉친 열정을 결합하는 독특한 방법을 제공한다.

전문 용어와 혼동될 수 있는 여러 가지 기술이 있는데, 이들은 비슷하게 들리지만 실제로는 상당히 다르다. 예를 들어, 다음의 용어들과 '조직적 오픈스페이스'를 혼동해서는 안 된다.

- '오픈스페이스'는 애자일 전환을 진행하고 있는 많은 기업에서 다른 이벤트들을 용이하게 만들기 위해 사용되고 있다. 예를 들어, '오픈스페이스 민첩성(Open Space Agility)'은 애자일 전환을 지원하기 위해 오픈스페이스 이벤트를 자주 요구하는 애자일 구현 접근법이다.[53]

- '자유화 구조(Liberating Structures)'는 다양한 애자일 이벤트와 비애자일 이벤트에 사용할 수 있는 여러 가지 소통 기술을 제공한다.[54]

- '오픈 플랜(Open Plan)'은 때때로 오픈스페이스 오피스(open space office)라고도 불린다. 오픈 플랜은 다양한 영역에서 협업할 수 있는 공간이 있는 사무실 인테리어 디자인으로, 칸막이가 없는 열린 공간에 정해진 책상 없이 실제 업무를 가장 잘 지원하는 장소에서 일하는 경우가 많다.

---

53 다니엘 메직(Daniel Mezick) 외 참조
54 리프마노비츠(Lipmanowicz) & 맥캔들리스(McCandless) 참조

요약하면, 조직적 오픈스페이스는 회의를 쉽게 진행하게 만드는 것이 아니라 조직에서 오픈스페이스 원칙을 사용하는 방법이다. 오픈스페이스는 이벤트의 원활한 진행을 위해 이러한 원칙을 사용하며, 조직적 오픈스페이스는 이러한 원칙을 조직을 위해 일하는 모든 사람의 혁신적 잠재력을 활용하기 위한 전략으로 사용한다.

'항상 열린 공간으로 남아있기'로 결정했다는 것은 혁신 관리에 대한 책임을 모든 직원에게 확대하는 고급 관리 접근 방식으로 진입한다는 뜻이다. 혁신은 더 이상 직무 기술서를 통한 과제나 연구 개발부와 같은 소수의 '혁신적'인 사람들 또는 씽크 탱크와 같은 특정 이벤트에만 국한되지 않는다. 혁신은 항상 모든 사람에 의해 일어난다.

소시오크라시

애자일과 비욘드버지팅, 소시오크라시는 공통 목표라는 핵심 개념을 통해 고객 중시를 강조한다. 공통 목표는 고객 중시를 시스템 사안으로 취급하고, 공통 목표라는 추상적인 표현은 그 개념을 전사적으로 적용하는 데 도움을 준다. 이러한 표현은 제1부 제1장에서 언급한 주주와 고객 중시의 명백한 충돌을 해결하는 데 도움이 된다.

공통 목표

　소시오크라시 관점에서 보면, 고객 중시를 통합한 '공통 목표'는 팀을 하나로 조직되도록 유도하는 힘이다. 목표는 '다른 제품이나 서비스와 차별화되는, 고객이 이해하고 원하는 제품이나 서비스이며, 이것은 고객과의 교류의 기초가 된다.' 팀은 고객에게 제품 또는 서비스를 제공하고 그 대가로 금전, 다른 제품 및 서비스, 그리고 비정량적인 수용의 표현이라는 형식으로 고객으로부터 피드백을 받는다.

　'목표'는 고객이 원하는 결과물이며, 이를 통해 결과물을 만드는 데 필요한 판매, 생산 및 배송 프로세스를 역설계(reverse engineer)할 수 있다. 다음 도표는 이 개념을 설명하며, 부수적으로 ISO-9000 품질 표준[55]에 명시된 공식과 밀접한 관련이 있다.

선형 '실행' 프로세스: 마케팅에서 생산, 배송과 고객 수용에 이르기까지

　이 선형 프로세스에 우리는 (a)프로세스 제어를 위한 폐쇄 피드백 루프(closed feedback loops)와 (b)고객과의 공개 피드백 관계(open feedback relationship)를 추가한다. 애자일에서는 일반적으로 다른 이

55　ISO 9000 참조

름으로 불리지만, 소시오크라시에서도 이러한 패턴은 근본적으로 동일하게 나타난다. 핵심은 고객의 의견을 수렴하는 것뿐만 아니라 고객 요구의 진화, 더 나아가 혁신을 예측하기 위해 모든 노력을 기울여야 한다는 것이다.

피드백은 시스템의 출력이 입력으로 되돌아가는 순환 인과 과정인 정보의 흐름이다.[56] 가독성을 위해 소시오크라시는 '입력', '다른 시스템', '출력'을 '리드', '실행', '측정'으로 번역한다. 피드백 루프를 기술하기 위한 다양한 용어 사용 규칙이 있다. 예를 들어, 데밍 사이클(Deming-cycle, 지속적인 품질개선을 위해 미국의 통계학자 W. Edwards Deming이 개발한 모델 - 옮긴이)은 '계획, 실행, 평가, 개선(Plan, Do, Check, Act)', 애자일 버전은 '계획, 실행, 검사, 조정(Plan, Do, Inspect, Adapt)'을 사용한다. 애자일 버전은 '검사'라는 단어를 통해 사이클에 학습 과정을 반영한다. 소시오크라시는 시스템 구조의 체계적인 전개 과정인 '개발'이라고 불리는 별개의 연관 과정과 학습을 통합한다.

피드백은 기본적인 패턴으로, 생산 프로세스의 모든 단계에 대해 공식 혹은 비공식 정책, 절차 및 운영 지침을 개발하고, 이러한 정책과 절차의 효과성을 측정하는 지침 루프(guiding loop)가 있어야 한다는 의미이다. 이 도표는 국제 품질 표준 ISO 9000의 개념을 요약한 것이다.[57] (ISO 9000 참조)

---

56   크리펜도르프(Krippendorff) 참조

57   ISO 9000 참조

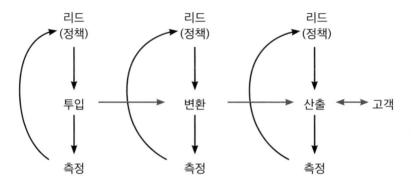

피드백 루프가 지침이 되는 선형 실행 프로세스

이 도표에서 화살표는 측정된 결과가 고려되었고 리딩에 의해 무시되지 않았음을 나타내며, 이후에 측정값을 바탕으로 조정할 수 있다.

제품 책임자와의 관계

만약 우리가 이 도표를 전사적 차원으로 한 단계 더 확장한다면, 우리는 주주들을 회사를 지배하는 동등한 여러 목소리 중 하나로 간주해야 한다는 사실을 알 수 있다. 이러한 동등함을 구축하기 위해, 소시오크라시는 투자자가 출자한 투자금을 '응축 노동(condensed labor)'으로 간주한다. 시스템 안의 모든 이들은 노동자이자 사업가이다. 더욱이 주주들은 피드백 루프에 포함되기 때문에, 피드백에 주의를 기울여야 한다. 피드백을 자주 듣지 않는다면 피드백은 제대로 기능하지 못한다. 주주도 피드백에 참여 권한이 있다는 것은 함께 생각하는 시스템에 참여하는 데 동의한다는 의미이다. 그들은 보다 현명하게 생각하는 시스템을 만들기 위해 자신들의 힘을 모은다. 다른 서비스 중에서도, 주주들은 재정 실용성을 확보하는 데 중요한 역할을한다. 그들은 희소한 자원을 감독하고 지시하는 명확한 메커니즘이다.

주주와 이해 관계자를 포함한 다단계 피드백 루프

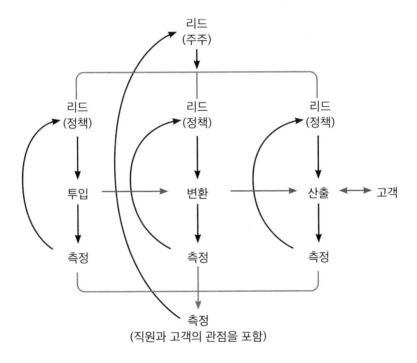

여기서 핵심은 고객의 의견을 수렴할 뿐만 아니라 고객의 요구 변화를 예측하기 위해 모든 노력을 기울여야 한다는 것이다. 관점을 공

유하기 위해 소시오크라시는 앞서 자기 조직화에서 논의한 바와 같이 '이중 연결'을 사용한다. 소시오크라시가 사용하는 일반화된 공식은 주주들도 이러한 관점을 공유해야 한다는 점을 분명히 한다. 애자일 기업은 새로운 구성을 지원하기 위해 새로운 스타일의 이사회와 새로운 법적 구조와 내규가 필요하다.[58] 회사 전체가 고객 중시를 위주로 조직된 상황에서, 어느 누구도 갑자기 고객 중시를 저해하는 권위를 주장할 수 없다.

애자일

애자일에는 고객 중시를 확립하기 위한 다양한 접근법이 있다. 모든 이해 관계자 간, 즉 제품에 관심 있는 모든 사람들 사이의 긴밀한 협업이 핵심 원칙이다. 예를 들면 이 협업은 2주와 같이 다음 주기에 어떤 작업을 수행할 것인지에 대한 우선순위를 설정하는 토대가 된다. 또한, 실행 후에는 시스템을 공동으로 검토하고, 고객의 피드백을 통해 이러한 협업을 하였을 때 고객이 요구한 사항이 잘 해결되었는지 확인할 것이다. 이러한 기술 외에도 최소 기능 제품(MVP), 사용자 사례 및 페르소나, 린 스타트업의 영향을 받은 가치 흐름 분석, 디자

58 벅(Buck) & 빌라인스(Villines) 참조

인과 같은 다양한 방법들이 애자일과 결합되었다. 문제를 탐색하고 해결하기 위한 디자인, 신뢰를 시험해 보기 위한 프레임워크로는 린 스타트업, 변화하는 상황에 적응하기 위한 애자일 적용이 그 대표적인 사례들이다.[59]

우리는 이제 이러한 방법들을 하나씩 살펴보고자 한다.

린 스타트업의 영향을 받은 최소 기능 제품

애자일의 등장으로 개발 방식은 완전히 바뀌었다. 흔히 폭포식 접근 방식이라고 부르는 선형적 접근 방식은 일반적으로 이정표를 달성하는 데 중점을 두는 반면, 애자일 접근 방식은 고객의 요구를 충족하는 데 중점을 둔다. 예를 들어, 폭포식 소프트웨어 프로젝트에서 팀은 먼저 모든 요구 사항을 분석하는 작업을 하게 되는데, 이는 오랫동안 고객에게 아무것도 제공할 수 없기 때문에 귀중한 피드백을 받기가 어렵다. 그러나 애자일 프로젝트는 피드백을 얻고 통합하는 것을 바탕으로 진행되기 때문에 '비선형'적인 프로세스를 거친다. 팀은 고객에게 빠르고 빈번하게 가치를 전달하여 피드백을 얻고 학습한다. 빈번하게 가치를 전달한다는 말은 애자일 팀이 여전히 고객에

---

59   슈나이더(Schneider) 참조

게 가치를 제공하여 고객이 조기에 피드백을 제공할 수 있도록 하는 전체 시스템의 작은 부분을 구축하기 시작한다는 것을 의미한다. 린 스타트업 접근 방식에서 이 작은 조각은 '최소 기능 제품(MVP)'이라고 하며, 이는 피드백을 위해 고객과 논의된다.[60] 결과적으로 이 작은 조각들은 시스템이 고객에게 필요한 모든 것을 다루게 될 때까지 확장될 것이다.

사용자 사례와 페르소나

폭포식 프로젝트에서 요구 사항은 대부분 시스템의 다양한 상태가 잘 표현되도록 보장하는 기술적인 방식으로 표현된다. 그러나 애자일에서의 요구 사항은 사용자가 시스템과 함께 작업하는 방법을 다루는 시나리오인 사용자 사례로 표현된다. 이 접근법은 공식적인 요구 사항보다는 서술이 훨씬 풍부하기 때문에 고객이 요청하는 내용을 더 제대로 전달할 수 있다는 통찰력이 바탕이 된다.

다양한 사용자의 요구를 충족하기 위해 팀, 제품 책임자, 사용자 연구 전문가는 각각 매우 특정한 사용자를 대표하는 이른바 페르소나를 만든다. (페르소나에 대해서는 아래 디자인 에서 더 자세히 다룬다.) 그 후

60   리스(Ries) 참조

페르소나는 사용자 사례를 만드는 데 사용된다.

린 개발의 영향을 받은 가치 흐름 분석

고객에게 집중하기 위해서는 고객을 위한 가치가 실제로 어떻게 창출되는지에 대한 명확한 그림을 조직 전체가 가지고 있어야 한다. 즉 팀, 부서, 역할 및 계층 전반에 걸쳐 어떤 종류의 작업, 프로세스 및 협업이 가치 창출을 지원하거나 방해하는지 명확하게 이해해야 한다. 이러한 명확한 이해를 달성하기 위한 가장 유용한 도구가 바로 가치 흐름 분석이며, 이는 고객을 지원하는 첫 번째 아이디어부터 제품이 실제 고객의 손에 들어갈 때까지 회사 내부에서 일어나고 있는 일을 시각화하는 순서도를 만드는 것을 의미한다. 다음 다이어그램은 고객 요청을 받은 회사의 일반적인 가치 흐름을 보여 준다. 이것은 모든 종류의 고객 요청에 적용할 수 있다.

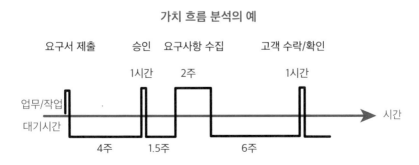

가치 흐름 분석의 예

이 순서도는 사람들이 요청에 따라 작업하는 시간과, 소위 대기 시간이라고 불리는 요청에 대해서 아무 일도 일어나지 않는 시간을 보여 준다. 가치 흐름 분석을 사용하면 기업은 고객을 위한 가치가 실제로 어떻게 생성되는지 이해할 수 있다. 또한 이러한 가치 흐름 분석은 지연 비용이 발생하는 곳과 고객에 대한 초점을 개선하기 위해 감소가 필요한 지점을 분명하게 해 준다.[61] 따라서 가치 흐름 분석은 가치가 만들어지지 않고 시간은 낭비되는 장소와 시기를 시각적으로 보여준다. 이렇듯 기업이 고객에게 초점을 맞추려면 먼저 가치 흐름 분석에 의해 시각화된 지연 비용에 대해 이해한 후, 대기 시간을 없애고 작업 시간을 단축할 수 있는 방법을 모색해야 한다.

디자인 씽킹

디자인 씽킹은 특히 피드백과 인터뷰를 통해 특정 선호, 경험 및 감정에 대해 더 많은 것을 알아낼 수 있도록 최종 사용자와의 빈번한 상호작용을 바탕으로 한다. 이 모든 과정은 구체적인 특성과 행동을 가진 구체적인 사용자 모델인 '페르소나'에 초점을 맞추고 있으며, 이는 새로운 아이디어가 이러한 최종 사용자의 삶을 어떻게 개선할

---

61   라이너첸(Reinertsen), 로스먼(Rothman) & 엑슈타인(Eckstein) 참조

것인지를 이해하는 데 도움이 된다. 이러한 페르소나의 요구와 동기에 대해 완전히 이해하기 위해, 여러 영역의 팀은 디자인 씽킹 프로세스의 모든 단계에 다양한 관점을 투입한다. 이러한 단계는 아래 그림에 제시되어 있다.[62]

디자인 씽킹 프로세스

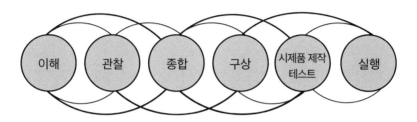

위의 그림에서 볼 수 있듯이, 그 과정은 반복적이기 때문에 그 선은 양방향의 반복되는 움직임을 나타낸다. 각 단계는 다음과 같다.

- 이해: 최종 사용자의 요구와 동기를 이해하라.
- 관찰: 최종 사용자가 특정 분야에서 어떻게 작업하고 있는지, 제품을 어떻게 다루는지 혹은 서비스를 어떻게 제공하는지 등을 관찰하라.

---

62 크리에이티브 커머즈 라이선스 동일조건변경허락 4.0에 의한 라이선스: 디자인 씽킹 프로세스 Anja Wölbling, Kira Krämer, Clemens N. Buss, Katrin Dribbisch, Peter LoBue, and Abraham Taherivand 2012. "디자인 씽킹: 사용자 중심 소프트웨어 개발을 위한 혁신적 개념" Mädche, Alexander (eds.), Berlin: Springer, pp. 121ff.

- 종합: 이해와 관찰이라는 다중 영역의 관점에서 교차 기능 설계 팀을 이해시켜라.
- 구상: 최종 사용자의 삶을 개선할 수 있는 다양한 아이디어를 만들기 위해 앞선 단계에서 개발된 종합을 사용하라.
- 시제품 제작 / 테스트: 최소 기능 제품인 MVP와 호환되는 아이디어를 테스트하라.
- 실행: 테스트를 성공적으로 통과한 아이디어를 제품화하라.

이 과정을 반복하는 것이 중요하다. 예를 들어 시제품 제작과 같은 후반 단계 이후에도 관찰을 통해 사용자의 요구에 대해 더 많이 알 수 있으며, 이를 통해 전체 아이디어를 더욱 나은 방향으로 바꿀 수 있다.

새로운 통합 – 지속적인 고객 중시

우리는 작업 흐름을 묘사하는 세 가지 방법(가치 흐름 분석, 소시오크 라시 작업 흐름, 디자인 씽킹 프로세스)을 살펴보았다. 작업 흐름은 고객의 요구에 지속적으로 적응함으로써 고객 중시를 지속적으로 가능하게 하는 피드백 루프 시스템에 의존한다. 각각의 방법을 사용하여 당신의 기업을 분석하고 고객에게 얼마나 많은 관심을 쏟고 있는지 확인하는 것이 좋다. 각각의 방법은 생산의 근본적인 패턴을 그려내야 한다. 이러한 패턴을 명확하게 표현하기 위해 사용되는 언어는 조직과 고객이라는 개별 환경에 맞게 조정되어야 한다. 애자일과 소시오크 라시, 그리고 디자인 씽킹은 각기 다른 세 가지 어휘를 제공한다. 근본적인 패턴을 파악하고 그것을 특정 어휘와 동일시하지 않는 것이 중요하다.

그러나 모든 조직 개발 흐름은 다음과 같이 말한다.

"고객에게 서비스를 제공할 수 있도록 조직하라. 한 명의 고객에게 라도 제공되는 서비스를 조율할 수 있도록 회사의 모든 측면을 조직하라. 작업의 종류와 고객의 편의는 달력의 날짜가 아니라 자원을 검토하고 재분배하도록 한다."

각 개발 흐름은 서로 다른 통찰력에 기여하며, 이를 결합하여 다음과 같이 서술하였다.

- 고객 중시는 한 팀으로 **협력하는 목적과 이유**라는 점을 확인하라.
  - 교차 기능 팀을 사용하여 고객 중시를 모든 각도에서 파악하라.
  - 함께 일하는 사람들이 자신의 열정을 따라 고객을 즐겁게 하는 일을 할 수 있도록 하라. 그러면, 그들은 책임감으로 뭉친 열정을 지키려고 한다.
- 고객과 **양방향 관계**를 구축하라. 생산 과정 전반에 걸쳐 고객은 제품 전달로부터, 회사는 고객에게서 배우게끔 만들어라.
  - 최종 사용자의 요구를 관찰하고 이해하라. 이러한 이해를 보장하기 위해 페르소나라는 개념을 사용하라.
  - 제품이나 서비스가 최종 사용자의 문제를 해결하는 데 어떻게 도움이 되는지 이해할 수 있는 시나리오 또는 사용자 사례를 작성하라.
  - 최소 기능 제품인 MVP를 사용하여 시장 상황을 살펴보라.
  - 올바른 작업을 구축하기 위해서는 고객으로부터 피드백을 조기에 자주 받아야 한다. 즉, 반복, 반복, 또 반복해서 피드백을 받아라.
  - 양방향 관계를 유지하기 위해 제품 책임자 기능을 설정하는 것을 고

려하라.

- 예산 책정 방식이 고객 및 시장의 요구에 유연하게 대응하도록 하라. 예산을 미리 확정하지 말고 **고객 중시에 맞춘 예산**을 책정하라.

    - 가치 흐름 분석을 통해 파악된 대로 고객에게 초점을 맞추지 않은 활동과 프로세스를 제거함으로써 낭비되는 시간을 줄여라. 고객을 기다리게 하지 말아라.

    - 성과 검토, 개별 목표 및 인센티브를 이사회를 포함한 고객 중시에 맞춰야 한다. 목표와 인센티브가 고객에게 집중되는 성과 검토를 진행하라.

- 이사회가 고객의 피드백과 평가를 **개방적으로 수용**하도록 만들어라.

    - 그 구조는 직원 대표자들이 이사회 구성원뿐만 아니라 고객에 대해 다른 관점을 가지고 있는 외부 대표자들도 지원하는 직원 대표자들(double-link representative)을 두는 것이다.

    - 각 이사회 논의에 고객의 의견을 포함시켜라.

    - 회사에 대한 다중 이해 관계자의 통제력을 확립하라. 다중 이해 관계자 환경을 구축하기 위한 구체적인 법적 구조를 제공함으로써 이 근본적인 문제를 해결하라.

    - 지원을 제공하는 부서와 고객에게 직접 서비스를 제공하는 부서는 서로 통제하지 않고 협업해야 한다.

제4장
지속적인 학습

회고의 창시자인 놈 커스(Norm Kerth)는 다음과 같이 밝혔다.[63]

"회고 의식은 단순히 과거에 대한 복습이 아니다. 회고 의식은 미래를 내다보고, 다음 프로젝트를 계획하며, 다음에 무엇이 다르게 접근될지를 명확하게 계획할 수 있는 기회를 제공한다."

'지속적인 학습(Continuous Learning)'은 개인 및 집단적 기술, 능력 및 지식의 지속적인 성장을 의미하며, 검사, 실험, 교육, 피드백, 성찰, 업무, 협업, 독서, 훈련 및 집합 교육 등이 있다.

제1부 제2장에서 우리는 조직에 모든 사람이 지속적으로 학습할 수 있도록 정기적인 피드백이 필요함을 언급하였다. 기존의 애자일 방법에서 팀은 회고를 통해 지금까지의 성과를 되돌아보고, 다음 번에 고객에게 서비스를 제공하기 위해 무엇을 해야 할지 예상함으로써 무엇을 배워야 하는지 되돌아본다. 두 가지 관점 모두에서 "다음 방법으로 학습 및 개발 프로세스를 구성하라"라고 하는 정보를 얻을 수 있다. 그러므로 예를 들어, 팀 차원뿐만 아니라 모든 계층 수준과 역할에 걸쳐 정기적으로 회고를 실행하면 조직 학습과 개발을 위한 토대가 쌓이게 된다. 따라서 이러한 방식으로 회고하는 것은 기업이 일하는 방식에서 배우고 번창하기 위해 변화하는 데 도움이 된다.

---

63 커스, 2001, 페이지 5 참조

지속적인 학습의 과제

중요하긴 하지만 '지속적인 학습'은 쉽게 잊힌다. 기업들은 불황일 때, "급여를 맞추어야 하니까 참석해야 하는 이런저런 교육 과정을 취소하라"와 같은 학습 예산을 감소시키고 싶은 유혹에 항상 시달린다. 이런 관점은 다른 요소들보다 학습의 중요도가 낮다고 생각한다는 점을 확실히 보여준다. 그리고 이런 관점에서는 그저 수업에 참여하는 것이 학습이라고 생각한다! 또한, 압박 상황이 발생할 때 실제로 가장 먼저 예산을 줄이는 활동 중 하나는 회고 회의(holding retrospectives)이다.

'애자일 숙련 모델(Agile Fluency Model)'은 정확히 압박을 받는 상황에서 발생하는 것에 기반한다.[64] 이 모델에 따르면 스트레스를 받을 때에도 해당 원칙을 고수하고 있다면 능숙하게 회고를 해낼 수 있다. 즉, 가치 집중에 능숙한 팀은 압박을 받더라도 계속 회고를 할 수

---

64   애자일플루언시(AgileFluency) 참조

있다는 것이다. 따라서 스트레스로 인해 회고를 취소하거나 우선순위를 변경하는 것은 팀 또는 회사가 가치 집중에 능숙하지 못하다는 것을 의미한다. 한 팀이 새로운 기능을 만드는 데에만 집중한다면 이와 비슷한 일이 발생하는데, 이것은 리팩터링(refactoring)을 할 시간이 없다는 것을 의미한다. '**리팩터링**(refactoring)'은 기본적으로 시스템을 '정리'하고 새로운 기능을 신속하게 추가할 수 있도록 하는 것을 의미한다. 따라서 새로운 기능을 추가하는 것에만 집중하고 리팩터링을 무시하면, 팀은 새로운 기능을 추가할 수 있는 가능성을 잃게 되며 시간이 지남에 따라 발생하는 학습을 시스템에 다시 공급할 수 없다.

《기하급수 시대가 온다(Exponential Organizations)》에서 저자인 살림 이스마일(Salim Ismail)과 그의 동료들은 오늘날 기업이 성공하기 위해서는 학습 비율이 투자 수익률보다 더 중요하다고 지적한다.[65] 게다가, 이 저자들에 따르면, 직원들은 높은 학습 비중을 높은 보상처럼 느낀다.

애자일 도입 초기에는 많은 그룹들이 **골드 카드**(Gold Card)라는 아이디어를 사용하였다.[66] 소프트웨어 팀원이 스프린트 백로그에서 골드 카드를 뗐다면, 그 팀원은 그들이 스프린트 목표를 직접 달성하

---

65 이스마일 외 참조

66 골드 카드 참조

지 않고 일시적으로 조사 작업을 하고 있다고 발표하는 것이었다. 골드 카드를 가져가면 소지자는 자신이 배운 내용을 보고해야 한다. 그러나 우리의 경험에 따르면 오늘날 많은 사람들은 이를 모르고 있다. 이들은 애자일이 혁신을 위한 공간을 남겨두지 않고 모든 사람을 목표에 집중시킴으로써 혁신을 방해한다는 인상을 받을 수 있다. 골드 카드는 여러 개의 이름으로 불리며, 또한 변형되어 왔다. 예를 들어, 구글은 '20% 법칙'이라는 용어를 사용했는데, 이것은 직원들이 새로운 아이디어를 탐구하는 데에 매주 20%의 시간을 사용할 수 있다는 것을 의미한다.

이와 비슷하게, 소시오크라시 문헌은 목표와 상호작용하여 학습, 교육, 연구를 의미하는 '개발'의 개념을 인식한다. 일부 소시오크라시 단체들은 개발을 위해 최소한 5%의 업무 시간을 확보하려고 한다. 그러나, 다시 말하지만, 위기 동안 현재의 활동에 집중하기 위해 개발 지원을 줄이려는 유혹을 성공적으로 억제하는 방법은 별로 없다. 그러나 위기 상황에서 연구를 수행하는 것은 매우 중요하다. 예를 들어, 최근의 극심한 불황 동안 한 작은 플라스틱 회사는 노동력을 줄이는 동시에 폐기 비율을 줄일 수 있는 방법을 찾아냈다. 결과적으로 가격을 낮출 수 있는 능력이 그 회사의 생존에 중요한 요소가 되었다.

다양한 조직 개발 흐름의 관점

네 가지 개발 흐름이 모두 비록 다른 관점이기는 하지만 지속적인 학습을 강조하고 있다. 우리는 이 부분에서 린 스타트업, 인간 시스템 역학, 과학적 방법, 전문성 추구 및 성인 학습을 포함한 다양한 관점을 살펴본다.

비욘드버지팅

'제11원칙 ; 성과 평가 - 학습과 발전을 위한 동료 피드백과 전체적인 성과를 평가하라. 측정에만 근거하지 말고 보상만 고려하지 말라.' 성과 평가는 종종 판단하는 데에 있어서 일종의 기준이 되지만, 비욘드버지팅은 이를 공동으로 학습할 수 있는 기회로 만들 것을 요구한다. 따라서 상사가 직원의 행동과 결과를 판단하기보다는 동료들의 피드백을 정리하여 직원의 개선을 돕는다. 게다가, 이 피드백은 직원이 회사에 얼마나 기여했는지를 살펴보기 위한 것이지, 개인 목표에서 미리 정의된 부분 집합만을 살펴보기 위한 것이 아니다. 오늘날, 사람들은 혼자서 문제를 해결하지 않고 협력에 의존한다. 그러므로 성과 평가는 **동료 지원**을 모색하고 제공하는 것을 모두 고려해야 한다.

또한 비욘드버지팅은 **보너스와 개인 목표를 분리**할 것을 제안한다. 앞에도 언급했듯이 오늘날 혼자 할 수 있는 일은 거의 없기 때문에 대부분의 업무는 다른 사람들과의 협업이 필요하다. 따라서, 단일 성과라는 것이 없고 그에 따른 개인 보너스도 없다.

오픈스페이스

이동의 법칙은 여러분이 학습하고 있지 않거나 다른 사람들의 학습에 기여하지 않고 있다는 것을 깨달았을 때마다 자신의 학습과 기여를 극대화하기 위해 다른 장소로 가야 함을 의미한다. 조직적 오픈스페이스를 사용하는 회사의 경우, 이 법칙은 제품 생산 혹은 프로젝트 시작을 통해서 자신이 무언가를 배울 수 있다고 느끼는 사람이 한 명도 없다면 제품 생산 혹은 프로젝트 시작을 하지 못하는 결과를 초래할 수 있다.

오픈스페이스는 사람들이 자기 자신, 회사, 그리고 고객들에게 가장 큰 수익을 창출할 것이라고 느껴지는 곳에 시간과 관심, 에너지를 투자하도록 만든다. 이를 통해 기존 조직보다 훨씬 낮은 거래 비용으로 더 많은 흐름과 학습을 공유할 수 있는 엄청난 양의 정보, 경험, 기술, 아이디어를 창출해 낸다. 참가자들은 자신들의 내부 경험, 이후 일어날 상황에 대한 예측, 계속 변화하는 집단 내 동향을 끊임없이 확인한다. 배움은 때때로 복잡하고 고통스러우며, 특히 그것이 사람들의 견해 사이에 갈등으로 나타날 때에는 더욱 힘들다. 오픈스페이스는 도전적이거나 도발적인 이슈를 다룰 수 있도록 말 그대로 움직일 수 있는 여지를 준다. 새로운 환경과 고급 정보 콘텐츠는 의식 수준을 높여주는데, 종류를 막론하고 모든 학습에 좋은 출발점이다. 마이클 허먼은 자신의 경험을 통해 알게 된 내용에 대해 다음과 같이 말했다. "나는 배우기 위해 질문을 하고, 새로운 대화를 시작하고, 그러면 결국 나중에 누군가는 그 일을 진전시킨 나의 공헌에 대해 감사하게 된다."

소시오크라시

개발=목표와 상호작용하는 학습(훈련), 교육, 연구. '학습하는 조직(learning organization)'은 흔히 쓰는 문구이지만, 전략이기도 하다. 이는 회사가 직원들을 워크샵이나 학술 강좌에 파견하는 것만으로 급변하는 시대에 발맞출 수 있음을 시사한다. 그러나 새로운 정보를 흡수하는 것만이 아니라 오히려 환경과 상호작용하여 새로운 기술과 새로운 솔루션을 개발해야 한다. 흔히 경험하듯이, 어떤 주제에 대해 가르침을 주어야 한다면, 그에 대해 더 잘 알게 되기 마련이다. 어떤 분야에서든 견습생을 거쳐 한 사람의 일꾼으로, 그리고 장인으로 발전하면서 사람들은 강의를 듣는 것보다는 연구를 통해 자신의 기술과 지식을 발전시키는 데 더 많은 훈련 시간을 할애한다. 이런 접근 방식은 학습자가 교육 내용을 가르치고 실험함으로써 그 내용을 탐구하도록 요청하는 '자신의 말로 만들어 보고 직접 경험해보라'는 교육학 패턴과 비슷하다.[67]

개발은 어떤 방향으로든 진행할 수 있으며, '목표와 상호작용하는' 이라는 문구는 개발에 초점을 맞춘다. '목표'는 고객이 이해하고 매력을 느끼는 것이다. 따라서 개발 과정에서 고객은 최우선 기준이 된다.

애자일

"계획을 따르기 보다는 변화에 적응하라." 이는 학습하기 전에 만

___

67   교육학 패턴 참조

들어진 계획을 고수하는 것보다 학습을 마치고 체화하는 것이 더 중요하다는 의미이다. 여기에는 **실패에 대한 열린 마음**도 포함된다. 실패는 기능 불량이나 오작동이 아닌 학습 기회로 간주된다. 처음부터 완벽하게 하겠다는 목표는 학습을 방해한다. 따라서 목표는 팀으로서 고객과 함께 점진적인 학습을 통해 올바르게 실현되어야 한다. 관리자가 자신의 실패와, 그를 통한 학습을 투명하게 한다면 실패를 통해 학습하는 행동 양식이 강화될 것이다.

12가지 애자일 원칙 중 마지막 원칙은 다음과 같다. "정기적으로 팀은 어떻게 하면 보다 효과적일 수 있는지 돌아보고 그에 따라 행동을 조율하고 조절한다."[68] 이 원칙은 회고의 기반이 되는데, 무엇이 도움이 되고 방해가 되는지를 되돌아봄으로써, 팀은 고객에게 효과적으로 서비스를 제공하기 위해 변경해야 할 사항을 더욱 잘 이해할 수 있게 된다. 일반적으로 이러한 성찰은 결과와, 결과를 창출하기 위해 도움이 되거나 방해가 되는 프로세스에 기초한다.

68   애자일 선언 참조

기타 관점

학습은 매우 복잡한 현상이다. 다음의 짧은 글을 통해 복잡성을 반영하는 다양한 개념을 간단히 소개하고자 한다.

- **린 스타트업**은 학습의 연구 측면이 고도로 훈련된 과정임을 시사한다. 이는 모든 과학 방법들이 이론과 개념을 발표하고, 그를 탐구하는 데에 중점을 두고 있다는 것을 의미한다. 예를 들어, 시장에서 테스트를 진행하고자 한다면 어떤 아이디어를 구축해야 하는지 세심하게 구성한 다음, 경험을 측정하고, 측정을 통해 학습하면 테스트를 위해 필요한 새로운 아이디어를 개발할 수 있다. 이 접근법은 가설을 실험한 후 그 다음 가설을 시작하게 하고 기존의 것을 단순히 개선하기 보다는 항상 혁신적인 아이디어를 떠올리게 하는 가정을 테스트하는 사이클을 설명한다. 이 '피버팅(pivoting)'은 '제품, 전략 및 성장 엔진에 대한 새로운 기본 가설을 시험하기 위해 고안된 구조화 과정의 수정'이다.[69]

69   리스(Ries) 참조

- **인간 시스템 역학**은 **'적응 활동'** 접근 방식으로 이를 반영한다.[70] 앞서 언급한 바 있는 것처럼, 적응 활동은 먼저 당면한 상황에 대해 '무엇인가' 질문을 던진 다음, 이를 통해 배우고 얻은 통찰에 대한 '그래서 무엇인가' 질문을 던진다. 그리고 마지막으로 실행 후 '무엇인가' 질문으로 다시 돌아가는 사이클로 이어지는 다음 단계 또는 작업인 '이제 무엇인가' 질문을 던진다. 이는 '구축(이제 무엇인가) – 측정(무엇인가) – 학습(그래서 무엇인가)'이라는 린 스타트업 사이클과 유사하다. 당신은 어느 지점에서든 시작할 수 있으며, 중요한 것은 이것이 정말로 닫힌 순환이기 때문에 학습이 지속될 수 있다는 점이다.

적응 활동

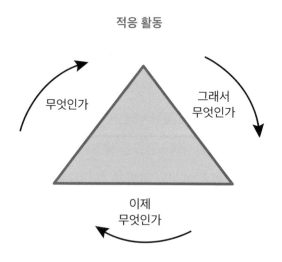

무엇인가

그래서
무엇인가

이제
무엇인가

---

70   어양 & 홀러데이 참조

- **과학적 방법**은 중요한 연구 지침이다.[71] (갈런드 참조)

  - 질문을 정의하라.

  - 정보 및 자원을 수집하라(관찰하라).

  - 설명적 가설을 수립하라.

  - 실험을 수행하고, 데이터를 복제 가능한 방식으로 수집하여 가설을 확인하라.

  - 데이터를 분석하라.

  - 데이터를 해석하고 새로운 가설의 출발점 역할을 하는 결론을 도출하라. 즉, 프로세스의 이전 부분으로 되돌아가라.

  - 동시에 다른 과학자가 자주 수행하는 재검사에 따른 결과를 발표하라.

린 스타트업 등을 사용하여 실험을 하는 것도 하나의 방법이지만, 동료 검토를 위해 결과를 발표하는 것도 한 방법이다. 우리는 종종 고객들에게 컨퍼런스에서 발표하거나, 경험한 바에 대한 보고서 혹은 다른 기사들을 쓰도록 격려하여, 그들에게 무슨 일이 일어났고, 그들이 무엇을 했고, 그 결과가 어떻게 되었는지를 이해하는 데 도움을 준다. 발표를 준비하거나 글을 쓰는 일은 사람들이 자신의 학습한 것을 성찰하도록 도와줄 뿐만 아니라 그 자체가 하나의 보상이다. 이

71   갈런드(Garland) 참조

는 동료와 함께 재생산하고 이런 방식으로 학습 내용을 검증하면서 동료들과 친목을 다지는 일이 얼마나 중요한지 강조한다.

- **전문성을 위한 탐구** : 과학적 방법에 대한 이러한 생각을 바탕으로 롬(Romme)은 학문과 사업 사이에는 장기적인 단절이 있다고 지적한다.[72] 롬은 변호사나 의사가 자신의 직업에 종사하기 위해서는 자격증이 있어야 하며, 비록 많은 경우 리더십이 중요하기는 하지만, 리더십 위치에 있는 사람이라고 해서 그 리더십이 무엇을 하고 있는지 안다는 객관적인 보장은 없다고 주장한다. 다른 전문 분야와 달리, 학문 기관은 기업의 린 스타트업 유형 연구에 특별히 기여하지 않는다. 장기적으로는 이 간극을 좁히는 것이 좋을 것이다. 롬은 만약 우리가 경험적으로 검증된 경영 관행을 가지고 있다면, 라이선스 관리자를 위한 기초를 갖추고 있을 것이라고 지적한다.
- **성인 학습** : 성인 학습 이론가들은 효과적인 리더라면 학습을 통해 조직을 이끈다고 주장한다.[73] 리더는, 배움을 지지하는 팀으로 성인들을 모이게 한다. 리더는 단순히 작업을 할당하거나 위임하는 것이 아닌 적절한 지원을 제공하고 성장 과제를 제공

---

72   롬(Romme) 참조
73   드라고(Drago)-세버슨(Severson) 외 참조

한다. 리더는 한 사람의 추정, 가치관, 신념, 그리고 헌신에 대한 성찰 등 공동 연구 조사(collegial inquiry)를 장려한다. 그들은 멘토 역할을 한다.

구성주의 이론에서도 분명히 언급되었듯이, 성인은 그들의 세상을 구성하는 현재의 방식인 '의미화 시스템'을 통해 자신들이 마주치는 것을 여과한다. 그들은 의미화 시스템을 통해 지속적인 학습을 경험할 수 있다. 그러나 '전환 학습(transformative Learning)'은 종종 혼돈의 시기 후에 이러한 의미화 시스템에 질적인 변화가 있을 때 발생한다.[74] 일반적으로 이러한 변화를 통해 더 넓은 관점을 지닐 수 있게 되고 다른 사람들과의 관계도 개선할 수 있다. 전환 학습은 이해도가 갑자기 높아지기 때문에 불연속적인 경향이 있다. 따라서 전환 학습은 모든 사람이 오직 지속적 학습만 고집하는 경우보다 훨씬 더 빨리, 그리고 간혹 성찰을 통해 주기적으로 발전할 수 있도록 도와준다.

74　사티어(Satir) 외 참조

새로운 통합 – 지속적인 학습

주변 환경과의 상호작용을 통해 학습하는 경우 중, 아마도 학술 문헌에서 가장 잘 표현되는 것은 '개념'일 것이다. 애자일과 소시오크라시는 학습을 지탱하는 그릇이 고객 중시라는 점을 강조한다.

다양한 방법들을 종합하면, 우리는 지속적인 학습이라는 개념을 전사적으로 일반화할 수 있게 된다. 지속적인 학습을 위해서는 다음의 특징을 가진 다양한 팀, 역할 및 계층을 아우르는 구조가 필요하다. 이런 구조는 아래와 같다.

- 피드백을 위한 공간을 만드는 **규칙적인 리듬**을 따른다.
  - 먼저 가설을 정의한 후 가설을 중심으로 실험을 하고, 결과를 통해 학습한다. 그리고 다시 이 결과는 다음 가설에 적용된다.
- 회사의 목표인 고객 중시에 초점을 맞추고 훈련과 교육 및 조직적 연구도 장려한다. **조직적 연구**를 통해 학습 내용을 동료와 공유하거나 발표하여 동료가 당신의 결론을 재확인하고 검증할

수 있도록 한다.

- 성과 평가 기간 동안에는 측정을 고객 중시와 연계하여 조직 성장을 지원할 수 있도록 개인별 학습 및 개발을 구성한다.

- 개인의 목표와 보너스를 구분하라.

• 회의 중 침묵의 순간, 특히 스트레스를 받을 때의 회고, 새로운 아이디어를 위한 임시 오픈스페이스 개최 등 일상 업무를 중단함으로써 자연스럽게 나타날 수 있는 **극적이고, 새로운 학습 경로**가 항상 열려 있음을 기억하라.

- 실패를 학습 기회로 활용하고 조직 구조에서 직무와 무관하고 투명한 학습을 가능하게 한다.

- 결과와 상호작용을 모두 반영하고 학습하라.

제5장

새로운 선율

제2부의 결론인 이번 장에서는 네 가지 개발 흐름의 융합을 개괄적으로 살펴보고 그것이 어떤 영향을 미치는지 알아보고자 한다. 우리는 그 영향을 설명하기 위해 조직도에 대한 새로운 관점을 제시한다. 그리고 개발 흐름들을 조합한 타이탄소프트(Titansoft)의 사례를 살펴보고, 마지막에 제2부의 내용을 요약한다.

새로운 조직도

    제2부에서 우리는 회사의 지배력에 대한 몇 가지 견해를 살펴보았다. 어떤 관점에서는 이사회가 회사를 책임지고 있다고 했고, 다른 관점에서는 가치 센터가 회사의 핵심이며, 고객이 회사의 가장 지배적인 영향력을 가지고 있다고 말했다. 또 다른 관점에서는 영감과 열정이 회사의 원동력이라고 하였다. 또한 지원 서비스 팀은 회사가 운영하는 법적, 자원적 제약을 반영하기 때문에 중요한 통제력을 발휘한다는 의견도 있었다. 과거에는 조직을 프랙탈 유기체로 묘사하여 이러한 다양한 관점을 조화시키려는 시도가 있었다.[75] 하지만, 우리의 생각은 그와 달랐다.

---

75   비어(Beer), 실용적 시스템 모델 참조

정적인 관점

아래 그림은 회사를 구성하는 방법에 대한 전형적인 이사회의 관점을 보여주는데, 이는 주주들이 궁극적으로 지배력을 갖고 있음을 보여주는 논리적, 하향식, 작업 분류 구조이다. 이러한 정적인 관점에서, 이사회는 '베란다' 위에 앉아 자신의 자산을 확인한다.

재무나 인사와 같은 지원 서비스 팀이 생산부와 함께 이사회를 떠받치고, 이사회가 생산을 통제하도록 돕는다. 이러한 정적 관점은 조직의 역학 관계에 대한 결론을 도출할 수 있게 해 주지만, 실제로 이를 묘사하지는 않는다.

전형적인 이사회의 관점

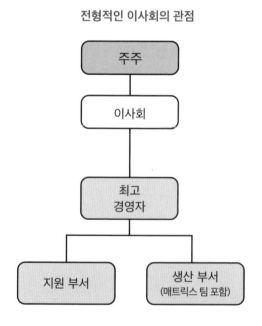

예를 들어, 생산과 외부 고객 사이의 상호작용을 보여주는 아래의 그림은 한 분야에 대한 이사회 관점의 역학을 나타낸다. 생산은 고객으로부터 피드백이 필요하지만, 대개 고객에게 전달하는 데 초점을 맞추고, 얇은 화살표가 반영하는 것처럼 피드백을 얻는 데 초점을 맞추지는 않는다. "우리가 고객이 원하는 것을 제공하고 있다는 것을 보여주는 것은 이익이기 때문에" 성공의 일차적인 척도는 '이익'이다.

이사회의 관점

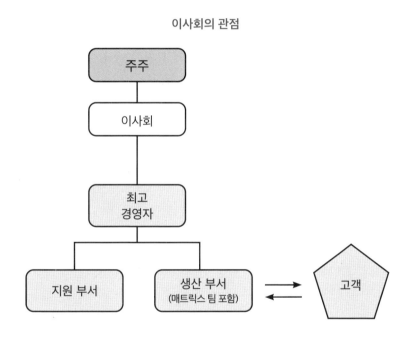

우리의 경험으로 볼 때, 정적인 조직도가 회사의 '업무 분류 구조'와 역동적인 업무 방식을 모두 묘사하는 것이라고 사람들이 오해를 하는 경우가 많다. 이 때문에 직원들은 "조직도를 바탕으로 일하면

업무 진행이 안 된다"고 불평하기도 한다. 실제로 사람들은 조직도 상에서 연결된 사람들뿐만 아니라 조직도에서는 연결되지 않은 사람들과도 복잡한 방식으로 연결되어 업무를 진행한다. 정적 묘사는 책임, 기술, 추상화 수준 및 지리적 위치와 같은 여러 요소의 그룹화 또는 범주를 보여주기 때문에 여전히 큰 가치가 있다. 이것은 제2부 제1장에 표시된 것과 같이 이중 연결을 통해 피드백을 통합하도록 수정될 수도 있다.

정적인 관점은 부서, 팀, 개인 등의 독립체가 그룹화 되는 방식을 보여주는 반면, 동적인 관점은 그 맥락과 요청에 따라 이러한 독립체들이 함께 작동하는 방식을 보여주기 때문에 결국 차별화된 정적인 관점과 동적인 관점이 모두 필요하다.

정적인 구조가 공동체를 육성하지만, 공동체를 위한 프레임워크만 만들 뿐 그 구조 자체가 살아있는 것은 아니다. 하지만 공동체는 역동성이 있어야만 살아남을 수 있다. 예를 들어, 이웃에 주택이 있다고 하면 이웃 간 상호작용에 도움이 될 수는 있지만, 그들이 실제로 대화를 시작하지 않는 한 중요한 이웃 공동체는 생겨나지 않을 것이다.

동적인 관점

동적인 관점은 동적 묘사를 통해 복잡한 업무 관계, 교류 및 프로세스를 좀 더 쉽게 보여주기 때문에 상당한 가치를 지닌다. 정보기술 분야에 종사하는 사람들에게는 소프트웨어 프로그램을 정적인 관점과 동적인 관점으로 바라보는 것은 거의 본능에 가깝다. 정적인 관점은 독립체, 데이터 또는 클래스를 잘 보여준다. 대조적으로, 동적인 관점은 기능을 보여주며 일반적으로 순서도나 메시지 다이어그램을 통해 프로세스가 시각화되어 프로그램에서 어떤 일이 일어나는지를 보여주기 때문에 프로그램 또는 문서에 대한 청사진 역할을 한다. 같은 논리가 '실제' 세계에도 적용된다. 예를 들어, "탐정 소설은 모두 서재 상단 왼쪽에 있다"와 같이 어떤 책을 특정한 서재 위치와 연관시킨다고 해서 그 책들이 항상 서재에 있지는 않다. 책을 며칠 동안 침대 머리맡 탁자에 올려놓았을 수도 있고, 친구에게 빌려주었거나, 여행을 떠나기 위해 여행 가방 안에 넣었을 수도 있다. 그러나 정적인 관점에서 보면 그 책은 여전히 '제자리'인 책장에 꽂혀 있는 것이다.

카렌 스티븐슨은 조직 역학의 연구와 결과 도출을 위한 가장 진보된 방법론을 개발했다. 스티븐슨 박사는 조직의 동적인 관점을 '신뢰 네트워크(trust network)'[76]로 보고, 정적인 관점 외에도 역학 관계를

---

76 https://www.strategy-business.com/article/20964?gko=8942e

밝혀내고 이것이 경력 조언 네트워크, 소셜 네트워크 또는 업무 네트워크에서 투명하게 적용될 수 있도록 하였다. 기업 공동체나 기업 문화는 더 이상 신비하거나 바꾸기 어려운 현상이 아니다. 이러한 투명성을 통해 기업 문화는 보조적인 방식으로 빠르게 변화할 수 있다. 다음 그림에서는 동적인 관점을 더욱 잘 확인할 수 있는 방법을 살펴본다.

가치 센터의 관점

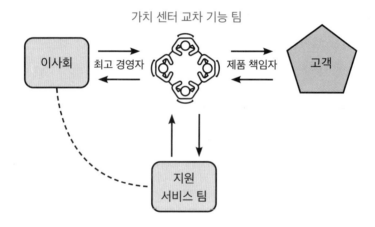

가치 센터의 관점

지속적인 고객 중시에 대한 논의에 대해 다시 떠올려 보자. 다음 그림은 이사회가 아니라 회사 핵심부에 있는 교차 기능 팀들을 보여 준다. 이러한 가치 센터의 관점에서 고객은 독재자가 아니라 상호작용하는 가치 센터의 리더가 된다. 이 그림에서 '제품 책임자(product owner)'라는 용어를 사용하는데, 이 용어는 실제 사람이라기보다는 역할을 나타낸다. 예를 들어 팀 전체가 제품 책임자 역할을 수행할 수 있다는 의미이다.

성공이란 고객 만족을 의미하는데, 고객이 만족한다면 이익을 창출할 수 있음을 입증하며 주주들이 원하는 것을 제공한다. 주주 이외의 힘을 갖게 되면 이사회와 지원 서비스 팀을 향해 더 설득력 있고 무시하기 어려운 피드백을 유도할 수 있다. 이러한 영향력의 변화는 종종 우리가 제1부 제1장에서 언급한 현상인 '긴장'으로 나타나기도 한다.

또한 이 그림에서는 다른 독립체를 담당으로 인식한다. 그 독립체는 넓게는 사회, 법률, 규정이며 다수의 지원 서비스 팀이 대표하거나 발언권을 주는 공급업체 및 계약업체와의 계약이다. 또한 고객 중시를 도입하면 겉보기에는 독재적인 규제에 더 많은 피드백을 유도할 수 있다.

모든 회사는 가치 창출을 목표로 삼는다. 그러나 회사는 일반적으로 가치 센터를 중심으로 조직되지 않는다. 오히려 '일부 활동'이 있거나 조금이라도 활동이 있는 단위는 여러 부서에 산재해 있다. 이러한 분산된 구조 때문에 가치 센터가 하나의 단위로 뭉쳐서 점화되기 어렵고 실제로 효과적으로 활동하지 못하고 있는 실정이다.

예술 및 영혼의 관점

다음으로 살펴볼 통제에 대한 관점에서는 새로운 요소인 예술과 영혼이 등장하며, 이것은 영감, 아름다움, 의미 부여, 자아 실현, 그리고 특히 오픈스페이스 기술에 대한 토론에서 접했던 열정에 대해 다룬다. 예술과 영혼은 벤처 자본이 아니라 자본주의의 기반인 것이다! 필요를 충족시키고 가치를 표현하는 새로운 방법을 개발하려는 추진력은 기업가 정신의 원천이며, 새로운 형태와 아이디어가 샘솟는 이유이기도 하다. 영감, 예술적 추진력, 그리고 열정은 혁신과 지속적인 학습을 위한 토대가 된다.

이윤 추구에 대한 욕망이나 정부의 완고한 규제와 같은 다른 통제의 원천과 동일하게 예술과 영혼에도 부정적인 면이 있을 수 있다. 예를 들어, 우리들은 어떤 레스토랑의 직원이 이렇게 얘기하는 것을 들은 적이 있다. "음식 자체와 그 음식의 예술적 표현 때문에 우리가 일한다. 고객들도 그것을 좋아하면 좋겠지만, 그것까지는 우리가 신경 쓰는 부분이 아니다." 물론 영혼이 들어있지 않다면, 그 식당은 곧 내실을 갖추지 못한 공허한 껍데기로 전락할 것이다. 그러나 제품이나 서비스가 지닌 본질적인 아름다움에 과도하게 집중하면, 고객이 제공하는 피드백에 대한 관심이 그만큼 줄어들 수밖에 없으며, 이는 그림에서 옅은 화살표가 보여주는 것처럼 심각한 결과를 초래할 수 있다.

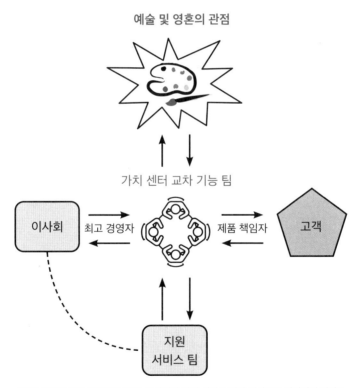

(특정 방향의 옅은 화살표가 있고, 이사회와 지원 서비스 팀만 점선으로 연결되어 있다.)

관점의 통합

그렇다면 어떻게 해야 회사의 전통적인 가치를 지닌 측면들은 유지하면서 가치 센터, 영감, 법적 규제 준수 관점이 주는 이점을 취할 수 있을까? 즉 어떻게 하면 다양한 관점을 통합하거나 차별화할 수 있을까? 다음 그림이 바로 이러한 보사노바의 구조를 잘 보여주며, 이를 통해 회사의 모든 통제 측면 사이에는 협업이 있어야 한다는 사

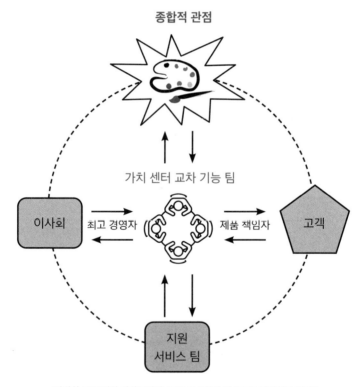

(양방향 모두 진한 화살표이며, 모든 요소들이 점선으로 연결되어 있다.)

실을 알 수 있다. 그 예로 지원 서비스 팀은 예술 및 영혼과도 연결되어 있는데, 가치 센터가 아름다움이나 의미 부여를 중요하게 생각하는 것만큼이나 지원 서비스 팀도 그것들을 중요하게 생각하기 때문이다. 우리는 전통적인 정적 조직도 대신 이처럼 조직의 권력과 통제를 더욱 다각적으로 보여주는 그림을 사용하길 권한다.

이 그림은 가치 센터 환경의 모든 요소들과 모두 진한 화살표로 표시되는 동등한 우선순위의 양방향 관계, 즉 네 명의 '상사들' 모두와 연결된 원형 권력 관계를 보여준다. 이러한 양방향 관계는 보사노바의 구현을 하나의 조직도로 보여주며, 여러 개발의 흐름들이 하나의 강으로 모여 드는 것을 보여준다.

- 지원 서비스 팀과 생산부 간의 양방향 관계는 본질적으로 소시오크라시의 이중 연결을 차용한 비욘드버지팅 접근 방식이다.
- 영감과 가치 센터 간의 양방향 관계는 본질적으로 오픈스페이스 접근법이다. 보사노바의 네 가지 개발 흐름 모두, 지속적인 학습 프로세스로서 '영감을 향한 피드백'을 제공한다. 조직도 스타일의 그림은 회사의 다른 부서에도 영감을 주는 비전과 사상을 보여 주고, 그러한 감수성을 개발하는 학습 시스템을 제시한다.
- CEO 주도 경영 구조 이사회와 가치 센터 간의 양방향 관계는 강력한 피드백으로 조정된다. 이런 합의를 통해 주주 가치 극대화에 초점을 맞춘 사람들과, 제품 책임자 사이의 대화의 장이

만들어진다. 이것은 네 가지 개발 흐름 모두가 지지하는 것이기도 하며, 창의적인 방법으로 긴장을 해소할 기회를 만들어 낸다.

- 가치 센터와 고객 간의 양방향 관계는 부분적으로는 소프트웨어에 초점을 맞추는 것 이상으로 일반화된 애자일 접근 방식이다. 린 스타트업이나 디자인 씽킹과 같은 애자일 관련 도구들은 고객과의 상호작용을 중재하는 데 도움이 될 수 있다. 또한 보사노바의 다른 개발 흐름들의 개념들도 이 관계를 지지한다.

점선으로 표시된 서클은 이사회, 영감, 고객 및 지원 간에도 관계가 있으며, 각각의 관계가 고유한 특성을 가지고 있음을 나타낸다. 이것은 모든 전문화 시스템의 기초가 되는 전체성을 보여준다. 전체적으로 보면 조직이 이뤄낸 모든 가치 혹은 손해에 대한 소유권을 모든 사람이 공유하고 있다.

우리는 이 그림을 회사를 보는 포괄적인 시각으로 활용한다. 네 개의 관계가 모든 세부 수준에서 나타나기 때문에 이것은 프랙탈이며, 공식적 구조와 비공식적 네트워크의 복잡성을 모두 보여 준다. 이것은 서로 다른 범주 사이의 관계, 혹은 유사한 관심이나 열정, 책임 수준을 가진 그룹들 사이의 관계를 담고 있다. 당신도 특정 조직을 선택하여 좀 더 세부적인 수준으로 이런 그림을 그려보기 바란다! 해당 작업을 진행한다면 각 조직의 구성원들이 잃어버린 연결고리 혹은 불균형한 연결고리를 발견하고 개선을 위해 집중할 것이 무엇인지 파악할 수 있을 것이다.

교차 기능 팀에 대한 논의

이번 장 앞부분에 나온 이사회의 관점을 보여 주는 그림 두 개는
생산이 '매트릭스 팀'을 이용할 수 있다는 점을 보여 준다.

매트릭스에 기반한 일반적인 교차 기능 팀 구조

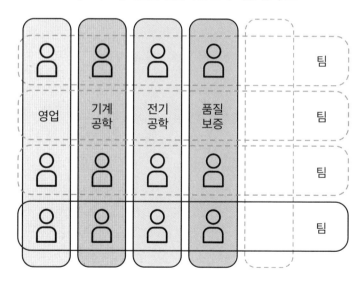

이사회 중심의 관점에서 업무는 '작업 분류 구조'라는 훨씬 더 작
은 단위로 구분된다. 이 구조는 역할을 정의하거나 직무 설명 및 성

과 검토 기준을 작성할 때 필요한 프레임워크를 제공한다. 그러나 이런 접근 방식은 효과적으로 소통하지 못하는 '연통(stovepipe)형' 부서 이기주의를 낳는 경향이 있다는 단점을 가지고 있다. 매트릭스는 이런 단점을 해결하기 위한 전략으로, 수직 열은 작업 분류 구조를 나타내고, 수평 행은 교차 기능 팀이 만든 제품과 동적 프로젝트를 보여 준다.

다음 그림에 대략적으로 나와 있듯이, 가치 센터의 관점에서 자기 조직적인 교차 기능 팀은 기회를 만들거나 문제를 해결하고자 하는 영감과 열정에서 생겨난다.

새롭게 생겨나는 교차 기능 팀 구조[77]

---

77   애자일루체로(AgileLucero) 참고

교차 기능 팀에 대한 이 두 가지 관점은 모두 그 가치를 가지고 있으며 상호 보완적인 성격을 가진다. 신생팀이 오래된 문제를 해결할 때에는 질서정연한 구조를 형성할 가능성이 높다. 그 예로 스크럼 마스터처럼, 매트릭스 그림의 '행'에는 새로운 팀이 생겨나기 위한 조건이 있다. 교차 기능 팀이 하향식 작업 분류 분석 전략에서 발생하거나 저절로 생겨날 수도 있다는 사실로 미루어보아 두 가지 관점 모두에서 부분적으로 팀이 발생할 가능성은 높다. 즉 새로운 문제, 변화, 파괴, 기회, 위협이 언제라도 나타날 수 있는 '현실'이라는 당면한 과제에 대응할 수 있는 연속체로서 여러 가지 교차 기능 전략이 있다는 것을 의미한다!

요약 - 보사노바 악단의 네 가지 악기^(가치)

제2부에서 우리는 네 가지 조직 개발 흐름이 **자기 조직화, 투명성, 지속적인 고객 중시, 지속적인 학습**이라는 가치들을 어떻게 지원하는지 살펴보았다. 또한, 린 스타트업이나 디자인 씽킹과 같은 추가적인 개념들이 각각의 가치에 기여하는 방식도 알아보았다.

여기서 네 가지 가치 중 세 가지를 결합해 보았던 우리의 친구 이브 린(Yves Lin)의 경험을 공유해 보고자 한다.

타이탄소프트(Titansoft)의 이브 린이 전하는 통찰

2014년은 타이탄소프트가 애자일과 스크럼을 도입한 해였다. 그당시 애자일 도입 이유는 간단했다. 단지 '애자일이 더 빠르다'라고 생각했기 때문이다. 그런데 도입 후 3개월 동안 일어난 일은 예상 밖이었고, 이를 통해 우리는 애자일의 힘이 투명성에 있다는 사실을 깨달았다. 우리는 이제 현재의 상황을 점검하고 지속적으로 개선할 수 있게 되었다. 애자일 도입 당시 우리는 싱가포르에 2개의 제품 개발 부와, 5개의 팀을 운영하고 있었다. 조직 구조라는 측면에서 스크럼이 팀의 자율 관리를 강조하는 방식을 확인한 후 우리는 다음과 같이 몇 가지 변화를 주었다. 팀 내에는 더 이상 팀 리더가 없고, 팀 내 다른 멤버보다 더 많은 권한을 가진 사람이 없도록 하며, 스크럼 마스터는 팀 외부에 배치되고 팀에 의해 선출되도록 하였다.

일이 잘 풀리는 것 같았고, 사람들은 더 많이 소통하고 자신의 생각을 더욱 공개적으로 공유하기 시작했다. 이것들은 좋은 징조였지만, 한편으로는 새로운 문제를 직면하게 되었다. 팀과 팀 사이의 의사소통은 어떠한가? 부서 전체는 어떤가? 물리적 사무실 이외의 환경에서는 어떠한가? 팀 내에서 긴 토론이 진행되었고, 의견이 일치되지 않아 결정을 내리지 못하며, 조직의 목표가 팀에게 전달되지 않고 있었다.

우리는 공통의 비전을 만들어 전사적으로 목표를 조정하고, 모든 직원들의 시야를 넓혀 서로를 이해하는 법을 찾아야 했다. 2016년 초, 우리는 이러한 새로운 도전 과제들을 극복하기 위한 방법을 찾기 시작했다. 처음에 실험한 접근법은 '소통'과 '오픈스페이스'였다. 우리는 문화 문제 연구소(ICA, Institute of Cultural Affairs) 트레이너들을 영입하였고, 목표, 성찰, 해석, 의사 결정에 따른 상황 분석을 뜻하는 ORID(Objective, Reflective, Interpretative, and Decisional) 집중 대화 기법을 시도하며, 고위 직원을 위한 컨센서스 워크숍 및 훈련을 실시했다.

• 타이탄소프트의 오픈스페이스

우리의 첫 번째 전사적 오픈스페이스 주제는 '개인으로서 뿐만 아니라 조직으로서, 우리는 서로의 성장을 지원하기 위해 무엇을 할 수 있는가?'였다. 하루를 회사 전체 휴무일로 지정하고, 함께 모여서 주제와 관련된 이야기를 끊임없이 토론하였고, 회의 종료 시점에는 신규 입사자에 대한 교육 패키지, 개인 성장의 방해 요소, 팀 내 취약성 기반의 신뢰 구축 및 풀스택 PHP 개발과 같은 항목들이 결정되었다.

첫 번째 오픈스페이스에 대한 직원들의 피드백이 긍정적이었기에 우리는 다음번 오픈스페이스 계획도 수립했다. 같은 해에 진행된 두 번째 전사적 오픈스페이스의 주제는 '어떻게 하면 향후 3개월 동안 가장 큰 영향을 미칠 수 있을까?'였다. 두 차례에 걸친 오픈스페이스 결과는 뚜렷했다. 오픈스페이스를 통해 직원들은 다양한 관심사를 제기하고, 역할에 따라 다양한 의견을 들으며, 자신의 의견 외에 다른 사람들의 다양한 관점을 확인할 수 있었다. 그러나 정작 어려운 점은 오픈스페이스 활동 이후에 발견되었다. 확인된 활동 주제에 대한 모멘텀을 어떻게 유지할 것인가?

우리는 다시 한 번 새로운 것을 시도해 보기로 하고, 그 해에 문화 문제 연구소의 전문가들이 참여하는 첫 번째 참여 전략 기획 (Participatory Strategic Planning) 워크숍을 개최하였다. 이틀 동안 진행된 워크숍에서 조직 각 분야의 챔피언들이 주도하는 행동 전략을 수립하여 각 팀에게 전달하였다. 그 결과, 합의 구축, 집중 대화, 구현 프로세스를 통합한 체계적인 계획 프로세스를 통해 다양한 분야의 챔피언들이 주도하는 전사적 전략을 수립할 수 있었다.

• 타이탄소프트의 소시오크라시

우리는 소통과 오픈스페이스 접근 방식을 통해 훌륭한 결과를 도출해 냈지만, 행동과 실행 계획을 실행하지 못하는 문제는 여전했다. 행동 영역이 팀의 일상 업무와 맞지 않고 공식적인 부서별 통제망이 없기 때문이었을까? 제품과 관련된 업무는 완수되었지만, 채용, 훈련, 공적인 업무와 관련된 조직 관련 업무는 자주 무시되거나 방치되곤 했다.

2017년 초에 우리는 이러한 문제를 해결하기 위해 소시오크라시 프레임워크를 조직에 도입했고, 좀 더 투명한 정보 흐름을 위한 서클 구조와 이중 연결을 만드는 데 집중했다. 이것을 효과적으로 확대 적용할 필요가 있었는데, 우리는 소시오크라시를 통해 팀 내부와 팀들 사이의 자기 조직화와 소통을 더욱 강화하고, 상위 부서에서 팀으로 흐르는 소통의 흐름을 마련하여 궁극적으로는 조직 업무의 실행을 촉진할 수 있었다.

이중 연결 모델은 두 서클의 구성원들이 정책 의사 결정에 참여하도록 하는데, 각 서클은 각자의 초점이 있으며, 내부 연결(in-link)을 통해 팀이 발전을 도모할 수 있다. 이 방법을 통해 상위 서클과 최상위 서클은 여러 팀 내부에서 무슨 일이 일어나고 있는지 더 잘 알게 되어 문제를 더 일찍 표면화할 수 있었다. 회원들은 쌍방향 소통을 통해 피드백을 줄 수 있는 더 명확한 창구를 가지게 되었고, 정책, 전략, 전사적 목표가 더욱 뚜렷해지고 서클들로 퍼져가면서 더욱 강력한 연대를 이룰 수 있었다.

그러나 소시오크라시에도 한계는 존재했다. 우선, 소시오크라시는 많은 패턴과 원칙으로 구성된 복잡한 프레임워크이기 때문에, 여러 패턴들을 도입하는 일은 쉽지만, 패턴의 우선순위를 정하고 그 프레임워크를 익히고 활용하는 일은 상당히 까다롭다. 또한 소시오크라시를 채택해서 어디까지 활용할 수 있을지 파악하기가 어렵고, 성공 사례도 별로 없다. 또한 내부 연결은 팀의 의사 결정을 대표해야 하는 등 더 많은 책임을 지게 되기 때문에 정보 흐름의 병목 현상이 될 가능성이 높다.

피드백은 네 가지 가치의 기초가 되는 필수 요소이다. 예를 들어,

- 이중 연결은 전사적인 자기 조직화가 발생하는 데 필요한 피드백을 제공한다.
- 투명성을 확보하는 것만으로도 현재 진행 상황에 대한 피드백을 얻을 수 있다.
- 지속적인 고객 중시를 통해 고객으로부터 빠르고 빈번한 피드백을 받으면, 고객의 요구에 맞는 가치를 창출하고 자금을 현명하게 사용하는 데 도움이 되는 정보를 얻을 수 있다.
- 린 스타트업의 구축, 성과 측정, 교육에서부터 회고의 활용, 환경과의 상호작용, 학술 문헌에 기술된 새로운 현실 모델 창출에 이르기까지 모든 종류의 학습에 피드백이 필요하다.

다음은 네 가지 개발 흐름이 합쳐지면서 형성되는 보사노바 '가치의 강'을 요약한 것이다.

자기 조직화 : 자발적으로 참여하여 책임 의식을 갖고 열정을 따르는 책임 있는 교차 기능 팀을 활용하라.
- 책임 있는 교차 기능 팀을 활용할 때에는
  - 다양한 추상 수준에서
  - 명확한 목적, 측정, 목표와 같은 공통 목표를 갖고

- 규칙이 아니라 공동의 가치와 이상을 통해 관리하라.
- 책임 있는 교차 기능 팀은
  - 의미 있는 기간 동안 자발적으로 참여하고
  - 전체적이며 의미 있는 작업에 대한 책임 의식을 갖고 열정을 따르며
  - 회고를 통해 전사적으로 최적의 방향을 설정한다.

투명성 : 원하는 이들에게 정보를 제공하고 장벽을 낮춰 투명성을 확보하라.

- 정보를 제공할 때에는
  - 공통 목표와 관련된 진행 상황에 관한 정보를 제공하라.
- 정보의 장벽을 낮추면
  - 정보에 입각한 의사 결정이 가능하고
  - 자율 규제와 혁신, 학습도 가능해진다.

지속적인 고객 중시 : 제품 및 프로세스, 구조와 전략, 개인의 기여와 구성원 등 회사의 모든 측면에 '폭넓게 집중'하라.

- 제품 및 프로세스
  - 최소 기능 제품에서 볼 수 있는 공통의 목표(예: 최소 기능 제품)
  - 사용자 사례에서 페르소나의 생각을 포착하는 내러티브
  - 가치 흐름 분석을 통한 투명성 확보 등 각 생산 단계에 대한 피드백
- 구조와 전략

- 소유자(주주)

- 가치 센터 및 지원 서비스 팀

- 연속 예측(rolling forecasting)

• 개인의 기여 / 구성원

- 책임감으로 뭉친 열정을 통한 기여

- 고정된 목표가 아닌 상대적 개별 목표

지속적인 학습 : 항상 학습하고 다른 사람의 학습에 기여하며, 피드백을 받고 적용하라.

• 항상

- 학습하고 다른 사람의 학습에 기여하라.

• 피드백을 받고

- 회고하고

- 동료 피드백을 통한 역할 개선을 검토하며

- 보너스와 별개로 개인의 목표를 정하라.

• 이를 적용하여

- 목표에 맞는 학습(훈련), 교육 및 연구를 개발만큼 중요하게 생각하고 계획을 수립하라.

제3부에서는 우리가 '보사노바'라고 명명한 이 조합을 구현하는 방법에 관한 실질적인 질문을 다룰 것이다.

보사노바 '가치의 강' 요약

투명성
원하는 이들에게 정보를 제공하고 장벽을 낮춰
투명성을 확보하라.

자기 조직화
자발적으로 참여하여 책임 의식을 갖고 열정을 따르는
책임 있는 교차 기능 팀을 적절하게 활용하라.

지속적인 학습
항상 학습하고 다른 사람의 학습에 기여하며, 피드백을
받고 그를 적용하라.

지속적인 고객 중시
제품 및 프로세스, 구조와 전략, 개인의 기여와 구성원 등
회사의 모든 측면에 '폭넓게 집중'하라.

결론

네 가지 조직 개발 흐름의 조합으로 생기는 새로운 물결인 보사노바의 관점에서 볼 때, 당신의 회사는 어느 위치에 존재하고 있는가? 전체적인 조직도를 그릴 수 있는가? 전사적 애자일의 가치를 얼마나 잘 구현하고 있는가?

제3부에서는 제2부에서 살펴본 새로운 선율과 어울리는 '춤'을 실행하기 위한 전략, 구조, 프로세스에 대해 고찰할 것이다.

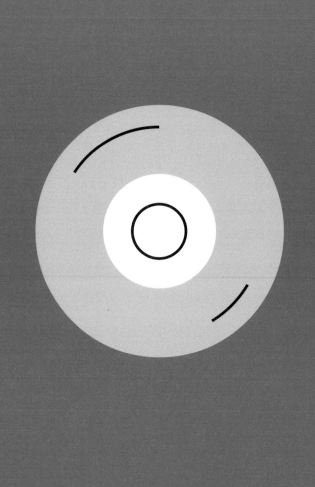

제 3부
선율에 맞춰 춤추기

"춤을 출 수 있는 능력이 중요한 것이 아니라 기꺼이 춤을 추려는 의
지가 중요하다."

- 매리 린 맨스(Mary Lynn Manns), 《두려움 없는 변화(Fearlee Change)》의 공동 저자

기업 문화에 대한 새로운 관점

제2부를 마친 후, 우리는 자기 조직화, 투명성, 지속적인 고객 중시, 지속적인 학습이라는 네 가지 가치의 조합을 '이제 무엇인가'라는 질문을 통해 실용적인 도구로 전환하는 방법을 깊이 생각해 보았다. 우리는 각각의 조합을 검토했고, 몇몇 주제들이 다양한 가치로 반복된다는 사실을 확인했다. 이러한 반복되는 주제들은 일정한 패턴으로 나타났다.[78] 우리는 다양한 조합에서 피드백이 반복적으로 발견된다는 점에 주목하고, 메타 패턴(meta pattern)을 발견하여 주제들을 다음의 항목으로 묶을 수 있었다.

- 전략
- 구조
- 프로세스

고메즈(Gomez)와 짐머만(Zimmermann)이 주장하듯이 이 메타 패턴은 회사를 다음의 세 가지 관점으로 정의한다는 점이 매력적이었다.

- **제도적 관점** : 제도적 관점은 기업을 목적성을 가진 사회 시스템으로 간주한다. 이러한 의미에서 회사는 '조직이다'. 이 사회

---

78   패턴은 사람, 집단 또는 기관의 성질, 행동, 경향 또는 기타 관찰 가능한 특징의 신뢰할 수 있는 표본으로 정의된다. 예: 행동 패턴, 소비 패턴, 일반적인 말버릇 (메리엄-웹스터 참조)

시스템의 목적은 회사의 **전략**에 의해 좌우된다.

- **도구적 관점** : 도구적 관점은 기업의 **구조**를 의미한다. 구조로 이해하는 회사는 '조직을 가지고 있다.'
- **기능적 관점** : 기능적 관점은 일상 수행 활동을 조정하는 것을 의미하며 회사의 **프로세스**로 나타난다. 회사는 일상 활동을 통해 운영되고 있으며 회사는 '조직된다.'

다음 그림은 세 가지 관점의 긴밀한 관계를 보여준다. 전략이 구조를 따르는가 아니면 반대로 구조가 전략을 따르는가?

전략, 구조, 프로세스의 상호 연관성

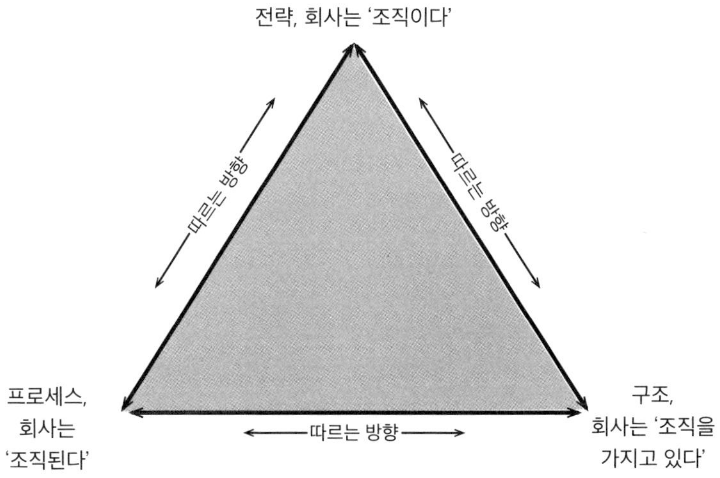

전략, 회사는 '조직이다'

따르는 방향

따르는 방향

프로세스,
회사는
'조직된다'

←──따르는 방향──→

구조,
회사는 '조직을
가지고 있다'

요약하면, 회사는 '조직이자', '조직을 가지고 있으며' '조직된다'.

기업의 문화가 이 메타 패턴의 어느 곳에 어울리는지 궁금할 것이다. 문화는 우리가 우리 자신에 대해 하는 이야기이고, 목적, 계획, 규칙, 절차, 행동, 습관 등에 기초한다. 지역적 상호작용에 바탕을 둔 이러한 측면들이 문화를 안정시킨다.[79]

기업 문화는 '전략', '구조', '프로세스'라는 메타 패턴으로 정의된다. 메타 패턴을 바꾸면 문화를 바꿀 수 있다. 전략, 구조, 프로세스는 기존의 상하 질서에서 나온 것일 수도 있고 신뢰 계층(hierarchy of trust)과 같이 다른 종류의 상하 질서에서 발생할 수도 있다.

넷폼인터내셔널(NetForm International)의
카렌 스티븐슨(Karen Stephenson)이 전하는 통찰

나는 하버드에서 조직 문화를 측정하고 관리하는 우수한 수단인 소셜 네트워크 분석 분야를 개척하며, 수십 년에 걸친 연구를 통해 조직의 문화라는 것이 '신뢰의 네트워크(networks of trust)'와 '권위의 상하 질서(hierarchies of authority)'라는 두 가지 동적 연동 구조로 구성된다는 것을 입증했다. 사람들은 대부분 학교에 가거나 직장을 구

---

79   스테이시(Stacey) 참조

할 때 자신의 지위를 파악해야 하기 때문에 상하 질서에 익숙하다. 하지만 사실 상하 질서라는 것은 가치와 정치를 형성하는 거대한 신뢰의 네트워크들로 둘러싸인 틀에 불과하다.

통념과는 다른 사실이지만 어떤 조직이나 집단의 실제 구조는 상하 질서가 아니라 바로 네트워크이다. 네트워크는 상호 간 교환이 황금의 신뢰로 이어지는 신기한 마법인 '호혜성(reciprocity)'을 보여준다. 즉, 신뢰는 변화의 촉매제이다. 예를 들어, 임원진은 어떤 방법으로 조직의 장기적인 변화를 보장할 수 있을까? 변화와 관련된 성공담이나 실패담에서 네트워크상의 신뢰는 언제나 상하 질서의 권위를 능가할 것이기 때문에 그들은 먼저 신뢰의 핵심을 적절한 곳에 배치하기 위해 네트워크를 그려 보아야 할 것이다.

보사노바 실행을 위한 새로운 패턴

위의 마인드 맵은 제2부에서 살펴본 개별 패턴들이 전략-구조-프로세스라는 메타 패턴으로 나타났을 때의 모습이다. 이 그림은 개념과 영향을 연결해 보는 한 가지 방법이며, 신뢰가 곧 전략임을 의미하는 것은 아니다.

위 그림에는 가치가 표시되지 않는다. 우리가 각 장 마지막에서 가치에 대해 종합하면서 네 가지 보사노바 개발 흐름을 조합했듯이, 패턴은 가치를 조합한다. 마치 수소와 산소를 결합하면 완전히 다른 성질의 물질인 물이 되는 것과 같이 이 패턴들도 이제 완전히 다른 특성을 가진다. 조직 개발 흐름과 가치는 여전히 존재하지만 그것들은 복합적인 형태가 되어 적용된다. 우리는 전략, 구조, 프로세스의 메타 패턴에서 아래 설명하는 바와 같이 실험을 실행하기 위한 기초로 필요한 배경을 얻는다.

실험 시작

우리는 메타 패턴을 유용하게 만들기 위해서는 그것을 적용할 수 있도록 설계된 접근법이 필요하다는 것을 깨달았다. 제1부에서 논의한 바와 같이, 기업들은 오늘날 변동성, 불확실성, 복잡하고 애매한 '뷰카(VUCA)'의 세계에서 살고 있다. 커네빈(Cynefin)에 따르면 복잡한 환경에서 경영은 '조사, 인지, 대응'의 접근 방식이 필요하다.[80] 즉, 복잡한 상황에 직면한다면, 당신이 따를 수 있는 해결 방안이나 공식이 없다는 것이다. 어려운(complicated) 상황에서는 신뢰할 수 있는 예측이 가능하지만, 복잡한(complex) 상황에서는 불가능하다. 우리는 단순한 해결 방안보다는 실행 가능한 해결책을 확인하기 위한 실험을 시작하도록 몇 가지 조사 방법을 제안할 것이다. 조사는 현재 상

---

80 커츠(Kurtz)와 스노든(Snowden) 참조

태에 대한 조사가 될 수도 있고, 자신에게 가장 적합한 조사에 대한 영감을 줄 수도 있다. 조사가 실패하든 성공하든 상관없이, 강조점은 항상 학습에 있기 때문에 여기에는 실패라는 개념이 없다. 따라서 조사의 성공이 목표가 아니라 학습이 목표라는 점에 주목해야 한다. 이것은 조사가 실패를 용인한다는 점을 보여준다.

우리는 각 패턴에 대해 인지 및 대응을 위한 일반적인 조사와 그에 수반되는 사례 실험을 제안한다. 각 조사는 먼저 샘플 시나리오를 포함한 몇 가지 배경 정보를 제공하며, 배경에는 실험의 기초가 되는 가설이 뒤따른다. 또한 각 실험 후 절차, 측정 및 진행 방법에 대한 생각을 정리하고, 그 결과는 보사노바 실행의 다음 단계로 이어질 것이다. 우리는 다양한 실험에서 나타나는 패턴과 이점이 더 큰 규모로 존재하고 복제 및 일반화할 수 있는지 확인하기 위해 여러 차례 조사를 거쳤다.

이러한 많은 실험에서 무형 자산을 측정할 필요가 있어 우리는 그 방법 또한 고안하였다. 무형 자산 측정에 대한 추가 지침을 위해 허버드(Hubbard)의 저서 《측정의 모든 것(How to Measure Anything)》을 추천한다.[81] 실험이 가설을 뒷받침하지 못하거나, 혼재된 결과를 제공하더라도 그 결과를 반영되어야 한다. 그런 다음 특정 상황과 관련된 다양한 관점을 조사하는 다른 가설을 개발하고 새로운 실험을 통해

---

81 허버드(Hubbard) 참조

가능한 패턴을 테스트하라.

그리고 이 책을 읽자마자 실험을 시작하는 것이 좋다. 맨스(Manns)와 라이징(Rising)이 묘사한 '저스트 두 잇(Just Do It)' 패턴이 암시하듯이, 여러분이 필요하다고 생각하는 자원과 지식이 준비되는 완벽한 순간을 기다리지 말고, 첫 번째 걸음을 떼고 배우기 시작하라.[82]

에릭슨의 헨드릭 에세르(Hendrik Esser)가 전하는 통찰

에릭슨에서는 2006년에 애자일을 도입하여 2010년에 본격적으로 활용하기 시작했다. 그 당시 나는 2,000명으로 구성된 국제기구의 리더십 팀에서 일했고, 우리는 스크럼 오브 스크럼(Scrum-of-Scrum)과 자체 포트폴리오 관리 프로세스를 혼합하여 완전한 제품 개발을 관리했다. 우리의 핵심 아이디어와 요구 사항은 의사 결정을 분산시키고 변화를 진정으로 수용하는 것이었다. 스크럼(Scrum)과 스크럼 오브 스크럼(Scrum-of-Scrum)은 잘 알려진 개념이라 비교적 채택하기 쉬웠지만, 포트폴리오 관리 프로세스는 어려운 과제였다. 워크샵을 시작하기 위해 우리는 제품 관리, 제품 개발, 테스트, 시스템 설계, 배포 등 제품 개발과 관련한 모든 이해 관계자들을 초청

---

82   맨스(Manns)와 라이징(Rising) 참조

했다. 워크숍에서 우리는 그 당시 우리가 겪었던 주요 이슈였던 출시 지연에 대해 논의했고, 집중 토론을 통해 두 가지 핵심 문제를 발견했다. 하나는 제품 관리에서 미래에 고객이 필요로 하는 것이 무엇인지 예측할 수 없었다는 점이고, 다른 하나는 제품 개발 단계에서 기능 개발을 시작하기 전, 기능을 개발하기 위해 얼마나 많은 노력이 필요한지 정확하게 예측할 수 없었다는 점이다. 이러한 통찰력을 바탕으로 비용과 시간의 범위를 추정할 수 있는 프로세스를 만들었다. 범위라는 개념은 특정 시점에 대한 불확실성의 표현으로, 우리는 범위를 사용하는 것이 현재 최고의 지식을 전달하는 좋은 방법이라는 데 동의했다.

이 접근 방식을 구현할 때, 워크숍에 참여하지 않은 몇몇 사람들이 범위 이면의 아이디어를 이해하지 못했기 때문에 다음과 같은 질문을 했고, 당연히도 우리는 적용과 관련한 문제에 직면했다. "아니, 고객은 7월에 필요하다는데 8월과 11월 사이에 완료 가능하다는 것이 무슨 소리인가?" 그러나 이들은 논란을 일으키는 커뮤니케이션 도구로서의 역할을 충분히 해 준 셈이었다. 새로운 접근 방식을 통해 우리는 우리가 원하는 사고방식으로 변화하도록 자연스럽게 유도할 수 있었고 그 변화는 총 1년 반이 걸렸다.

우리는 왜 변화를 이루어냈는지에 대해 회고했다. (회고 시에는 성공하지 못한 이유만 볼 것이 아니라 성공한 이유에 대해서도 초점을 맞추는 것이 좋다!) 회고를 통해 우리는 커네빈 프레임워크 및 관련 실험 접근법을 포함한 인간 시스템 역학, 뷰카(VUCA), 복잡성 관리(Complexity Management)를 찾게 되었다.

또한, 리더십 및 조직 차원의 커뮤니케이션과 지속적인 회고에 집중하는 것이 변화를 이끄는 핵심 요소라는 것을 알게 되었다. 우리는 물론 부작용이 있으리라는 것을 알고 있었지만 변화 실험을 공식화하여 그것이 회고를 통해 원하는 결과로 이어지는지를 살펴보았고, 그 이후로도 유사한 계획들을 시도했다.

오늘날, 조직 내 구성원들이 잠재력을 최대한 발휘하기 위해서는 스스로 결정을 내리고 업무를 추진하기 위한 자율성이 필요하다는 사실을 우리는 인지하고 있다. 하지만, 우리는 또한 개인의 자율성이 제대로 조정되지 않으면 혼란으로 끝난다는 것도 잘 알고 있다. 따라서 이어지는 질문은 '누가 이러한 조정을 주도하고 있는가?'가 될 것이다. 우리는 조직을 조정하는 정책을 만들겠다는 '상아탑'을 피하고자 하며, 오히려 적절한 수준의 참여에 초점을 맞춘다. 즉, 전략이나 공통 프로세스 등의 규제에 영향을 받는 사람들이 규제를 만드는 데 참여해야 한다. 그 구체적인 예가 바로 '학습 공동체(Community of Practice)를 통해 추진되는 개발 프로세스 작업 방식'이다. 이러한 공동체는 모든 조직을 아우르며 해당 영역 내에서 의사 결정을 내릴 수 있는 권한이 있다.

조직 진단

실험을 시작하기 전, 실용적 시스템 모델(Viable Systems Model), 애자일 숙련 모델[83], 인간 시스템 동력, 커네빈 등 제1부 제2장에서 언급한 진단 도구들을 사용할 수 있다. 헨드릭 에세르가 묘사한 사고 과정에는 여러분이 사용할 수 있는 다른 많은 도구들이 있다. 우리는 특히 제3부 제3장에서 살펴볼 '조사 : 집단의 회의가 문제 해결 능력을 키워주는가?'에서 소개하는 바와 같이, '조직 구조 캔버스(Organization Structure Canvas)'[84], '케프너-트레고(Kepner-Tregoe) 방법', '긍정 탐구(appreciative inquiry)', 'SWOT(강점, 약점, 기회, 위협)'[85], 그리고 '윤곽 잡기'라고 하는 소시오크라시 프로세스를 고려해 볼 것을 제안한다. 이 모든 도구들은 실험을 시작할 때 영역을 정의하는 데 도움이 된다.

(다시 한 번 말하지만, 우리는 이러한 진단 도구가 존재한다는 사실을 알려주기 위해 언급하고 있다! 당신이 원한다면 그 도구들에 대해 더 알아볼 수 있고, 목록을 보면 도구 상자에 이미 사용 준비가 된 일부 도구를 떠올릴 수도 있다. 그러나 어떤 진단 도구를 사용하지 않고도 '마음에 드는' 한 가지 실험만으로도 시작할 수도 있다.)

83　비어(Beer)와 애자일 플루언시 참조
84　https://medium.com/the-ready/the-os-canvas-8253ac249f53
85　멀더(Mulder), 쿠퍼라이더(Cooperrider), SWOT 참조

지속적인 성찰

이런 조사들은 '성찰(reflection)'을 통해 떠올릴 수 있다.

"재귀적(Reflexive) 방법은 성찰적(reflective) 방법 그 이상이다. 그것은 '우리가 무엇을 하고 있는가'에 대한 생각을 넘어 무엇을 하고 있는가에 대해 '어떻게 생각하는가'를 질문하기 때문이다. 재귀적 방법은 우리가 누구이고, 우리가 함께 무엇을 하고 있는지, 왜 그것을 하고 있는지, 그리고 우리가 이 모든 질문에 대해 어떻게 생각하고 있는지를 자문하는 것을 포함한다. '재귀(reflexivity)'는 생각하는 방법을 생각한다. 조직 내에서 현실적인 판단 능력이 모호하고 불확실한 상황에서, 함께 하는 작업에 대한 재귀적 조사라는 '기술'에 의해 지속되고 발전될 수 있다."[86]

따라서 우리는 당신이 성찰의 기술을 개발할 것을 강력히 제안한다. 지금 당장 바로 다음의 성찰 연습을 시도해 보라!

다음 질문에 답하여 성찰의 과정을 시작하라. 시간을 내서 답을 적어 보라.

1. 성찰해 보라는 요청에 대해 나는 어떻게 반응했는가?

2. (엿보지 말고!) 제1부에서 다룬 내용 중 기업에게 가장 중요한 도전 과제는 무엇이었는가?

---

86 스테이시(Stacey) 참조

3. 이제, 제1부를 훑어보고 어떤 도전 과제를 기억하고 어떤 도전 과제를 기억하지 못했는지 확인하라. 그 과제들은 왜 기억하지 못했을까? 기억나는 도전 과제라면 그것이 나의 상황에서 어느 정도까지 중요한 도전 과제였을까? 그게 아니라면, 왜 나의 상황에서 그리 중요하지 않은 도전 과제를 기억했을까?

첫 번째 질문은 '성찰(reflect)하라는 요청에 대해 내가 어떻게 반응했는가?'에 대한 것이다. 당신의 반응이 예를 들어, "오, 상당히 흥미롭군."에서부터 "오, 이런, 해야 할 일이 많군. 시간이 없으니까 그냥 이 사람들이 뭐라고 썼는지 읽고 지나가야겠다."까지 다양한 생각과 감정이 혼재되었을 것이다. 아니면 여러분은 "내가 이 책을 샀으니, 저자들이 나에게 알려줘야지."라고 생각했을지도 모른다. 여러분은 또한 "굉장히 혁신적이다."라며 아이디어에 감탄했을 수도 있지만 동시에 "헐! 초등학교 3학년 때 선생님이 시키던 일과 비슷하네!"라고 했을 수도 있다.

지금 바로 이런 생각과 느낌들을 적어보기 바란다. 그것들은 모두 단 1초 만에 당신의 머리 속에 떠올랐을 것이다. 책을 더 읽기 전에, 비록 냅킨이나 혹은 편의점 영수증 뒷면에라도 그것들을 적어보라.

…………… (이 점들은 당신이 쓰는 동안 기다리고 있다는 의미이다.)

자, 이제 시작해 보자. 아직 답을 작성하지 않았다면 이제 2번과 3번 질문에 답해보자.

·············· (쓰는 동안 기다리는 중이다.)

이제 2번과 3번 질문에 답을 했으니 잠시 멈추고 다시 한 번 생각해보자. 우리가 왜 이런 것들을 하라고 했을까? '정적'과 '성찰'[87] 없이는 새로운 생각을 할 수 없기 때문이다.[88]

미래의 성찰을 위해 회사 내에서 자신의 상황이나 환경에 대한 질문을 던지고, 이러한 질문에 대한 답을 적으며, 동료들과 생각을 공유해 보라.

보사노바를 적용하고 싶다면 성찰부터 시작하라. 성찰은 상황을 관통하고 패턴을 판별하는 데 사용할 수 있는 새로운 가설로 이어지고, 이는 유익한 새로운 전략, 구조 및 프로세스로 다시 이어질 것이다. 해당 챕터에서는 여러 복잡한 상황을 검증할 실험 조사의 사례를 몇 가지 제안할 것이다. 그리고 제시된 조사 사례들을 읽으면서 그것들이 당신의 상황과 어떻게 연관되어 있는지 생각해 보라. 그런 다음 가장 관련성이 높은 조사 주제에서 제안하는 하나 이상의 실험을 시도하고, 결과를 동료와 공유한 후, 다시 성찰하고, 다음 시도로 이동하라. 이 과정을 계속 반복한다면 보사노바를 더욱 심도 있게 꾸준히 구현할 수 있다.

---

87   푸(Fu Y)와 황(Huang ZJ) 참조

88   레스닉(Resnik) 참조

보사노바로 좀 더 깊이 들어가라

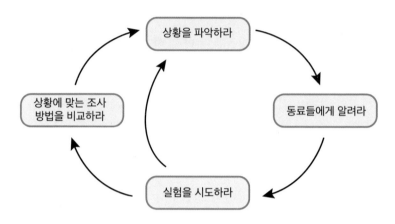

제1장

전략

위에서 살펴본 바와 같이, 제도적 관점에서 '회사는 조직'이며, 고객에게 가치를 제공하기 위한 전략에 따라 움직이는 사회 시스템이다. 챈들러 (Chandler)는 다음과 같이 가장 일반적으로 받아들여지는 전략의 정의를 제공한다. "전략은 기업의 기본적인 장기 목표를 결정하는 것이고, 행동 방침의 채택과 이러한 목표를 수행하는 데 필요한 자원의 배분이다."[89] 전사적 애자일의 관점에서 보면 전략을 위해 필요한 패턴은 신뢰, 조정, 동등성 및 실험이다.

---

89 챈들러(Chandler) 참조

신뢰

다음은 우리가 제2부에서 살펴본 신뢰와 관련된 내용들이다. 이것들은 괄호 안에 언급된 다양한 가치에서 도출한 것이다.

- 개인을 '사소한 업무까지 관리 및 통제(micro-managing)'하지 않기 때문에, 개인의 지혜와 상호작용에 대한 신뢰를 통해 규칙과 지침을 줄일 수 있다. (자기 조직화)
- 모든 직원이 회사의 성공에 긍정적으로 기여하기를 원한다고 가정하고 규칙 및 지침을 수립하라. (자기 조직화)
- 자기 조직화는 신뢰를 낳는다. 자기 조직화를 장려하는 구조가 잘 작동한다면 시간이 지날수록 신뢰의 수준이 높아지게 된다. (자기 조직화)

조사 : 표준화된 측정 기준(metrics)이 필요한가?

배경 : 크고 성공적인 조직들의 고질적인 문제는 억압적인 관료주

의이다. 관료주의는 사람들이 오직 자신의 개인적 이익만을 추구한다고 가정한다. 예를 들어, 만약 업무 현황을 빨간색, 노란색, 녹색으로 보고하라고 한다면, 당신은 아마도 노란색으로 보고를 하고 싶을 것이다. 녹색으로 표현한다면 일이 잘못되었을 때 비난을 받을 위험이 있고, 빨간색은 지나치게 주목을 받기 때문이다.

가설 : 표준화된 보고 절차는 실제 현황을 정확하게 보여준다는 착각을 일으킨다. 자가 보고(self-reporting)를 통해 현황을 파악할 수 있을 것이다. 신뢰할 수 있는 접근법을 통해 사람들은 자신의 관점에서 파악한 현황과, 공유할 내용을 반영하는 자신만의 측정 기준을 세울 것이다.

실험 : 보고자를 포함한 보고 부서의 구성원들이 다른 사람들에게 실제 업무 현황을 알리고 그에 대한 피드백을 얻는 방법을 간결하게 설명할 수 있는지 숙고할 시간을 마련하라. 그 다음 개별적으로 개발한 측정 기준을 사용하여 보고하라. 두 달 동안 시도해 본 후 관리자를 포함한 모든 관련자와 함께 '이러한 보고 방식을 계속 사용하겠는가?'라고 묻는 회고의 시간을 가져 보라.

조사 : 신뢰는 더 저렴한가?

배경 : 사람들이 회사를 속일 것이라고 가정하고, 숙박 시설 지정 혹은 식비 지출액 제한 등 복잡하게 여행 경비를 통제한다. 이는 억압적인 관료주의의 예라고 볼 수 있다.

BOSSAnova : 우아하고 경쾌하게 조직 혁신하기

가설 : 여행 경비 통제는 좌절감을 안겨 주며, '당신이 많은 중요한 결정을 내릴 것이라고 믿지만, 한편으로는 당신이 우리를 속일 수도 있다고 생각한다'는 엇갈리며 정떨어지는 메시지를 전달한다. 이러한 메시지는 사기를 떨어뜨리고, 그와 관련된 절차 때문에 오히려 실제로 절약한 것보다 더 많은 돈과 시간을 사용하게 된다.

실험 : 3개월과 같이 특정 기간을 정해 그동안 회사 내 일부 부서의 여행 경비 제한에 대한 정책을 변경해 보라. 필요하다면, 정책을 명백하게 위반하는 직원에 대한 처벌을 설정하라. 예를 들어, 우리가 알고 있는 어떤 회사는 여행 경비에 대한 다음과 같은 세 가지 원칙만 가지고 있다. (다른 비용 통제 원칙은 없다).

- 여행 경비는 경제적으로 타당해야 한다.
- 정부 법률 및 감사 요건을 충족하는 여행 경비만 청구해야 한다.
- 안전에 유의해야 한다.

이 사례에서, 여행 경비를 얼마나 사용할지는 직원 개인에게 달려 있다. 투명성을 위해 여행 경비 기록을 모든 사람이 확인할 수 있다면 어느 정도 동료 통제(peer control)의 효과도 있을 수 있다. 여행 경비 통제에 대한 직원의 불만 수준을 측정 후, 신뢰를 바탕으로 하는 여행 경비 관리 방법의 근거와 그 가치에 대한 교육을 실시하라. 가능하면 기존 시스템을 계속 사용하는 유사한 '대조 집단' 부서와 각 실험 단위를 일치시켜 비교해 보라. 실제 지출과 태도 차이가 얼마나 나는가? 신뢰 기반 접근법을 지속하고 확대 적용해야 하는가?

조정

당신은 현재 다음과 같은 상황인가?

- 장기 고객을 잃었는가?

- 새로운 고객을 찾는 데 어려움이 있는가?

- 팀의 구성원들이 서로 협력하는가? 혹은 서로 대립하는가?

이런 상황에 대처하기 위한 가장 효과적인 지점(leverage point)이 어디인지 어떻게 조사할 수 있는가? 우리는 당신이 제기하고 시험할 수 있는 몇 가지 일반적인 가설을 알아보고자 한다.

공통 목표

제2부에서 살펴본 내용은 다음과 같다.

- 자기 조직화는 공통의 목표, 도전, 동등성 및 공유된 가치에 의해 촉발된다. 이는 범주를 정의하므로 목표와 가치는 범주의 폭을 정하는 데 영향을 미친다. (자기 조직화)
- 자기 조직화 현상을 일으키는 외부 압력의 요인은 고객이기 때문에 고객의 요구에 따라 목표를 정해야 그 범주가 더욱 강력해진다. (자기 조직화)
- 주주에 대한 우려와는 반대로, 팀의 구성원들이 협력하는 이유, 즉 목적이 고객 중시임을 확인하라. (지속적인 고객 중시)
- 예산 책정 방식이 고객 및 시장의 요구에 유연하게 대응하는지 확인하라. 예산을 장기적으로 미리 확정하지 말고, 예산 편성하는 기준이 고객 중시 정책과 맞아떨어져야 한다. (지속적인 고객 중시)

조사 : 인센티브 시스템을 변경하면 협업을 개선할 수 있는가?

배경 : 전체적인 전략적 목표는 대상뿐만 아니라 대상의 범위도 정의한다. '고객 중시'라는 공통의 목표에서 벗어난 사례로, 몇 달 동안이나 편법을 사용하여 더 넓은 고급 사무실을 얻으려고 하는 관리자의 사례나 다른 부서에서 일하는 친척을 승진시키기 위해 '시스템'을 조작하는 사례가 있다. 이런 사례에서 조직의 구성원들은 협력하지 않고 개인적인 이익에만 초점을 맞추고 있다. 몸은 사무실에 있지만 마음은 다른 곳에 있고, 그저 기계적으로 '적당히'라는

BOSSAnova : 우아하고 경쾌하게 조직 혁신하기

마음으로 업무에 임하는 직원들도 있을 수 있다.

가설 : 사람들이 효과적으로 협업하지 못하는 이유는 각자의 목표가 서로 다르기 때문이다. 모두가 팀, 부서, 회사의 공유 목표가 아닌 자신의 개인적 목표를 달성하려 하고 있다. 만약 개인 목표 달성이 보너스로 이어진다면, 회사의 이익이 아니라 개인의 이익만을 추구할 위험은 더욱 커진다. 따라서 (1)성과 평가, 상여금, 감사의 표시, 인정 등의 인센티브 시스템을 변경하고, (2)성과 평가나 승진을 금전적 보상과 분리한다면, 사람들은 서로 더 잘 도와주고 상대에게 배울 점이 있다면 더 열심히 배울 것이다. 이러한 상호 지원, 즉 향상된 협업을 통해 고객의 요구를 제대로 충족시킬 수 있을 것이다.

실험 : 이 가설을 검증하는 방법은 하나의 전형적인 그룹에 속한 사람들이 다른 인센티브 시스템을 갖게 되면 어떻게 되는지 모델링을 해 보는 것이다. 오픈스페이스의 방법은 이러한 인센티브 시스템을 설계하는 데 도움이 될 수 있다. 어떤 결론에 도달하든, 해당 그룹은 3개월 동안 새로운 시스템을 사용하도록 하라. 예를 들면 개인 사무실 없이, 개인 학습 및 개발 성과를 반영하기 위해 '게이밍 포인트(gaming point)'를 사용하는 방법[90], 주기적으로 '감사 파티(appreciations parties)'를 여는 방법, 보너스 금액을 전체적으로

90   셴(Shen)과 시(Hsee) 참조

모아 무엇을 할지 결정하는 방법, 동료 평가 및 스택 순위[91] 등이 있다. 또한, 유사한 그룹을 대조군으로 식별하여 '에이비 테스팅(A/B test, 두 가지 이상의 시안 중 최적안을 선정하기 위해 비교 시험하는 방법 – 옮긴이)'을 준비한다.

협업 수준을 측정하는 간단한 방법은 실험군 그룹과 대조군 그룹의 각 구성원에게 그룹의 협업 경험, 즉 그룹 내 '흐름'에 대한 개인의 생각을 기록하여 일지를 보관하도록 요청하는 것이다. 예를 들어, 3개월 등 일정 기간이 지나면 각 개인이 일지를 검토하고 공동 '협력 지진계'에 협력 수준에 대한 인식을 기록하도록 하라. 그들은 아마도 파동 그래프의 마루와 골에 주석이나 댓글을 달 수 있을 것이다. 이를 통해 모두가 만든 전체의 그래프를 확인하여 협업의 변화를 대략적으로 측정할 수 있고, 인센티브 구조가 협업을 지원하는지 확인할 수 있으며 그 결과 공통 목표 달성을 위한 조정이 얼마나 잘 조율되고 있는지를 알 수 있다.

실험 결과, 새로운 인센티브 방식을 통해 협업이 개선된 것으로 확인되면, 이 실험을 다른 그룹으로 확장하라. 내부 협업뿐만 아니라 고객의 요구를 충족시키는 효과성을 측정하는 유사한 실험도 실행해보면 좋다.

---

91 밸브(Valve) 참조

조사 : 승진에 대한 동료 의사 결정(peer decision-making)이 조정에 도움이 되는가?

배경 : 우리가 조사해 본 결과, 상하 질서가 없는 회사는 찾을 수 없었다. 추상화 수준, 학습 기술의 축적, 연공서열, 자연적인 리더십 등 업무의 어떤 측면은 본질적으로 계층적이다. 심지어 밸브(Valve)나 레드햇(Red Hat)과 같이 매우 평등한 회사조차 상하 질서가 존재하며, 이 때문에 승진 제도가 필요하다. 한 가지 유형의 승진은 '내가 이 영역의 수석 코치이다'와 같이 영역과 관련된 것이고, 다른 하나는 자연적인 리더십에서와 같이 사람들과 관련된 것이다. 애자일 전환을 경험한 어떤 회사가 직함을 포기하기로 결정하자 사람들은 이렇게 얘기했다. "내 경력이 아무런 쓸모가 없는 것 같다. 정체된 것 같다." 많은 이들이 그 정체된 느낌을 벗어나기 위해 퇴사를 했는데, 이 결과는 허쯔버그(Herzberg)가 확립한 '2 요인 동기 이론(two-factor motivation theory)'에서 예측한 그대로이다.[92] 본질적으로 평등하고 사회적인 측면을 가진 팀 운영에서 승진은 상당히 복잡한 문제이다.

- 어떻게 한 사람을 골라 승진시키는가?
- 누가 승진을 허락하는가? 승진 절차는 임원이나 집행 위원회가

---

92   허쯔버그(Herzberg), Mausner(마우스너), Snyderman(스나이더만) 참조

논의해 1명을 선발하기 때문에 전형적인 하향식 결정이다.

- 승진의 기준은 무엇인가? 그 기준이 고객 만족과 관련이 있는 가, 아니면 승진을 허락하는 사람을 기쁘게 하는 것과 관련이 있는가?

- 승진은 무엇을 의미하는가? 더 많은 급여, 더 높은 명성, 진로, 혹은 회사 내외의 다른 사람들과 나를 비교하는 방법을 의미하는가?

이처럼 복잡하기 때문에 승진에는 하나의 방식이 있는 것이 아니다. 그 예로, 스포티파이는 전문 지식으로 구별하는 동료 식별(peer identification)에 기초한 직책 및 경력에 대한 흥미로운 실험을 실시했다. 하지만, 스포티파이는 끊임없이 변화하고, 자신들의 조직 문화에 맞는 방법을 사용하기 때문에 다른 기업들이 자신들의 방법을 모방하는 것에 대해 회의적이다.

가설 : 동료 의사 결정을 사용하여 승진을 결정한다면, 우리는 경쟁 요소가 있는 승진과 같은 결정과, 성과 검토를 분리할 수 있다. 다시 말해, 경쟁은 '협력적 경쟁(cooperative competition)'이 된다. 이 접근 방식은 가장 중요한 투명성뿐만 아니라 지속적인 고객 중시, 자기 조직화 및 지속적인 학습이라는 모든 가치를 강화할 것이다. 예를 들어, 승진 결정이 왜, 그리고 어떻게 내려졌는지 모두가 알게 되고, 따라서 그 결과를 용인할 수 있다. 결정이 내려지기 전에 모

두가 승진 자격을 규정하는 기준을 상호 개발하는 것이 중요하다. 더불어 그 과정에서 자기 조직화를 통해 창의성이 생겨날 것이다.

실험 : 회사 내 계층 구조의 여러 그룹은 다음을 사용한다.

- 승진자를 결정하는 소시오크라시 방식의 선거
- 지원자 풀에서 승진자에 대한 동의 의사 결정
- 개인 및 팀 목표 조정을 위한 동의 의사 결정
- 상여금 결정을 위한 동의 의사 결정

이 모든 실험은 비슷한 방식으로 진행될 것이다. 그 중 한 가지 예로 승진자를 결정하는 소시오크라시 방식의 선거에 대해 더 자세히 논의하겠다. 소시오크라시 방식의 선거를 시작하기 전에, 승진 고려 영역이 포함될 그룹 내 개방 직책을 파악하고 책임, 권한, 임기 등을 설정한다. 그 직책은 '선임 엔지니어'와 같은 고위 기술직이나 관리직일 수 있다. 해당 직책 임명자를 선택하기 위해 마련된 회의에 그룹 구성원을 초대하라. 관리직이라면 신규 임명자에게 보고할 사람뿐만 아니라 해당 직책의 상급자 또한 그룹 내에 포함되어야 한다. 필요에 따라, 소시오크라시 방식의 선거 과정을 훈련하라. 퍼실리테이터(facilitator)를 투입하거나, 이미 소시오크라시를 적용하고 있다면 현재 회의 진행자를 이용하라.

다음은 다양한 환경에서 사용할 수 있는 소시오크라시 방식의 선거 과정에 대한 설명이다.

1. 책임, 권한, 의무, 관련 급여, 임기, 관련 기술과 지식을 검토하라.
2. 누구나 종이 한 장에 각자 자신의 이름과 추천할 사람의 이름을 적는다. 참가자들은 본인 혹은 그룹의 다른 누군가를 추천할 수 있고, 기권할 수도 있다.
3. 진행자는 모든 종이를 취합하여 하나씩 고른다. 그리고 "조지가 수잔을 추천했습니다. 조지, 수잔을 추천한 이유를 말해주세요"와 같이 내용을 큰 소리로 읽는다. 진행자는 다음 종이를 선택하고 같은 요청을 반복하며 모든 후보가 발표될 때까지 진행한다.
4. 진행자가 각 참가자에게 차례대로 "추천한 이유를 들었는데, 추천을 바꾸고 싶습니까?"라고 묻는 '변경 라운드'를 실시하라. 만약 어떤 사람이 추천을 바꾸고 싶다면, 진행자는 그 사람에게 변경 이유를 말하라고 요청한다.
5. 진행자가 후보 중 한 명을 제안하며 그 이유를 제시한다. 진행자는 추천 받은 횟수보다 추천 근거에 따라 더 적합한 사람을 제안할 수 있다. 추천 횟수는 고려해야 할 요소 중 하나일 뿐이다.
6. 진행자는 각자에게 "이 사람이 선출되는 것에 중대한 이의가 있습니까?"라고 물어보며 동의를 구한다. 이의가 없을 경우, 진행자는 그룹이 제안된 사람이 그 직책을 맡는 것에 동의했다고 발표하

BOSSAnova : 우아하고 경쾌하게 조직 혁신하기

고 그룹은 그 결정을 축하한다.

7. 이의가 있는 경우, 진행자는 반대했던 각 사람에게 돌아가서 이유를 묻는다. 반대는 거부권이 아니라 그룹이 함께 반대 의견을 해결하는 해결책을 개발하면서 모든 목소리를 듣고 설명하도록 보장하는 창조적 과정의 시작이다.

측정은 그룹의 투명성, 선택의 질, 객관성 등 회사의 승진 정책에 대한 의견을 평가하는 사전 평가가 될 수 있다. 이 설문 조사를 일부 대조군에도 제공하라. 선거 과정이 완료된 직후 자발적인 피드백을 수집하고, 3개월 정도의 기간이 지난 뒤 실험 및 대조군 그룹에 대한 사후 조사를 실시하라. 만족도가 향상되면 이 과정을 다른 승진 과정으로 확장하라.

집단 소유권

제2부에 제시된 새로운 조합은 다음과 같은 방식으로 집단 소유권을 지원한다.

- 함께 일하는 사람들이 고객을 즐겁게 하는 중요한 일에 열정을 갖게 한다. 따라서 책임감으로 뭉친 열정을 존중할 수 있도록

조직하라. (지속적인 고객 중시)

- 고객에게 서비스를 제공할 수 있도록 조직을 구성하라. 고객에게 제공되는 서비스를 조정하기 위해 회사의 각 측면을 조직하라. 업무의 종류와 고객의 편의에 기초하여 자원을 검토하고 재분배하라. (지속적인 고객 중시)

조사 : 어떻게 조직의 목적을 지지하면서 동시에 팀으로서 자율성을 가질 수 있는가?

배경 : 당신의 팀은 가장 중요한 것에 집중하지 않고, 계속해서 아이디어만 내고 있다.

가설 : 팀의 자기 조직화가 잘 이루어져 있지만 팀의 목적에 대한 이해가 명확하지 않다. 즉, 열정은 있으나 공동의 목적에 대한 책임감으로 뭉치지 않았다. 이 경우 고객의 요구를 충족할 가능성이 가장 높은 전사적 목표가 팀원들에게 명확하게 전달되지 않은 것이다. 만약 팀이 고객과 직접 대면하게 되면, 팀은 고객의 요구에 더욱 집중할 것이다.

실험 : 팀이 실제 고객의 요구를 이해하고 경험할 수 있도록 고객과 더 긴밀한 관계를 구축하라. 일부 팀원들이 고객 업무를 직접 경험하면서 고객에게 다가가 그들의 요구에 대해 배울 수 있도록 준비하라. 이를 통해 고객의 요구를 해결하고 팀의 공통 목표에 대한 이해를 높이기 위한 더 나은 아이디어를 제시할 수 있다. 유사

한 방법으로 고객에게 다가가는 방식을 다른 모든 팀들이 연습하도록 하라.

월마트의 토드 크로먼(Todd Kromann)이 전하는 통찰

4명의 애자일 코치로 구성된 소규모 집단이 월마트의 수천 명의 IT 직원과 계약 업체들을 초대하여 조직의 업무를 2년도 안 되는 기간 내에 애자일 10%에서 애자일 90%로 비약적으로 전환할 수 있었다. 우리는 단순히 사람들을 오픈스페이스로 초대해서 30개가 넘는 일일 이벤트를 한 번에 수백 명씩 전달했을 뿐이다.

우리는 방법론, 도구, 측정법을 강요하지 않았고 초대, 자율권, 선택권을 제공했다. 우리는 모두에게 자신들의 일을 더 민첩하게 할 수 있는 방법을 찾아달라고 요청했다. 그게 우리의 목적이었고, 모든 아이디어가 개방적이고 투명한 방식으로 벽에 게시되었다. 그 작업이 궤도에 오르자, '애자일 챔피언(Agile Champions)'은 애자일 코치 네 명의 오픈스페이스 초대와 그 결과를 널리 전파하는 데 도움을 주었다.

형식적으로 우리는 창업자 정신, 디자인 씽킹, 팀 오브 팀스(Team of Teams) 등 애자일 개념들을 채택했다. 최고 경영자가 이를 지원했고 IT 코치는 거의 관여하지 않았다. 월마트는 이사회에 몇 명의 애자일 '사고방식 리더'를 두고 있으며 그들은 순효과에 기여했다.

이것은 매우 개방적이었기 때문에, 하나의 숫자로 정의하기 어렵다. 그 범위는 정하기에 따라 4,000명이 될 수도 있고 수 만 명이 될 수도 있다. 벤턴빌(Bentonville)에 자리한 월마트 본사의 사업부도 포함되었고 사업가들도 대부분 참석하기로 결정했다.

오늘, 나는 월마트 애자일 코치에 대한 평판 조회(reference check)를 확인했는데, 이 사람들은 내가 한 번도 만난 적이 없는 사람들이다. 우리 챔피언들 중 누군가가 그 타이틀을 차지하는데, 그건 개방적인 변화가 불러온 부수적인 효과라고 생각한다. 그래서 4명의 코치라는 개념은 풀타임 코치가 4명이라는 좁은 의미에서만 맞는 개념이다. 벤턴빌에서는 최대 6명의 풀타임 코치로 확장되었으며 전 세계적으로는 12명의 코치로 확장되었다. 이것은 연합된 것이기 때문에, 거듭 말하지만 하나의 숫자로 정의하기가 어렵다.

그 숫자들은 정확히 밝히기 어렵지만, 순효과는 확실히 밝힐 수 있다. 우리는 지금 애자일 100%이기 때문에 참여하는 것보다 참여하지 않기로 선택하는 것이 더 어색하다. 우리는 이제 더 이상 애자일 코치가 없다. 월마트 사람들에게 어떻게 성공적으로 애자일을 적용했는지 물어본다면, 그들은 아마 스스로 해냈다고 말할 것이다. 개방적인 변화는 눈사태와 같아서, 눈 뭉치 몇 개만 있으면 그 후에는 엄청난 현상으로 변하기 마련이다.

조사 : 기존 네트워크를 어떻게 활용할 수 있는가?

배경 : 카렌 스티븐슨에 따르면, 어떤 회사든지 다양한 종류의 업무

를 위한 많은 신뢰 네트워크가 있다고 한다. 이러한 네트워크 리더들은 종종 회사의 동적 구조에 강력한 영향을 미친다.[93] 이와 같이 숨겨진 리더쉽 구조를 직접 다루면 조정을 구축하는 데 도움을 받을 수 있을까?

가설 : 숨겨진 신뢰 네트워크 리더를 파악하여 함께 모은다면, 그들은 함께 고객 중시를 위한 회사의 조정을 개선할 수 있을 것이다.

실험 : 설문 조사를 실시하여 "고객과의 관계와 관련하여 회사 내에서 가장 신뢰하는 직원은 누구인가?"에 대한 답을 확인하라. 설문 조사 과정을 통해 '실제 시스템의 작동 방식을 알고 있는', '문제를 공유하거나 실수를 해도 떠벌리지 않는', '고객과 좋은 관계를 맺고 있는', '고객의 요구를 단번에 이해하는' 사람을 식별해야 한다. 설문 조사의 결과를 확인하면 식별된 사람이 보일 것이다. 그들은 고객 중시를 위한 신뢰 네트워크를 구축할 수 있는 사람들이다. 이제 확인된 사람들을 서로 소개하고 임시 교차 기능 팀에 초대하라. 이 팀은 미판매 재고, 불필요하고 복잡한 공정, 초과 생산 등의 낭비 요소를 최소화하고 고객 요청에 대한 응답 시간 단축, 거래 재개 등의 개선책을 내놓으며 기업 문화를 구축한다. 이 모든 개선 사항은 사전 및 사후 측정되어야 한다.

93   제2부 제5장 참조

피드백

제2부에서 권장한 내용은 다음과 같다.

- 성과 검토, 개별 목표 및 인센티브를 고객 중시와 일치시켜라. 이 전략은 주주 등 다른 이들이 아니라 고객의 요구에 대한 피드백 시스템에 집중하는 것이다. (지속적인 고객 중시)
- 개별 목표와 보너스를 구분하라. (지속적인 학습)

조사 : 단기적인 이익 집중에 대한 대안이 있는가?

배경 : 이사회는 여전히 신규 고객을 유치하고 있지만, 장기 고객은 떠나고 있다. '고객 이탈'의 원인은 무엇인가?

가설 : 당장의 수익을 끌어올리기 위해 분기별 이익에만 집중하고 비용과 함께 서비스를 삭감함으로써 장기적인 수익성이 타격을 받고 있다. 최근의 비용 절감 때문에 축소한 부서를 살린다면, 이들이 장기 고객들을 다시 돌아오게 할 것이고 고객 이탈이 감소할 것이다.

실험 : 고객 이탈의 원인을 확인하는 전통적인 방법은 떠나간 장기 고객과 그렇지 않은 고객에 대한 설문 조사를 진행하는 것이다. 하지만, 이 방법은 비용이 많이 들고 신뢰하기도 어려울 뿐더러 창의적이지도 않다. 통찰력을 얻기 위한 또 다른 접근 방식은 고객이 참여하는 시뮬레이션을 진행하거나 다양한 시나리오에 대한 고객

BOSSAnova : 우아하고 경쾌하게 조직 혁신하기

의 반응에 근접한 페르소나를 만들어 보는 것이다. 이 접근 방식은 비용이 적게 들 뿐만 아니라 새로운 아이디어에 대한 더 많은 가능성을 열어줄 수 있다. 실험을 위한 한 가지 설계 방법은 역할 수행자들을 정할 때, 비용을 절감하는 '시나리오 부서' 출신 직원과, 예상 비용 절감을 구현하지 않는 '시나리오 부서' 출신의 직원으로 구성하는 것이다. 또한 이 두 부서 출신의 직원들이 '고객 페르소나' 역할을 하여 고객 페르소나의 일관성을 유지하도록 만들어라. 측정은 두 시나리오 부서에서의 서로 다른 경험에 대한 페르소나 팀의 주관적인 보고서에 초점을 맞출 것이다. 시나리오 부서의 역할 수행자들과 독립적인 관찰자들의 보고서를 통하여 페르소나 역할 수행자들의 반응을 살펴볼 수 있다.

여기에는 몇 가지 변형이 있을 수 있다. 예를 들어, 고객 페르소나는 새로운 고객과 기존 고객이 될 수 있다. 신규 고객들은 현재 고객들보다 더 좋은 대우를 받는가? 우리는 신규 고객에게는 특가 혜택을 주지만 기존 고객에게는 절대로 같은 혜택을 제공하지 않는 전화 회사를 경험한 적도 있다.

역할극 경험의 결과로 비용 절감 전략을 결정할 수 있지만, 이 실험 중에 확인된 부정적인 영향을 피하기 위해 비용 절감 전략을 수정할 수도 있다. 혹은 절감되는 금액보다 새로운 수익이 더 클 것으로 예상하여 비용 절감을 훗날로 미루는 결정을 내릴 수도 있다.

조사 : 보너스에 따른 동기 부여 없이도 개인의 성장이 일어날까?

배경 : 개별 목표는 재검토되지 않는 경우가 많고 시장이 변하면 기존의 목표는 시대에 뒤떨어질 수밖에 없다. 만약 목표가 시장 변화를 반영하지 못하더라도 보너스와 깊은 관련이 있다면, 담당 직원은 그 목표가 무의미하더라도 여전히 그것을 달성하려고 노력할 것이다. 우리는 실제 프로젝트의 목적과 맞지 않더라도 특정 프로그래밍 언어를 사용하도록 팀을 밀어붙이는 소프트웨어 개발자를 관찰한 적도 있다. 그의 수행 계획에는 그가 그 프로그래밍 언어를 배우면 보너스를 받을 거라고 되어 있었기 때문이었다!

가설 : 보너스와 인센티브 지급을 학습 과정과 분리한다면 회사의 전략에 따라 개인의 성장이 이루어질 것이다.

실험 : 실험 시작을 위해 개별 목표와 관련된 보너스 시스템을 사용하는 두 개의 유사한 단위를 파악하고 실험군과 대조군으로 설정하라. 실험에 참여하겠다는 두 단위의 동의를 구하라. 자기 성찰 노트와 개인 및 단위 수준의 성과에 대한 객관적인 지표로 구성된 사전 측정을 수행하라. 그런 다음, 실험군에 새로운 기술의 성취를 확인할 수 있는 다양한 형식을 도입하라. 실험군의 개별 목표에 연결된 보너스 시스템 사용을 중단하라. (대신, 사용 가능한 보너스를 해당 단위 구성원들에게 균등하게 분배하라). 조건이 변경되면 매주, 매월, 분기별로 성과 평가 빈도를 높여라.[94] 또한 개별 목표가 하향

---

94   이스마일(Ismail) 등 참조

식으로 정의되는 전통적인 방법보다는 균형 성과 평가제(Balanced Scorecards)와 같이 상향식으로 정의되는 질적 목표를 사용하라. 예를 들어, 어떤 영업 사원이 선택할 수 있는 개별 목표는 공감 관계를 더 잘 맺는 것일 수 있다. 다른 영업 사원은 제품군에 대해 자세히 알고 싶어 할 수도 있다. 또 다른 영업 사원의 목표는 고객의 요구와 제품 생산자 사이의 연결고리를 더욱 강화하는 것일 수도 있다. 이러한 목표에 대한 주요 표본 결과는 다음과 같을 수 있다.

- 두 달에 한 번씩 고객과 함께 일상 업무를 수행하며 고객의 요구를 관찰하라.
- 격월로 회사의 제품 설계 또는 생산 팀의 담당자와 하루 동안 함께 지내며 도전 과제가 무엇인지 관찰하라.
- 먼저 고객의 언어로 바꿔보고 그 후 회사의 제품 설계자의 관점으로 바꾸어 제품 설계자에게 개념 프레젠테이션을 진행하라.
- 동료가 진행하는 유사한 프레젠테이션에 참석하라.

대조군과 실험군의 성과를 검토할 때 고객에게 더 나은 서비스를 제공하는 것이 부수적인 이점이라는 점을 기억하면서 다음과 같은 질문을 던져 논의를 진행하라.

- 무엇을 배웠는가?

- 어떻게 배웠는가?

- 다음에는 무엇을 배울 예정인가?

- 동료들로부터 무엇을 배웠는가?

그리고 나서 실험군과 대조군 모두에 대해 사전 측정과 동일한 변수를 사용하여 개별 및 단위 수준에서 사후 측정을 다시 수행하고 결과를 비교하라. 실험군의 결과에서 개인의 성장률이 더 낮은가, 같은가, 더 높은가? 당신과 참여 부서들이 생각하기에 회사는 이 결과를 가지고 무엇을 해야 하는가? 예를 들어 이 실험이 잘 작동한다면 더 많은 유닛으로 확장하라. 결과가 모호한 경우, 우리는 무엇을 배웠고 다른 변수로 다른 실험을 하고 싶은가?

네덜란드 ING 그룹, 에릭 아벨렌[Eric Abelen]이 전하는 통찰

ING 그룹의 전사적 애자일 전환의 핵심 동인, 성과 관리

2015년 여름, 네덜란드 ING의 본부는 전사적인 대규모 모험을 시작했다.[95] 암스테르담의 아약스 축구 경기장에서 열린 화려한 대형 행사를 시작으로, 우리 조직은 스포티파이(Spotify)에서 영감을 받은

---

95 https://www.ing.com/web/show

애자일 트라이브와 스쿼드로 전환되었고, 이와 관련한 애자일 작업 방식을 채택했다. 유튜브(Youtube)에서 ING의 작업 방식에 대한 주요 개념을 설명하는 짧은 비디오를 찾아 보라.[96] 이처럼 대규모로 시도한 애자일 전환의 몇 안 되는 사례 중 하나이기 때문에 이에 대한 많은 자료가 발표되었다. 그 예로 맥킨지(McKinsey)[97]와 메리 포펜딕(Mary Poppendieck)[98]을 참고하는 것이 좋다. 네덜란드 ING 조직은 이제 2년 정도 애자일 노선을 걷고 있으며, 좋은 결과를 얻고 있다. 지금까지 굉장히 순조롭다.

네덜란드 ING 조직의 계속되는 변화는 이제 전 세계 모든 ING 조직에서 작업 방식을 재창조하는 계기가 되었다. 2017년 여름, ING의 CEO 랄프 하머스(Ralph Hamers)는 은행 서비스를 제공하는 IT 회사인 '디지털 뱅크'가 되겠다는 ING의 포부를 발표했다. 이 IT 기업은 애자일 접근 방식을 통해 시장 출시 기간을 단축하고 변화하는 고객 요구에 신속하게 대응할 수 있으며 개인과 팀에 여유가 생기고 권한을 부여할 수 있음을 기대할 것이다. 또한 보다 의욕적이고 열정적이며 솔선수범하는 직원을 개발할 수 있을 것이라 기대를 안고 애자일 업무 방식을 적극적으로 채택할 것이다.

---

96   https://www.youtube.com/watch?v=uXg6hG6FrG0

97   http://www.mckinsey.com/industries/financial-services/ourinsights/ings-agile-transformation

98   http://www.leanessays.com/2017/01/the-end-of-enterprise-it.html

네덜란드 ING에서 테스트한 애자일 작업 방식은 이제 고유한 지리적 문화를 가진 다른 국가의 ING 조직에서 기능할 수 있도록 확장, 갱신 및 혁신이라는 과제를 안고 있다. 이 회사는 이전에 볼 수 없었던 규모로 '학습하고 적응'해야 한다. 이는 ING의 매우 행동 지향적이며 변화하는 기업 문화에 긍정적이고 근본적으로 영향을 미칠 매우 흥미로운 여정이 될 것이다.

오늘날 ING의 기업 문화는 ING 내부에서 생겨났지만 전 세계 기업에서 행동 강령으로 사용되고 있는 가치와 행동의 집합인 '오렌지 코드(Orange Code)'로 가장 잘 설명될 수 있다. ING의 주요 가치는 정직, 신중, 책임이며 이와 관련된 행동에는 "솔선하여 실현되게 하라", "다른 사람의 성공을 돕는다", "항상 한 걸음 앞서 간다"가 있다. 이 오렌지 코드는 애자일 사고방식을 기존의 기업 문화로 통합하는 데 큰 도움이 되는 애자일 원칙들과 쉽게 연결될 수 있다. ING의 선정 및 평가 프로세스에서 직원들은 개선을 위한 대화를 촉진하기 위해 이 오렌지 코드를 기반으로 순위를 매긴다. 즉, 오렌지 코드를 애자일 원칙과 연결하는 것은 필요한 논의와 성찰을 촉진하기 위한 효과적인 지렛대이다.

평가 시스템이 지속 가능한 성공을 위한 핵심 지렛대이기 때문에 이러한 연계는 매우 중요하다. 모든 애자일 전환에서 성과 관리는 굉장히 어려운 주제이다. 그러나 전 세계 기업 간 애자일 협업으로 확장한다면 성과 관리는 지속적인 성공을 위한 주요 요인이 될 수도 있다.

성과 관리는 그 자체가 피드백 시스템이기 때문에 '자아'에 가깝고 까다롭다. 사고방식은 행동을 이끌고, 행동은 피드백 시스템과 보상 문화의 강한 영향을 받는다. 또한 세계적인 애자일 기업 문화로 발전하기 위해 ING의 혁신은 관련된 모든 사람의 기여도를 평가하는 평가 방식을 혁신해야 한다.

현재까지 ING 직원의 기여도는 앞서 언급한 오렌지 코드의 요소들을 포함하여 직업 경력 프레임워크, 직무 규모, 연간 성과 목표 설정, 코칭, 보상 프로세스를 통해 평가된다. 더욱 발전하고자 하는 본질적인 욕망을 바탕으로 실천을 통해 학습하고 실패를 극복한다는 '성장의 사고방식'과 지속적인 성과 대화(performance dialogue)를 자극하지 않기 때문에, 연간 목표 설정은 본질적으로 '구식이며 애자일과 반대되는' 접근 방식이다. 현재의 성과 관리 프로세스에서는 학습 내용 및 연도 중반 목표 변경 사항을 포함할 수 있는 옵션이 제공되지만, 이 옵션을 위해서는 직원과 관리자 모두가 애자일 사고방식에 대해 깊이 이해하고 있어야 한다. 계획된 문화 변화를 추진하기 위해 ING의 기업 내 평가 시스템은 향후 몇 년 동안 '성장의 사고방식'과 반복적인 '실천 학습'과 관련된 가치를 더 잘 장려할 수 있도록 조정될 것이다.

이미 애자일의 영감을 받은 ING 네덜란드의 부서에서는 평가 라운드에 팀 동의서를 포함시키는 것이 권장된다. 팀은 평가 목표를 집합적으로 정의하고, (진행 중인 성과 대화를 주도할 수 있는 열쇠인) 진행 상황을 추적하며, 평가 기간이 끝날 때에 전체 팀은 그룹 (회고) 세션을 통해 자체적으로 정의된 기준에 따라 순위가 매겨진다. 한 팀의 팀원은 해당 항목에서 모두 같은 점수를 받는다. 정의된 다른 개별 기준에 대한 채점과 함께 최종 평가 점수가 정해진다. ING 네덜란드의 IT 중심 부문에서 승진 결정은 전체 부서의 활동이 되었다. 매년 소위 '성과 측정의 날'에는 IT 부문에서 보고하는 모든 직원은 드라이퍼스 모델(Dreyfus model)의 전문가 수준을 기반으로 부서 전체의 승진 후보 교정을 포함하는 성과 검토 사이클에 참여한다.

이것들은 확실히 좋은 개발이지만, 지금은 고립되어 있다. 인사부는 성과 관리 정책을 세계적으로 표준화하기 위해 노력하고 있지만, 애자일 조직을 지원하는 데 필요한 사항을 완벽하게 파악하려면 시간이 필요하며, 전 세계 기준을 통일하는 데에 중점을 두는 것은 이 회사에 있어 비교적 새로운 현상이기 때문에 시간이 더 소요될 것이다. ING는 다국적 기업처럼 운영된 적이 없다. 지역 ING 사업체는 다소 독립적인 사업체로 관리되어 왔다. 이제 애자일의 영향을 받은 문화를 포함하는 CEO 하머스(Hamers)의 미래 사고(Think Forward) 전략 이후에야 우리는 기업 집단과 국경을 초월한 ING 기업 간의 협업의 이점에 초점을 맞추게 되었다.

또한 애자일 사고방식이 ING의 기업 문화에 체계적으로 뿌리 박혀 있지 않은 한, 현지(국가) 보고 체계가 부서 이기주의 형성을 촉진하여 기업 간 애자일 공유와, 국경을 뛰어넘는 학습 사고방식의 성장을 저해할 수 있다. 이 때문에 ING 현지(국가) 기업의 보고 구조가 국경 간 필요한 협업을 방해할 수 있다. 사고방식의 관점에서 보면, '애자일'의 핵심 원칙이 분명히 상업적 환경에 부합하지 않는 것은 아니지만, 그렇게 생각될 가능성도 있다. 이는 기업의 일부 부문에서, 특히 각 ING 국가 조직 간의 기업 평가 시스템을 포함하는 프로세스뿐만 아니라 사고 및 관련 문화에서 매우 현실적인 패러다임 전환이 필요하다는 것을 의미한다. 이러한 범국가적인 측면은 조직의 모든 수준에서 매우 체계적으로 이러한 변화를 해결해야 하는 또 다른 이유이기도 하다.

전반적으로 애자일 문화를 해치지 않고 체계적으로 장려하는 '성과 관리' 시스템을 정의하는 것은 전 세계적으로 ING의 전사적 애자일을 실현하는 과정에서 극복해야 할 거대하면서도 중요한 장애물이다. 이 기업의 DNA와 성공적인 변화를 빠르게 견인할 수 있었던 위대한 역사를 보면, 우리는 그 울타리를 뛰어넘을 수 있다는 자신이 생긴다. 이 디지털화 기업의 모든 부문과 모든 계층에서 체계적이고 확실한 자율성을 확보한다면, 우리는 은행 서비스를 제공하는 유연하고 고객 중심적인 애자일 IT 회사가 될 것이다.

동등성

제2부에서 우리는 다음의 내용을 살펴보았다.

- 작업을 위해 정보가 필요한 사람들이 정보를 이용할 수 있고 접근할 수 있도록 하라. (투명성)
- 필요한 모든 정보를 공유하라. (투명성)
- 자기 조직화 팀은 주제를 고려하는 데 필요한 모든 정보를 갖는다. (투명성)
- 동등성 창출 : 모든 관련자에게 동등한 목소리를 내도록 한다. (자기 조직화)

조사 : 만약 우리가 전사적으로 투명성을 강조한다면 어떻게 될까?

배경 : 기밀상의 이유로, 혹은 사람들이 알게 되면 무슨 일이 일어날지 장담하지 못하기 때문에 이러한 정보는 종종 비밀로 유지된다. 예를 들어, 대규모 팀을 여러 비즈니스 영역에 초점을 맞춘 4-5개

의 하위 팀으로 분할해야 한다고 가정해 보자. 여러분은 관련된 모든 사람과 공개적으로 토론하고, 스스로 선택한 팀 내에서 팀 분할을 수행하는 방법을 공동으로 개발한다. 하지만, 여기에는 비밀이 있다. 회사 내에 해고는 없지만 해체될 팀들은 존재한다는 것이다. 팀이 해체되었을 때 정확히 무슨 일이 일어날지 아무도 모르고, 인사부는 사람들이 매력적인 제안을 하기 전에 떠날 것을 두려워하기 때문에 이 정보는 기밀이다. 그 사람들 중 일부는 5개의 새로운 하위 팀 중 하나에 참여하기를 원할 것이다. 그렇게 되면 팀 역학이 달라지기 때문에 스스로 선택하는 자체 선택(self-selecting) 과정이 달라질 것이라 예상할 수 있다. 정보가 공개되면 자체 선택이 변경된다. 이 모든 정보가 양 팀에게 알려지면 그 파장은 사전에 일어나지도 않은 일에 대한 소문이 되어 조직에 대한 신뢰와 헌신에 부정적인 영향을 미칠 가능성이 높다. 이 상황은 투명성의 효과를 '실패 용인'의 방식으로 볼 수 있는 기회가 될 수 있다.

가설 : 정보가 투명하게 공개된다면, 그 조직은 상황을 개선하기 위한 아이디어를 개발하도록 모두를 초대함으로써 이익을 얻을 수 있다. 그 결과 신뢰와 헌신의 수준이 높아진다. 위에 제시된 예에서, 만약 우리가 해체되는 팀에게 무슨 일이 일어나고 있는지 말하고, 어떻게 해체 과정을 다룰지에 대한 아이디어를 개발하도록 초대한다면, 그리고 만약 해체될 팀에게 현재 상황을 알려준다면, 떠날 사람은 거의 없고, 직접적인 영향을 받는 다른 부서뿐만 아니라

조직 내 다른 부서 내에서도 신뢰와 헌신의 수준이 상승할 것이다.

실험 : 다음 이슈를 위해, 관련되거나 관심 있는 모든 이를 회의에 초대하라. 이슈에 대한 배경과 제약에 대한 회사의 견해를 명확히 하라. 그 문제를 어떻게 처리할 것인가에 대한 모든 사람의 생각을 수집하여 모든 사람이 동의하는 방식으로 아이디어를 고려하라.

위에 주어진 사례에서, 두 모임이 속한 부서 전체의 사기, 만족도, 그리고 헌신에 대한 사전 측정을 실시하라. 해체되는 단위에 대한 회의를 소집하고, 회사는 모든 사람을 유지하기를 원하며 그들이 매력적이라고 생각하는 새로운 직책을 찾고자 한다는 것을 모두에게 알리고 회사의 약속을 분명히 전하라. 그 목표를 달성하는 방법에 대한 모두의 의견을 모으고 모든 사람이 동의하는 아이디어들로 계획을 세워라. 예를 들어 인사부와 함께 일할 분과 위원회를 구성한 다음, 해체될 팀에서 회의를 열고 이미 개발되었지만 아직 실행되지 않은 자체 선택 과정을 수정하도록 요청하라. 이 과정이 끝나면 사기, 만족도, 헌신도 측정을 반복하라. '어떻게 이 과정을 다르게 처리할 수 있었을까?'라는 질문도 포함시켜라. 얼마나 많은 사람들이 실제로 해체될 단위에서 퇴사하는지 알아보고, 그 이유를 알기 위해 퇴사자들과 심층적인 인터뷰를 진행하라. 그 결과를 검토하기 위해 회고 회의를 개최하라. 이러한 실험이 회사의 다른 분야로 확대되어야 하는가?

실험

제2부에서는 다음의 내용을 살펴보았다.

- 먼저 가설을 정의하고 가설을 중심으로 실험하고 결과를 통해 학습한 후, 그 결과를 다음 가설에 반영하라. (지속적인 학습)
- 고객 중시라는 회사의 목표에 초점을 맞추고 훈련뿐만 아니라 교육 및 조직적인 연구를 촉진하라. 조직적인 연구에는 동료와 학습 내용을 공유하거나 게시하여 결론을 복제하고 검증할 수 있도록 하는 것이 포함된다. (지속적인 학습)
- 실패를 학습 기회로 활용하며 학습을 투명하게 하고 조직 구조의 기능과 무관하도록 만들어라. (지속적인 학습)
- 당신의 일과 결과를 향한 진행 상황을 투명하게 하라. (투명성) 그것은 종종 불편한 정보일 수 있겠지만, 그것에 대해 알지 못한다면 그에 맞는 행동을 할 수 없다. (투명성)
- 정보는 구체적 실행과 같이 검증 가능한 사실에 기초한다. (투명

성)

- 최소 기능 제품(MVP)를 사용하여 시장의 반응을 먼저 확인하라.

(지속적인 고객 중시)

조사 : 좀 더 과학적으로 만들 수 있을까?

배경 : 제2부에서 언급했듯이, 과학적 과정은 가설을 발전시키는 과정의 일환으로 문헌 검색을 할 것을 제안한다. 또한 동료 검토 및 출판을 위해 결과를 작성하고 제출해야 한다. 우리가 아는 한, 자사의 관리 및 지배 구조 시스템과 관련하여 완전한 과학적 과정을 지원하는 회사는 없다. 기술 분야에 과학자를 채용하면 출판과 학술회의 참석을 장려할 가능성은 높지만, 기술 과학자들만 해당 회의에 참여할 것이다. 그 결과, 전 세계 기업들은 서로 고립되어 동일한 교훈을 얻으려고 노력하고 있으며, 사실은 한 회사 내의 단위 조직들은 자신들의 실험으로부터 얻은 결과를 공유하려고 하지 않을 것이다. 이 상황은 말할 필요도 없이 낭비 요소이다.

보사노바(BOSSA nova)의 과정에서는 애자일 얼라이언스(Agile Alliance)만이 과학적 접근 방식에 따른 학습 실험의 교류를 지원하는 것으로 판명되었다.[99] 비욘드버지팅, 오픈스페이스, 소시오크라시는 여러 가지 방식으로 출판을 장려하지만 출판물은 동료 검토

---

99   애자일얼라이언스 경험보고서 참조

를 거치지 않거나 접근이 쉽지 않다. 우리의 경험상, 과학적 출판 과정은 애자일이 광범위하게 사용되는 곳에서만 이루어졌으며, 일부 기업에서만 이를 발견할 수 있었다.

가설 : 관리 관행에 대한 실험을 위해 동료 검토를 거친 사내 저널을 준비하고 회사 내 모든 사람이 실험을 진행하기 전에 이 저널을 검색하도록 권장하면 전사적인 협력 사고가 증가할 것이다. 게다가, 만약 회사에 민감한 정보가 나오지 않도록 주의하면서 이러한 논문들의 발표를 장려한다면, 내부에서도 더 완전한 과학적 과정을 볼 수 있을 것이다.

실험: 관리 관행에 대한 실험 결과를 보고하기 위해 '9개월 이내' 동료 검토를 거친 사내 저널을 준비하라. 그 9개월 동안 관련 기사의 수, 동료 검토에 관심 있는 사람들의 수, 그리고 저널의 조회수가 증가한다면 이후에도 저널을 지속하도록 한다.

조사 : 실패로부터 정말로 배울 수 있는가?

배경 : 일부 최고 경영자들은 우리가 지속적인 학습을 원하지만, 자신의 실패를 기사화하는 것을 꺼리거나 주어진 상황이 불확실해서 배우려고 한다고 주장할 수 있다. 이들은 조직원에게 효과적인 롤모델이 될 수 있도록 이런 '행동을 따르지 말고 지시를 따르라'는 함정에서 벗어날 수 있는 길이 필요하다.

가설 : 이사회를 포함한 최고 경영진이 한 과거의 실수와 그로부터

배운 점, 상황에 대한 불확실성과 그것을 다루기 위해 생각해 낸 가설에 대해 이야기하는 특정 사안에 대한 성명서를 발표한다면, 그 조직은 실패를 받아들이고 학습하는 문화를 발전시킬 수 있다.

실험 : 불편한 정보에 대한 조직의 투명도를 미리 측정하라. 이 측정 방법에는 추상 요약 또는 작업 영역의 플립 차트에만 '공개'된 요약문과 같이 게시된 회고 회의에 대한 현장 검사가 포함될 수 있다. 또 다른 방법은 미완료 작업, 발송 오류, 고객들의 동일한 불만과 같은 반복적인 실수에 대한 평가일 수 있다. 또한 이사회와 최고 경영진의 경우, 반복적인 의제나 주제, 생산적 사고를 위한 의제에 들어있지 않은 반복된 사례와 같이 작은 지표 또는 '깜짝' 경쟁자 등장이나 새로운 시장에서 나타나는 기회의 누락과 같은 더 큰 지표를 확인할 수 있다. 그 다음에 실수, 얻은 교훈, 경험하고 있는 불확실성, 그리고 그 불확실성을 어떻게 조사하고 있는지를 나타내는 세 개의 문장을 두 달 간격으로 발표하라. 변경 사항이 있는지 사전 측정을 반복하라. 만약 변화가 긍정적이면, 이 새로운 행동 방식을 예시하는 사람들을 인식하는 방법을 찾음으로써 새로운 문화를 계속 강화하라.

실험 : 기존의 실험은 더 작은 규모로 진행되었을 수 있다. 예를 들어, 관리자 몇 명이 눈에 뜨는 영역에 플립 차트 몇 개를 게시하는 것으로 자신의 최근 활동에 대한 회고 회의를 개최하고 학습 내용을 게시할 수 있다. 또한 이러한 회의의 결론을 회사 게시판(Wiki)

에 게시하고 전체 역할 및 계층 구조 전반에 걸쳐, 주로 오픈스페이스 양식을 통해서 정기적인 토론을 진행할 수 있다. 효과성의 측정은 비슷할 수 있다.

성찰

재귀적 조사(reflexive inquiry)[100]의 기술을 개발하기 위해 제2부 제 4장 지속적인 학습[101]에서 다룬 '인간 시스템 역학 적응 활동(Adaptive Action from Human Systems Dynamics)'의 형식을 따르기를 제안한다.

잠시 시간을 내어 이번 장에 수록된 '무엇인가'에 대한 여러 가지 조사들을 다시 떠올려보기 바란다.

·············· (이 점들은 당신이 생각하는 동안 기다리고 있다는 의미이다.)

그 조사들에서 얻은 통찰은 '그래서 무엇인가'? 다시 한 번 다음을 살펴보자.

·············· (잠시 기다리겠다.)

주어진 상황에서 다음 단계로 고려해야 할 것은 '이제 무엇인가'? 어떤 것이 당신의 현재 상황을 가장 잘 말해주는가? 그런 것들을 시

---

100   스테이시 참조
101   어양과 홀러데이도 함께 참조

도할 계획은 무엇인가?

············· (잠시 기다리겠다.)

잠시 후 다음 장에서 다시 생각해 보자!

제2장

구조

도구적 관점에서 볼 때, '기업은 조직을 가지고 있으며', 이는 회사의 구조에 반영된다. 이제 전사적 애자일 구현이라는 구조에 미치는 영향에 대해 알아보고자 한다.

교차 기능 팀

제2부를 요약하면 다음과 같다.

- 필수적이고 다양한 모든 관점을 포함하기 위한 교차 기능으로, 관점의 다양성은 공동의 목적과 균형을 이루어야 한다. (자기 조직화)
- 고객 중시를 여러 다양한 관점에서 이해할 수 있도록 교차 기능 팀을 활용하라. (지속적인 고객 중시)
- 자기 선택 팀/그룹을 기반으로 개인의 지혜와 그들의 상호작용에 대한 신뢰를 강조한다. (자기 조직화)

조사 : 교차 기능은 실제로 유용한가?

배경 : 전통적인 조직에서는 위기의 순간에 그 위기에 대해 아는 모든 사람으로 구성된 대책 위원회(TF)를 만들어 문제 해결의 전권을 부여했을 때에만 교차 기능이 나타나는 경우가 많다.

가설 : 우리는 교차 기능 대책 위원회가 위기를 해결하는 데 어떻게 도움이 되는지 알고 있으니, 그것을 정기적으로 실행하는 것은 어떨까?

실험 : 지속적이며 중요도는 높지만 위기까지는 아닌 문제를 식별하여 관련 전문 지식을 가진 교차 기능 팀을 구성할 수 있도록 지원하고 이들에게 문제를 해결할 수 있는 강력한 권한을 부여하라. 다시 말해, 그들은 관리자의 전폭적인 지원을 받고, 관리자는 형식적인 절차들이 방해가 되지 않도록 한다. 문제 해결이 팀이 공유하는 유일한 목표여야 한다. 다른 문제를 '비교 문제'로 식별하고 이를 해결해야 하는 현재의 책임을 변경하지 마라. 교차 기능 팀이 관여하지 않은 문제에 비해 얼마나 빠르고 어떤 품질로 문제를 해결할 수 있는가? 교차 기능 팀이 투자한 시간이 문제의 가치만큼 가치가 있었는가? '비교 문제'보다 더 빨리 문제가 해결된다면, 그 시간의 가치는 무엇이었는가? 성공할 경우, 교차 기능 팀 개념을 어떤 다른 방법으로 시도할 수 있는가?

고객과의 관계

제2부에서는 다음을 확인했다.

- 고객과 양방향 관계를 구축하라. (지속적인 고객 중시)
- 양방향 관계를 유지하기 위해 제품 책임자 기능 구축을 고려하라. (지속적인 고객 중시)

조사 : 성찰 회의로 고객 관계를 개선할 수 있는가?

배경 : 저자들의 경험상, '고객 중시'의 시간이 없다면 사실일지 알수 없는 고객에 대한 추정을 하게 된다. 어떤 업종이건 우리가 고객에게 얼마나 잘 응대하고 있는지를 심사숙고하는 성찰의 시간이 부족한 듯 보인다. 그 결과, 고객과 돈독한 관계를 유지하는 것이 불가능하다.

가설 : 앞에서 당신에게 시간을 내어 성찰해 보라고 했던 것처럼, 조직의 모든 수준에서 정기적인 성찰 회의를 개최하면 고객 서비

스의 질이 향상될 것이다.

실험 : 조직의 몇몇 특정 단위는 해당 단위가 고객에게 얼마나 서비스를 잘 제공하는지 성찰하기 위한 정기적인 회의를 개최하라. 제품 책임자가 참석하거나 해당 역할을 수행할 사람을 지정하라. 더 나은 서비스를 위해 어떤 적응이 필요한지 결정할 때 오직 동의에 의한 결정을 내려라. 가능하다면, 제품 책임자가 참석하는 성찰 회의가 아닌 다른 관련 단위의 회의를 대조군으로 지정하라. 순 추천 고객 지수(net promoter score), 포커스 그룹 등과 같이 일반적으로 사용하는 고객 만족도 측정 도구를 사용하여 실험군과 대조군의 결과를 비교하라. 결과가 긍정적이면 제품 책임자 기능 및 성찰 회의의 사용을 확대하는 것을 고려하라.

이 실험의 변형은 고객을 대표하는 페르소나를 사용하는 것이다.

피드백

구조가 없으면 피드백도 없다. 구조는 피드백을 주고받게 만들 수도 있지만 막기도 한다. 따라서 피드백에는 다양한 팀, 역할, 계층 구조를 아우르는 지속적인 학습을 가능하게 하는 자체 구성이 필요하다.

이중 연결

제2부에서 우리는 다음의 내용을 살펴보았다.

- 일반적인 하향식 링크와 비교하여, 계층 구조에서 피드백 루프를 구축하는 상향식 링크를 만들기 위한 이중 링크가 필요하다.
  (자기 조직화)
- 이사회가 고객의 의견과 측정 결과에 개방적일 수 있도록 하라.
  (지속적인 고객 중시)

- 구조는 직원의 대표자가 이중 연결의 대표인 이사회에서 정회원으로 활동하도록 하며, 고객에 대한 다른 관점을 가진 외부 대표도 참여하도록 해야 한다. (지속적인 고객 중시)
- 주주(이사회)가 프로세스에서 배제되지 않도록 포함시켜라. (지속적인 고객 중시)

조사 : 우리 이사회는 이사회의 업무를 방해하지 않으면서 CEO와 차하위 조직에서 선출된 서클의 대표들을 이사회에 둘 수 있는가?

배경 : 이사회에 누가 오를 수 있는지에 대한 철학과, 심지어 법적 제약도 많이 있다. 예를 들어, 전통적인 법인 이사회의 회원 자격은 주주의 대표들뿐이다. 일부 비영리 이론가들[102]은 CEO가 이사회의 구성원이 아닌 이사회의 하인이 되어야 한다고 단호하게 주장하기도 한다. 그러나 애자일을 갖추기 위해서는 이사회가 주주뿐 아니라 이해 관계자들로부터 무시할 수 없는 피드백을 받아야 한다. 이사회가 서로 다른 구성원을 포함시켜 협업 능력을 높이는 데 관심이 있다고 해도 내규 상 금지된다고 느낄 수 있다. 그러나 이사회는 '전원 위원회(committee of the whole)'로 알려진 의회 장치를 사용하여 실험의 여지를 만들 수 있다. 이사회라면 위원회를 설립할 수 있고 그 위원회는 이사회의 구성원이 아닌 사람들을 포함시킬

---

102 카버(Carver) 참조

수 있다. 전원 위원회는 모든 이사진을 포함하고, 위원회 회의를 통해 비이사회 구성원들 또한 완전히 참여할 수 있다.

가설 : 구조와 회원 자격의 변화가 규정이나 내규에 의해 금지되는 것처럼 보이더라도 이사회는 '전원 위원회'를 이용하여 그러한 변경을 실험할 수 있고 이를 통해 이중 연결의 사용을 쉽게 실험해 볼 수 있다.

실험 : 전원 위원회를 구성하라. 두 개의 이중 연결인 CEO와 선출 대표들, 그리고 조직 환경의 주요 부문의 외부 전문가 몇 명을 초대하라. 동의에 의한 결정을 내려라. 각 회의가 끝날 때마다 1분 간 공식 이사회를 열어 전원 위원회의 결정을 채택하기 위해 회원들이 투표한다. 적어도 세 번의 이사회에 대해 이 형식을 사용하여 각 회의를 신중하게 평가하라. 평가가 긍정적일 경우 전원 위원회에서 사용한 새로운 구성과 의사 결정 방식을 채택하도록 내규를 변경하는 방안을 살펴본다.

소시오크라시 그룹의 피터르 판 데 메헤Pieter van der Meché가 전하는 통찰

동의 원칙만으로는 조직 차원의 협력이 활성화되기 어렵다. 운영장[103]과 선출된 서클 대표 사이에 이중 연결고리가 있어야 한다. 이

---

103   소시오크라시에서는 팀장, 사업부장, 본부장 등과 같이 해당 업무의 책임자를 운영장이라 칭한다.

는 특히 논란이 되는 주제를 중심으로 조직 계층 간의 긴장을 드러내고 유도를 하는 데 중요하다. 어떤 경우에는 조직의 경영진이 2주 이내에 노조와 사회적 계획에 서명해야 했다. 이 계획은 먼저 해고되는 직원들의 연금 등에 큰 영향을 미쳤다. CEO는 자신의 경영진과 상의했을 뿐이며, 그 내용은 총서클에서 공유되지 않았다. CEO는 임박한 마감일 때문에 그것을 안건으로 상정하기를 망설였다. "서클 대표 중 한 명이 결정적 반대 의견을 가지고 있다면? 그것을 다룰 시간이 없다." 그렇더라도 나는 회의에서 그 문제를 제기하고, 시간이 부족한 상황을 설명하라고 CEO에게 조언했다. 이런 중대한 사안을 서클 안에서 다루지 않는 것은 경영진이 소시오크라시의 구조를 진지하게 받아들였는지에 대한 의심과 불신의 원인으로 간주될 것이기 때문이다. 그녀는 나의 충고에 따라 그 문제를 언급하고 상황을 설명했다.

1차 회의에서는 서클 대표들이 그 계획을 이해하지 못했고, 조직의 재정 상태가 이렇게 나쁜 줄도 몰랐다는 점이 분명했다. 그들은 충격을 받았다. 그들은 또한 사회적 계획이 동료들에게 미칠 수 있는 피할 수 없는 부정적인 결과에 대해 공동 책임을 질 것이기 때문에 그들 자신에 대한 동료들의 반응도 두려워했다. 어쩌면 이것은 그들이 연루되어서는 안 될 부분이었을지도 모른다. 내가 끼어들어 이렇게 말했다. "여러분이 회의를 떠나거나 이 주제에 대한 의사 결정에 참여하지 않을 수 있다. 그러나 그것은 여러분의 의사 결정권을 남아 있는 사람들에게 위임한다는 의미이다. 그건 괜찮지만 동료들에게 설명해야 할 부분이기도 하다. 최종 결정에 본인의 동의가 필요하지만, 그렇게 결정하지 않고 다른 사람이 본인 대신 결정하도록 했다고 그들에게 설명하라. 이는 또한 당신이 소속된 서클의 의사 결정권을 포기한다는 것을 의미하기도 한다."

서클 대표들은 남아있기로 결정했고, 심지어 조직을 구하기 위해 필요하다면 기꺼이 그 계획에 동의하겠다고 했다. 그들은 동료들도 화가 나 있을 것이고, 그들을 진정시키는 데 몇 달이 걸릴 수 있다고 예상했다. 서클 대표들이 어려움을 겪는 것을 보고 CEO는 시간을 벌기 위해 노조 측에 마감 시한을 변경해 달라고 제안했다. 그러나 어떻게 하면 일자리를 구하기 위해 힘을 합쳐 조직의 나머지 구성원들에게 메시지를 전달할 수 있을까? 서클 대표들은 전 직원을 대상으로 CEO가 조직이 처한 어려움에 대해 설명하고 사회적 계획을 설명하는 자리를 제안했다. 회의 후에는 각 서클에서 직접 논의하는 시간을 갖고 대표 · 지도부가 총서클 회의 때 가지고 올 수 있는 정보를 제공해 건전한 결정을 내리도록 했다. 이에 대해 동의를 얻어 실행하고, 결국 해결할 수 있었다.

여기서 배울 점은 무엇인가? 무엇보다도, CEO나 경영진은 목표를 실현하는 데 필요한 중요한 정보를 놓쳤다. 첫째, 그들은 자신들이 이끄는 사람들의 반응을 모르거나 과소평가했다. 둘째, 이러한 정보를 의사 결정 과정에 반영하고 결과를 개선할 수 있었던 것은 서클 대표, 서클 회의, 동의 원칙의 결합이었다. 셋째, 결정을 효과적으로 내리기 위해서는 스스로 정한 마감일에만 집중할 것이 아니라, 잘 설계되고 수용적인 결정을 내리는 데 걸리는 시간을 고려해야 한다.

이 경우 일반적인 의미가 있는 또 다른 배울 점이 있다. '그 이슈를 결정하기 위해 생각을 공유하라.' 여기서 CEO는 중요한 사안을 서클 안으로 가져오기를 망설였다. 또한 서클 대표들은 문제를 함께 해결하고 공동으로 책임지기를 주저했다. 이들은 모두 의사 결정 및 결정에 대한 책임을 공유하기 위한 과정이 필요했다. 그들이 이 과정을 거쳤을 때, 더 나은 결정과 더 나은 협력을 만들어 낼 수 있는 능력이 생기고 결국 좋은 결과를 만들어 낼 수 있었다. 그것은 소시오크라시가 가져올 수 있는 중요한 변화 중 하나이다. 우리는 '규약'에 서명하거나 훈련을 따른다고 해서 이러한 변화가 한 번에 이루어지지 않는다는 것을 경험으로 알고 있다. 여기에는 이와 같은 과정을 직접 겪은 경험이 풍부한 공인 소시오크라시 전문가들의 지원이 필요하며 시간이 소요되는 과정임을 기억해야 한다.

다중 이해 관계자

제2부에서는 다음과 같이 설명했다.

- 다중 이해 관계자의 기업 지배력을 확립하라. 다중 이해 관계자

환경을 구축하기 위한 구체적인 법적 구조를 제공하여 이러한 근본적인 문제를 해결하라. (지속적인 고객 중시)

조사 : 법적 구조를 바꿔야 하는가?

배경 : 본 장의 앞부분에서 제안하는 바와 같이 CEO, 선출된 대표자들, 그리고 외부 이해 관계자를 이사회에 참여시키는 실험을 했다면 그 다음 단계로 넘어가 이런 방식을 당신의 법적 구조에 장착하고 싶을 것이다. 법적 구조를 바꾸는 실험은 규모가 크고 비용이 많이 들며, 결과를 예측할 수 없고, 한 번 시행되면 돌이키기 어렵기 때문에 많은 품이 든다.

가설 : 우리가 보사노바의 원칙을 반영하도록 법적 구조를 바꾼다면, 직원들의 열정과 회사에 대한 헌신을 상승시키는 것에 큰 도움이 될 것이다.

실험 : 스스로 직접 실험하기 어려운 경우 '간접' 실험을 수행하기 위한 방법으로 비공식 네트워크를 사용해볼 수 있다. 당신의 비즈니스 네트워크 안에서 대화를 나누는 것이 실험하는 것이나 동일한 효과를 가져올 수도 있다. 다음은 당신의 회사에서 고려해 볼만한 법적 구조의 실험 사례들이다.

- 공익 기업(Benefit corporations) : 지역 기업의 적대적 인수에 의해 발생할 수 있는 피해를 최소화하기 위해 미국의 많은 주

(State)에서 공익 기업이라고 알려진 형태의 기업을 만들었다. 이러한 법적 형식은 측정 가능한 이익을 사회에 제공하는 기업이 주주 대표자가 아닌 사람을 이사회에 앉힐 수 있도록 허용하고, 반드시 주주의 이익에 부합하지 않는 결정이더라도 사회의 이익을 위한 결정을 내릴 수 있게끔 한다.

- 폭스바겐법(Volkswagen Act) : 니더작센주는 20.2%의 의결권 지분을 보유하고 있어 지분 규모에 관계없이 주요 결정에 거부권을 행사할 수 있고 다른 주주의 인수를 막을 수도 있다. 이것은 또한 니더작센 정부가 폭스바겐의 이사회에 2명의 위원을 임명할 수 있도록 허용하고 있다.[104]

- 소시오크라시는 전통적인 영리 법인이 하나 또는 최소 수량의 지배 지분을 발행하는 이중 법인을 추천한다. 재단이 그 지분을 통제하고, 다른 종류의 지분은 배당을 받을 수 있지만 지배력이 약하다. 재단 이사진과 법인 이사회의 구성원은 동일하며 각 안건에 대해 동일하게 투표할 것임을 확인한다. 두 위원회 모두 동의에 의한 결정을 내린다. 따라서 기업은 본질적으로 자신을 소유하고 적대적 인수를 피할 수 있다.

- 유한 책임 회사(LLC)는 기업의 법적 책임 보호를 제공하는 동반자이다. 미국에서 유한 책임 회사 구조는 국가에 의한 규제가

104　폭스바겐법 참조

최소화되어 있다. 따라서 유한 책임 회사는 구성원이 원하는 대로 회사 내규에 준하는 운영 약정서를 작성할 수 있다.

- 네덜란드에서는 기업이 소시오크라시로 구조화되면 노동자 협의회를 요구하는 의무 조항에서 면제된다. 이중 연결을 통해 모든 직원이 정책의 의사 결정에 참여할 수 있기 때문이다.

만약 당신이 연구에서 매력적인 대안을 발견한다면, 새로운 법률 구조의 구체적인 특징들을 조사할 수 있는 방법들이 있을 것이다. 예를 들어, 위에서 논의한 '우리 이사회는 이사회의 업무를 방해하지 않으면서 CEO와 차 하위 조직에서 선출된 서클 대표들을 이사회에 둘 수 있는가?' 같은 조사가 그런 사례이다.

데브옵스 연구 및 평가 기업^{DORA, DevOps Research and Assessment LLC}의 제즈 험블^{Jez Humble}이 전하는 통찰

대기업에서 애자일 방법을 채택하는 데 있어 공통적인 장애물은 '조달'이다. 미국 연방 정부는 계약된 IT 프로젝트에 매년 860억 달러 이상을 지출하고 있다. 대부분의 프로젝트는 수억 달러의 비용이 들고, 구축하는 데 5~10년이 걸린다. 계약이 완료되면, 이러한 시스템은 지연 혹은 목적에 부합하지 않는 시스템을 실행하거나, 납품 시점에는 구식인 기술을 사용하는 경우가 많다.

연방 정부의 일부 팀들은 프로젝트를 하나의 큰 묶음으로 제공하기 보다는 '모듈식 조달(modular procurement)'이라고 알려진 방법을 사용해 왔다. 이 패러다임에서 각 계약은 규모가 작고 보통 6개월 정도 지속되며 가치 제공 작업을 점차 늘려간다.

미국 연방 조달국 내 컨설팅 팀인 18F는 '애자일 일괄 구매 계약 (BPA)'으로 알려진 계약 수단을 만들었다. 이 계약에 따라 작업을 수행할 수 있으려면 수일 안에 깃허브(GitHub, 깃이라는 버전 관리 시스템을 공유하는 웹 호스팅 서비스 - 옮긴이)에서 공개되어 사용할 수 있는 코드를 이용하여 프로토 타입을 제작해야 했다.

애자일 일괄 구매 계약에 따라 계약을 체결하고, 비욘드버지팅 원칙에 따라 미 연방 조달국은 공급업체와 협력하여 요청에서 계약 개시까지 몇 개월이 아니라 몇 주 안에 완료할 수 있으며, 작업 시스템을 몇 년이 아니라 몇 개월 안에 실행할 수 있다. 또한 추가적인 업무 지시를 통해 시스템 확장 및 개선도 가능하다. 애자일 일괄 구매 계약을 통해 생성된 모든 소프트웨어는 오픈 소스여야 하며, 모든 개발은 공공 컨트롤 리포지터리(control repository)에서 이루어져야 한다.[105]

'https://ads.18f.gov/'에 게시된 다음의 새로운 권고 사항이 애자일 일괄 구매 계약을 잘 설명하고 있다. "우리에게 가장 중요한 것

---

105 애자일 일괄 구매 계약을 통해 개발된 초기 제품의 리포지터리는 https://github.com/truetandem/fedramp-dashboard에서 확인할 수 있다.

은 고품질 작업 소프트웨어를 제공할 수 있는 능력이다. 우리는 더 짧은 기간, 더 적은 금액, 사용자 중심의 설계 원칙을 특징으로 하는 작업 명령을 내릴 계획이 있다." 모듈식 조달에 대한 자세한 내용은 https://modularcontracting.18f.gov/에서 확인할 수 있다.

지원이 아니라 생산이 기업을 이끈다

제2부에서 우리는 다음의 내용을 살펴보았다.

- 고객에게 직접 서비스를 제공하는 부서를 지원하는 부서는 서로 통제하지 않고 협업해야 한다. (지속적인 고객 중시)

조사 : 생산 팀과 지원 서비스 팀 사이의 긴밀한 파트너십을 구축하는 것이 가치가 있는가?

배경 : 품질 관리, 인사, 재무, 보안 등 많은 지원 서비스 팀들은 지원보다는 통제하려 하고 생산 과정에 너무 늦게 투입되는 경향이 있다. 고객에게 직접 서비스를 제공하는 팀이 보기에 지원 서비스 팀은 당장 해야 할 일이나 특정 고객에게 필요한 것이 아니라 엄격한 체크 리스트로만 운영된다는 인상 때문에 불공평하다는 느낌을 받을 수 있다.

가설 : 지원 서비스 팀이 생산을 자신들의 직접적 고객으로 이해하고 있거나, 다른 상황에서는 생산 팀이 지원 서비스 팀을 자신의 직접적 고객이라고 인식하고 있는 경우, 회사의 외부 고객에게 서비스를 제공하기 위해 생산 팀과 협력하는 데 보다 적극적으로 대처할 수 있다.

실험 : 특정 프로젝트의 경우, 프로젝트 초기에 생산에서 해당 지원 서비스 팀을 이해 관계자로 초대한다.[106] 그리고 지원 서비스 팀에게 무엇이 필요한지 알려달라고 요청한다. 다른 고객들과 마찬가지로 이러한 요구 사항의 우선순위를 정하라. 모든 프로젝트 회고에서 "지원 서비스 팀과 생산의 관계는 어떤가?"라고 질문하여 결과를 측정하라. 실험용 저널이 작성될 수 있도록 그들의 여러 의견을 자세히 기록하라. 이런 의견들을 바탕으로 소요 시간 또는 대기 시간과 같은 정량적 측정을 시도할 수 있다.

이런 고객과의 실험에서, 저자들은 지원 서비스 팀이 "처음으로, 우리의 업무가 높이 평가받는 것 같다"라고 말하는 것을 들은 적이 있다. 한편, 생산 팀은 지원 서비스 팀을 더 이상 골칫거리로 여기지 않았고 회사의 외부 고객에게 서비스를 제공하는 파트너로 인식하게 되었다.

---

106 라르센(Larsen)과 니스(Nies) 참조

성찰

재귀적 질문[107]의 기술을 개발하기 위해 우리는 제2부 제4장 지속적인 학습[108]에서 다룬 '인간 시스템 역학 적응 활동(Adaptive Action from Human Systems Dynamics)'의 형식을 따를 것을 제안한다.

이번 장에서 다룬 조사들이 무엇이었는지 시간을 내어 생각해보자.

‥‥‥‥‥ (이 점들은 당신이 생각하는 동안 기다리고 있다는 의미이다.)

그 조사들에서 얻은 통찰은 '그래서 무엇인가'? 다시 한 번 다음을 살펴보자.

‥‥‥‥‥ (잠시 기다리겠다.)

주어진 상황에서 다음 단계로 고려해야 할 것은 '이제 무엇인가'? 어떤 것이 당신의 현재 상황을 가장 잘 말해주는가? 그런 것들을 시도할 계획은 무엇인가?

---

107   스테이시(Stacey) 참조
108   어양과 홀러데이 참조

············· (잠시 기다리겠다.)

잠시 후 다음 장에서 당신을 만나보겠다!

제3장

프로세스

기능적 관점은 '회사가 조직된' 방식을 말한다. 여기서는 일상 업무를 지시하는 프로세스와 절차를 살펴보겠다.

회의 기술

제2부에서 우리는 다음의 내용들을 확인했다.

- 프로세스 및 구조를 실제 요구에 맞게 조정하기 위한 회고 (자기 조직화)

- 동등성 형성을 위한 동의에 의한 의사 결정 절차 : 모든 관련자에게 동등한 발언권을 제공하라 (자기 조직화)

- 주제에 대해 관심을 갖는 모든 사용자가 회의에 참석하도록 초대하거나 심지어 회의를 주최할 수 있는 공개회의를 구성하라. 완전히 새로운 것들이 등장할 수 있고, 일정은 그 우선순위에 따라 변할 수 있다. (자기 조직화)

- 솔루션을 개발하기 전에 관련 정보를 수집하기 위해 큰 그림을 먼저 그려라. (투명성)

- 프로세스는 각 이사회 회의에 고객의 피드백을 포함시켜야 한다. (지속적인 고객 중시)

조사 : 집단 성찰이 문제 해결 능력을 향상시킬 수 있는가?

배경 : 당면한 과제나 기회와 같은 현재의 상황과 맥락을 제대로 이해하기도 전에 성급히 해결책을 찾으려는 경우가 많다. 증상만 해결하거나 실제로 가지고 있지 않은 문제를 해결하는 등의 혼란스러운 상황에 처하게 되고, 진짜 문제들은 계속해서 생겨나고 있다. 예를 들어, 우리 저자들은 소프트웨어 개발에서 각 스프린트가 끝날 때마다 회고를 진행하면서 기본적으로 동일한 문제가 계속 검토되는 상황을 발견했다.

해결책을 찾기 전에 큰 그림을 그린다는 원칙은 공통의 이해가 필요하다는 말이다. '윤곽잡기'는 기본적으로 집단 성찰을 의미한다. 집단의 '윤곽 잡기'에는 '케프너-트레고 방법', '긍정 탐구(appreciative inquiry)', 'SWOT(강점, 약점, 기회, 위협)'[109] 및 조직 시스템을 이해하고 단순화하기 위한 '실용적 시스템 모델(Viable System Model)'[110] 등 다양한 도구가 있다. 소시오크라시는 각자가 상황에 대한 견해를 차례로 '돌아가며' 설명하고, 의견을 플립 차트에 기록하고, 의견을 정리하고, 그룹이 '지금으로서 괜찮은' 윤곽을 잡게 되었는지 확인하는 하나의 절차를 거친다. '윤곽 잡기'는 해결책을 찾는 과정이 아닌, 해결하고자 하는 문제의 정체가 무엇인지, 찾고

---

109   멀더(Mulder), 쿠퍼라이더(Cooperrider), 그리고 SWOT 참조

110   비어(Beer) 참조

자 하는 해결책이 갖추어야 하는 요건이 무엇인지를 규명하는 과정으로, 소시오크라시에서는 윤곽 잡기를 먼저 한 후 해결책을 탐색한다.

가설 : 기회나 과제를 해결하는 첫 단계로 윤곽 잡기를 엄격하게 시행한다면 팀은 문제를 정확하게 파악할 수 있을 것이다.

실험 : 회사 또는 유닛의 단면을 대표하는 두 팀을 실험군과 대조군으로 구분한다. 실험을 시작하기 전에 각 그룹에게 결정을 내리는 방법과, 의사 결정이 얼마나 효과적이라고 생각하는지에 대해 동일한 질문을 한다(사전 측정). 예를 들어, 의견을 말할 수 있는 기회에 대해 1부터 7까지의 리커트 척도(Likert scale, 응답자가 제시된 문장에 대해 얼마나 동의하는지를 답변하도록 하는 조사 방법 – 옮긴이)를 사용할 수 있다. 실험군에게 '윤곽 잡기'에 대한 방법을 알려주고 대조군은 평소 하던 방식대로 비슷한 분량의 문제 해결 활동을 하도록 안내한다. 실험군에 대한 교육과 대조군의 활동이 끝나면 각 그룹에 사전 측정과 같은 질문을 다시 던진다(사후 측정).

한 달 뒤 양 팀의 전반적인 문제 해결 과정을 실시하면서 사후 측정을 반복한다. 결과가 긍정적이면 더 많은 팀과 실험을 반복하여 결과를 검증하고 이사회를 포함한 모든 팀들이 '윤곽 잡기'를 실행하기 위한 토대를 마련하라.

조사 : 각 이사회 미팅에 고객 피드백을 포함하려면 어떻게 해야 하는

가?

배경 : 이사회의 모든 결정이 고객에게 최선인 것은 아니다. 예를 들어, 한 국제 전문 기구는 대중들에게 가까운 변호사를 찾을 수 있도록 도움을 주는 정교한 웹사이트를 통해 자신들의 고객인 특별 자문 과정 변호사를 홍보하고 지원하고 있다. 그런데 이사회는 웹사이트 관련 예산을 삭감하여 비용을 절감하기로 결정했다. 그 조직의 관리자는 이사회에게 그렇게 하면 안 된다고 경고했으나, 그 결과는 관리자가 예측한 대로 엄청난 고객 불만으로 나타나고 말았다. 절반 이상의 고객이 떠났고 조직은 위기에 빠졌다.

가설 : 각 결정이 확정되기 전에 이사회가 "고객이 이번 결정에 어떤 영향을 받을까?"와 같은 질문을 통해 결정에 대해 한 번 더 생각해본다면, 결정의 질이 향상될 것이다.

실험 : 제안을 공식적으로 채택하기 전에 이사회 퍼실리테이터는 참석한 각 담당자에게 "고객이 이 제안된 결정에 대해 어떻게 인식하고 영향을 받을 것이라고 생각하는가?"라고 질문한다. 이사회 구성원이 고객에게 미치는 긍정적인 영향에 대해 의구심을 표하면 퍼실리테이터는 결정을 재고할 것을 권고한다. 미팅이 끝날 때 퍼실리테이터는 각 참가자에게 "고객 중시에 대한 질문이 의사 결정의 질에 어떤 영향을 미쳤는가?"라고 질문하여 미팅에 대한 평가를 이끌어 낸다. 효과가 긍정적인 경우, 이후 진행되는 미팅에서도 이 기술을 계속 사용하라.

고객 이해

제2부에서는 다음의 내용들을 확인했었다.

- 생산 프로세스 전반에 걸쳐 고객이 제품을 통해 배울 수 있도록 하고 회사는 고객을 통해 배울 수 있도록 하라. (지속적인 고객 중시)
- 최종 사용자의 요구를 관찰하고 이해하라. 이러한 이해를 보장하기 위해 페르소나의 개념을 사용하라. (지속적인 고객 중시)
- 제품 또는 서비스가 최종 사용자의 문제를 해결하는 데 어떻게 도움이 되는지 파악하기 위해 시나리오 또는 사용자 사례를 작성하라. (지속적인 고객 중시)
- 올바른 것을 생산하기 위해서는 조기에 자주, 그리고 끊임없이 고객으로부터 피드백을 받아야 한다. (지속적인 고객 중시)

조사 : 고객이 우리에게서 무엇을 배울 수 있으며, 이러한 점이 고객에

게 매력적일까?

배경 : 소프트웨어 업계는 애자일을 사용하여 고객 학습을 구축하는 데 전문가가 되었다. 고객은 스프린트 종료 시점에 제공되는 임시 소프트웨어 제품을 사용하여 자신의 요구 사항에 대한 이해를 높인다. 고객은 어떻게 하면 제품이 프로세스를 더 잘 지원할 수 있는지에 대한 다양한 아이디어를 고민하며 동시에 배운다. 고객은 심지어 프로세스 개선 방법에 대한 통찰력을 얻을 수도 있다.

그 외의 비즈니스 영역, 특히 식당이나 의료 사업과 같은 확립된 패턴이 있는 전통적인 비즈니스 영역에서 이러한 경험을 고객에게 제공하는 방법은 명확하지 않다. 그러나 저자들은 고전적인 사업에서 확인한 몇 가지 혁신 사례를 아래와 같이 정리했다.

- 한 식당에서는 음식 주문을 받기 전에 손님들에게 "감사함을 느끼는 사람의 이름을 말해 주세요."라고 요청한다. 이렇게 하면 학습이 발생하고 깊은 성찰로 이어져, 식당의 손님들이 대화하거나 주문하는 방식이 바뀌며 서로의 가치에 대한 새로운 통찰력을 얻게 될 가능성이 높아진다.
- 어떤 노인 요양 시설은 농장에서 식탁으로 직접 음식을 전달한다. 이 시설은 주민을 농장으로 이송해 농가 운영 상황을 관찰하고 원할 경우에는 농장일도 함께 할 수 있게 해 준다.
- 어느 신발 회사는 디자인 과정에 고객을 참여시키고 심지어 고

객이 자신의 신발을 디자인하도록 한다. 고객은 자신이 걷는 방법과 신체적 특성에 대해 더 깊이 이해할 수 있게 된다.

- 일부 신용카드 기관에서는 고객이 신용카드 청구서를 받을 날짜를 설정할 수 있다. 이러한 권한 부여는 고객이 신용 기간을 변경할 수 있음을 의미한다. 일부 기관에서는 신용 상한선을 규정할 수 있도록 하여 일부 고객이 자신의 여력 이상으로 지출하지 않도록 돕고, 추가적으로 카드를 분실했을 경우 악용 위험까지 낮춘다. 고객들은 자기 책임감을 키울 수 있도록 자신의 재정적인 필요와 소비 습관을 성찰할 기회를 갖는다.

이러한 다양한 시나리오에서 페르소나는 기업이 고객에 대해 배우고 그들을 위한 아이디어를 도출하는 데 도움이 된다.

가설 : 고객에게 비즈니스 프로세스와 상호 작용할 수 있는 기회를 제공하고, 고객이 동일시 할 수 있는 페르소나를 소개하며, 학습 기회를 창출함으로써 고객은 더욱 적극적으로 참여하고, 충성도를 높이며, 반복적인 비즈니스를 수행할 수 있다.

실험 : (잠재) 고객을 생각해 보라. 고객의 어려움을 이해하기 위해 고객을 방문하여 고객과 대화하고, 그것이 어렵다면 고객을 관찰하라. 학습을 제공할 수 있는 프로세스에 고객을 참여시키는 방법을 정하거나 고객을 구체화한 페르소나를 만들고 고객의 어려움을 해결하는 데 도움이 되는 시나리오를 작성해 보라. 린 스타트업 프

로세스를 사용하여 고객에게 소개할 수 있는 최소 기능 제품을 확인하라.[111] 당신과 당신의 고객이 실제로 배우고 있는지 확인하기 위해 A/B 테스트를 구성하여 실행하라. 그 학습이 당신의 제품이나 서비스에 대해 당신과 당신의 고객들 사이에 더 강한 유대감을 만들어 주는가?

111 리스(Ries) 참조

생산

제2부에서 우리는 다음을 확인했다.

- 가치 흐름 분석을 통해 파악된 대로 고객에게 초점을 맞추지 않은 활동 및 프로세스를 삭제하거나 최소한으로 감소시켜 낭비되는 시간을 줄여 고객의 대기 시간을 줄여라. (지속적인 고객 중시)

조사 : '물 흐르는 듯한' 프로세스를 가질 수 있을까?

배경 : 대기 시간이 고객에게 중요한 과제인가? 대부분의 고객은 기다리는 것을 좋아하지 않으며, 타사와 다른 경쟁력을 갖추기 위해서 대기 시간은 단축되어야 한다. 제품을 고객에게, 또는 서비스를 고객 파이프라인에 효율적으로 전달하기 위한 재고 관리 및 운영 연구에 초점을 맞춘 전문 분야가 있다.[112] 일상생활에서 줄을 서

---

112 라이커(Liker)와 포펜딕(Poppendieck) 참조

야 해서 답답했던 경험이 있을 것이다. 반대로, 힘들이지 않고 어려운 동작을 해내는 프리마 발레리나처럼 일이 순조롭게 진행되는 상황이 생겼던 적도 있을 것이다. 무엇이 차이를 만드는지 분명하지 않을 수 있지만, 프로세스를 쉬운 흐름의 상태로 만들기 위해서는 댄서와 같은 훈련이 필요하다. (마치 보사노바 댄서처럼?)

흐름은 단순히 대기 시간을 없애는 것이 아니다. 가끔은 흐름에 적응하는 데 지연 시간이 필요할 때가 있다. 때때로 사람들은 대기 시간을 너무 줄이려고 노력해서 오히려 일이 잘 풀리지 않을 때가 있다. 예를 들어, 독일의 기차 시스템은 열차 간의 연결 시간을 줄이려고 하다보니 너무 빡빡해서 어떤 사람들은 연결 편을 이용할 수도 없을 정도이다. 도착하는 기차가 몇 분 늦거나 다른 사람들처럼 빠르게 승강장 사이를 걷지 못할 수도 있다. 그래서 때로는 대기 시간이 적절한 흐름을 위해 필요할 때가 있다.

가설 : 제품이나 서비스의 생산을 복잡한 문제로 취급할 수 있다. 과거에 비슷한 문제를 어떻게 해결했는지 분석하고 성찰하며 과거의 학습과 모범 사례에서 얻은 해결 방법을 사용하라. 운영 연구(Operations research)가 이러한 접근법을 취한다. 그러나 흐름 조건을 달성하는 것이 예술의 경지에 달해야 가능하다. 고객 경험을 최적화하기 위해 낭비를 없애고 프로세스 시간을 최적화하는 데 집중할 수 있도록 교차 기능 팀을 배정하면 시스템을 흐름에 맞게 운용할 가능성이 높아진다.

실험 : 최적화하는 데 중요한 고객 상호 작용을 식별하고, 이에 집중할 수 있는 교차 기능 팀을 구성하라. 가능한 경우 팀에는 고객 또는 대표자, 고객을 반영하는 페르소나가 포함되어야 한다. 가치 흐름 분석을 실시하고, 특히 대기 시간에 대한 것을 확인하라. 너무 빡빡하고 긴장되거나 느린 부담 없이 개선된 고객 환경을 만들기 위해 낭비 최적화와 지연 시간의 균형을 맞출 수 있는 절묘한 방법을 찾아보라. 고객 만족도에 대한 사전 및 사후 측정을 사용하여 프로세스 개선의 성공 여부를 평가하라. 흐름의 한 부분을 개선했다 하더라도 전체 흐름이 바뀌지 않을 수 있다. 이때, 교차 기능 팀이 전체 흐름을 검사하는 가치 흐름 분석을 수행할 수 있도록 하라.

피드백

프로세스가 없으면 피드백도 없다. 피드백이 없으면 배움도 없다. 배움이 없으면 리더십도 엉망이 된다. 모든 과정은 개인과 조직의 성장을 위한 피드백을 주고받을 수 있는 가능성을 내재해야 한다.

개인과 팀의 성장

제2부를 요약하면 다음과 같다.

• 성과 평가 시 측정과 고객 중시를 연계하여 조직 성장을 지원하기 위해 개인의 학습과 개발을 구축하라. (지속적인 학습)

조사 : 실제로 성과 평가가 고객 중시를 반영하고 있는가?

배경 : 성과 평가는 직원과 감독자가 버티는 무의미한 게임이 될

수 있다. 여기에는 고객의 실제 요구와는 별 상관없는 표준화된 기업 체크 리스트가 포함될 수 있다. 팀은 뛰어난 기술을 개발하고 성과를 달성하기 위해 열심히 일할 수 있지만 그 측정값은 종 모양의 정규 분포 곡선에 부합할 뿐이다. 그렇다면 왜 열심히 개발하려고 노력하는가? 또는 "프로그래머로서 작성하는 테스트의 수를 계산하며 테스트가 많을수록 좋다"라는 측정값이 있을 수도 있다. 물론, 능숙한 프로그래머는 의미 없는 테스트를 굉장히 많이 작성할 것이다. 수술 횟수로 의사들의 생산성을 측정하는 병원도 있다! 그러나 고객에게 초점을 맞춘다면 "건강해진 환자의 수"가 큰 척도가 될 것이다.

가설 : 고객 중시가 성과 평가의 토대가 되면 고객 만족도는 향상된다.

실험 : 4개 정도로 적은 수의 업무 단위를 선택하라. 사전 조치로 설문 조사, 인터뷰, 재계약, 칭찬 지수 등 현재의 고객 만족도 결정 방법을 사용하여 각 단위에 대한 고객 만족도를 파악하라. 두 개 유닛은 대조군으로 지정하고 나머지 두 개 유닛은 실험군으로 설정하여 A/B 테스트를 진행하라. 각 실험군이 성과 평가 기준을 직접 작성하고 시행하도록 하여 해당 기준이 업무와 관련되고 고객의 관심사가 반영되도록 한다. 대조군에게는 현재 성과 평가 요소를 다시 살펴보게 하라. 작업 유형에 따라 일정 기간이 지난 후, 사전 측정 방법을 사용하여 고객 만족도를 다시 측정하라. 실험군은

대조군에 비해 고객 만족도가 향상되었는가? 만약 그렇다면, 그 이후로 추가할 수 있는 몇 가지 단계가 더 있을 것이다. 예를 들어, 대조군이 자체 성과 평가 기준을 설정하도록 하고 고객 만족도가 향상되는지 확인하라. 또한 실험군에 대한 고객 만족도를 지속적으로 모니터링 하여 그것이 계속 개선되는지 확인하라. 그리고 다른 단위에도 적용하여 실험을 반복한 다음 전체 회사에 대한 성과 평가 방법을 변경할 수도 있다.

학습 전략

우리는 제2부에서 다음의 내용을 확인했다.

- 지속적인 학습은 피드백을 위한 공간을 만드는 규칙적인 리듬을 따른다. (지속적인 학습)
- 결과 및 상호 작용에서 성찰하고 학습한다. (지속적인 학습)

조사 : 팀 학습과 성찰의 리듬을 일정하게 만들면 고객 만족도를 높일 수 있는가?

배경 : 애자일을 사용하는 소프트웨어 부서에서는 정기적으로 회고하는 것은 일반적인 관행이다. 이러한 회고에서 팀은 지난 2-3

BOSSAnova : 우아하고 경쾌하게 조직 혁신하기

주 동안 자신들이 제공한 소프트웨어의 결과로부터 배운 것에 대해 이야기한다. 그들은 서로서로, 회사의 다른 부서들과, 그리고 고객들과의 상호 작용을 통해 학습한다. 저자가 관찰한 바에 따르면, 이 관행은 다른 종류의 작업을 수행하는 부서에서는 대부분 채택되지 않았다. 어떤 경우에는 일의 성격이 프로젝트 중심이라기보다는 소매점, 진료 사무실, 헬프 데스크와 같이 '사례 업무'에 집중되어 있어 시작과 끝에 대한 명확한 리듬이 없다. 이 때문에 성찰과 학습을 위해 규칙적인 시간을 도입하는 것이 강요나 인위적인 활동으로 보일 수도 있다. 이런 상황에서 구성원들은 "시간을 낭비하고 있다."거나 "저 양복쟁이 컨설턴트들이 시켜서 하는 일이지만 저 사람들이 떠나면 원래대로 돌아가겠다."라고 생각하기 쉽다.

가설 : 만약 우리가 규칙적인 성찰과 학습 패턴을 유닛의 일과에 주입한다면, 그들의 수행 능력이 향상될 것이다.

실험 : 조직 내에서 정기적인 성찰과 학습을 위한 시간을 정하지 않은 다양한 작업 단위를 찾아보라. 이전 실험과 같이 A라는 유닛 3개와 B라는 유닛 3개를 정하여 A/B 테스트를 수행하라. 유닛에 대한 고객 만족도를 측정하는 방법을 결정하라. (위의 실험에서 예제를 참조하라). A 그룹의 경우, 일정에 정기적인 성찰과 학습 시간을 삽입하는 것에 대한 동의를 구하라. 최소 6개월 동안 정기적인 시간차를 두고 고객 만족도를 측정하라.

혁신

제2부에서 우리는 아래의 내용을 확인했다.

- 지속적인 학습 과정은 회의에서의 침묵의 순간, 특히 스트레스를 받을 때 진행하는 회고, 새로운 아이디어를 위한 임시 오픈 스페이스 회의 등과 같이 평범한 일상생활을 방해하는 새로운 경로에서 극적으로 나타날 수도 있다. (지속적인 학습)

조사 : 우리가 전환 학습을 조직할 수 있을까?

배경 : 지속적인 학습은 시간이 지남에 따라 새로운 지식과 기술을 꾸준히 축적한다. 그러나 가끔은 당신의 기본 틀과 기존 가정을 바꾸게 하는 갑작스럽고 새로운 통찰력을 얻었을 때 경험했을 불연속적인 학습도 있다. 사과가 머리 위로 떨어진 후 만유인력의 법칙을 발견했다는 뉴턴의 이야기처럼, 갑자기 문제에 대한 해결책을 얻거나, 이전에 적으로 보았던 누군가에 대한 동정심이 생

기기도 한다. 이러한 불연속적인 학습을 '전환 학습(transformative learning)'이라고 한다. 지속적인 학습에서 논의한 바와 같이, 특히 혼란스럽거나 급격한 변화의 시기에 전환 학습이 발생할 수 있다. 하지만, 이 관점은 수동적인 학습자를 만든다는 점에서 한계가 있다. 위기가 닥칠 때까지 기다려야 전환 학습을 경험할 수 있다. 그렇다면 우리가 능동적인 학습자로서 전환 학습을 추구할 수 있다면 어떨까? 제3부의 도입부에서 우리는 성찰을 이용할 것을 권했고, 제3부의 각 장 마지막에서 다시 한 번 언급했다. 다시 말하자면, 우리는 당신이 학습의 한 방법으로 성찰을 실험해 보기를 독려했다.

규칙적인 성찰은 능동적인 전환 학습자가 되는 한 가지 방법이지만 그 외의 다른 방법에 대해서도 알아보는 것이 좋다.[113] 인터넷에 자료가 많이 있고, 그 중에서 우리는 예를 들어 브레그만(Bregman) 2009와 2012를 찾았다.

가설 : 우리는 집단 전환 학습을 위한 훈련 과정을 만들 수 있다.

실험 : 당신의 회사에서 두 개의 유닛을 식별하라. 오픈스페이스 원칙을 사용하여 각각 하루씩 오픈스페이스 컨퍼런스 형식으로 하루를 보내며 아침에는 "우리가 일하는 방식의 기본 가정은 무엇인가?"라는 질문에 집중하고, 오후에는 "만약 그러한 가정들이 사실

---

113   클라인(Kline) 참조

이 아니라면?"이라는 질문에 집중한다. 하루 일과가 끝날 때, 그리고 3주 후에 각 유닛에게 경험의 가치에 대해 성찰하도록 하고 두 그룹의 결과를 비교하라. 두 그룹 모두 그 경험이 유익하다고 느꼈는가? 그들은 비슷한 이점을 찾았는가? 서로 다른 이점을 찾았는가? 마지막으로 다른 사업부와 함께 이 방법을 시도할 때에도 자신감을 가질 수 있을 만큼 유사하고 신뢰할 수 있는 결과를 도출했는지 여부를 평가하라.

성찰

재귀적 조사의 기술[114]을 개발하기 위해 제2부 제4장 지속적인 학습에서 다룬 '인간 시스템 역학 적응 활동(Adaptive Action from Human Systems Dynamics)'을 따라해 볼 것을 제안한다.[115]

시간을 내어 본 장에 수록된 '무엇인가'와 관련한 조사들을 다시 살펴보기 바란다.

·············· (이 점들은 여러분이 그러기를 기다리고 있다는 의미이다.)

그 조사들을 통해 알게 된 통찰은 '그래서 무엇인가'? 다시 메모해 보자.

·············· (기다리고 있다.)

주어진 상황에서 다음 단계로 고려해야 하는 것은 '이제 무엇인가'? 어떤 것이 당신의 현재 상황을 가장 잘 말해주는가? 당신은 그런 것을 시도할 계획이 있는가?

---

114   스테이시(Stacey) 참조
115   어양과 홀러데이도 참조

·············· (기다리고 있다.)

제4장

하루 종일 춤추기

'보사노바(BOSSA nova)'는 새로운 트렌드, 조합 등 많은 의미를 지니고 있으며, 춤처럼 항상 정해지지 않은 방식으로 당면한 상황에 대응한다. 어떤 경우든 보사노바는 끊이지 않는 춤과 같다. 이번 장에서는 먼저 제1부를 돌아보고 기업이 당면한 과제를 다시 짚어본다. 그런 다음 직접 조사할 수 있는 방법을 제안하고 이 책을 뛰어 넘어서 볼 것을 권한다. 아래에 나오는 조사들은 당신만의 조사를 개발할 수 있는 시작점이자 영감의 원천이 될 것이다. 우리는 애자일 숙련 모델을 살펴보고 그에 대한 보완 방법을 제안하고자 한다.

'오늘날의 과제(제1부 제1장) 다시 보기'

제1장에서 우리는 규모, 인력, 디지털 혁명, 뷰카(VUCA), 가치 충돌 등 기업이 직면한 과제를 확인했다. 또한 애자일을 회사 전체로 확장하기 위해 혁신가들이 직면했던 어려움에 대해서도 이야기했다. 제2장에서는 애자일 선언을 네 가지 가치로 정리하였고, 제2부에서 비욘드버지팅, 오픈스페이스, 소시오크라시, 애자일이라는 네 가지의 개발 흐름을 종합하여 네 가지 가치를 확장했다. 이것들을 종합한 것이 제3부에서 개발한 조사의 기초가 되었다. 이제 이런 조사들이 기업이 직면한 과제를 해결하는 데 어떻게 도움이 되는지 요약해 보겠다.

규모

제1장에서 우리는 거대한 기업이 어떻게 민첩성을 발휘할 수 있는

지를 이야기하면서 '코끼리 도전 과제'에 대해 언급했다. 사실 코끼리는 꽤 민첩하다. 우리는 개와 코끼리의 우정에 관한 이야기까지 읽은 적이 있다. 개가 가끔 등을 대고 누워 있으면, 코끼리가 커다란 발을 부드럽게 사용하여 개의 배를 긁어 준다고 한다.[116]

제1장에서 살펴본 바와 같이 대기업은 일반적으로 민첩성을 갖추는 데 어려움을 겪는다. 규모가 작을수록 민첩성을 갖추기가 더 쉽다. 대기업들은 린 스타트업을 이용하거나 회사를 매입하거나 내부 싱크 탱크를 보유하는 방법이 있지만, 이런 방법을 통해 회사의 일부를 민첩하게 만들 수는 있어도 회사 전체를 민첩하게 만들지는 못한다.

규모에 관한 문제를 해결하는 조사는 주로 전략과 구조에 의해 다뤄진다. 그와 관련된 조사는 다음과 같다.

- 조사: 인센티브 시스템을 변경하여 협업을 개선할 수 있는가? (232쪽)
- 조사: 우리 이사회는 이사회의 업무를 방해하지 않으면서 CEO와 차하위 조직에서 선출된 서클 대표들을 이사회에 둘 수 있는가?(272쪽)
- 조사: 신뢰는 더 저렴한가?(228쪽)

---

116   홀랜드(Holland) 참조

구성원

제1장에서 논의한 것처럼, 오늘날 도전을 다룰 수 있는 사람을 찾기는 어렵다. 반면에, 밀레니얼과 그 이후 세대들은 전통적인 계층 조직에서 전형적으로 사용되는 통제 과정에 관심이 없다. 이들은 네트워크 거주자들로 자신의 열정을 따르고자 하며 정보에 대해 동등하게 접근할 수 있는 권리와 의사 결정에서 동등한 목소리를 기대한다. 제2부 제5장에서 우리는 회사의 지배력에 대한 새로운 사고방식을 조사했고 새로운 종류의 조직도를 제시했다.

제3부에서는 다음과 같은 사람들의 과제를 해결하기 위한 다양한 조사를 제안했다.

- 조사 : 보너스에 따른 동기 부여 없이도 개인의 성장이 일어날까?(246쪽)
- 조사 : 어떻게 조직의 목적을 지지하면서 동시에 팀으로서 자율성을 가질 수 있는가?(240쪽)
- 조사 : 만약 우리가 전사적으로 투명성을 강조한다면 어떻게 될까?(254쪽)

뷰카(VUCA) 세상과 디지털 혁명

기업들은 끊임없이 복잡하며 혼란스럽고, 급변하는 시장 상황에 직면해 있다. 우리는 규칙적인 성찰을 통해 성장하는 실험이 이러한 상황에 대처할 수 있는 방법이라고 제안한다.

그와 관련된 조사는 다음과 같다.

- 조사 : 좀 더 과학적으로 만들 수 있을까?(258쪽)
- 조사 : 집단 성찰이 문제 해결 능력을 향상시킬 수 있는가?(288쪽)
- 조사 : 우리가 전환 학습을 조직할 수 있을까?(302쪽)

가치 충돌

회사는 주식의 가치에 초점을 맞춰야 하는가? 아니면 고객에게 전달되는 가치에 초점을 맞춰야 하는가? 기업의 이사회는 법적으로 주주들에 대한 가치를 극대화해야 하며, 이는 대개 주식의 '현재' 가치를 의미한다. 이러한 가치 평가 때문에 단기적인 성과에 초점을 맞추게 되고 CEO들은 그 수치로 평가된다. 그러나 단기적 성과에 집중하면 종종 고객과 관련된 가치에 대한 장기적인 집중과 충돌할 수 있으며, 이러한 가치의 충돌은 우리가 급변하는 세계에 대처하지 못하

BOSSAnova : 우아하고 경쾌하게 조직 혁신하기

는 가장 큰 원인 중 하나이다.

우리는 이 충돌을 해결하기 위해 다음을 포함한 몇 가지 조사를 제안한다.

- 조사: 생산 팀과 지원 서비스 팀 사이의 긴밀한 파트너십을 구축하는 것이 가치가 있는가?(281쪽)
- 조사: 법적 구조를 바꿔야 하는가?(277쪽)
- 조사: 단기적인 이익 집중에 대한 대안이 있는가?(244쪽)

애자일 확장

제1장에서 애자일 확장의 도전 과제를 다루면서 소프트웨어와 IT 부서 이외의 부서로 애자일을 확장하기 위한 훌륭한 계획이 많이 있다는 점에 주목했다. 그러나 기업의 구조나 전략, 전반적인 프로세스에 애자일이 어떤 의미를 가지는지를 설명하는 전사적 민첩성에 관한 전체적인 관점은 없었다. 이러한 관점은 조직 구조와 부서 간 연결 구조, 리더십에 미치는 영향, 주주들에게 미치는 의미 등을 다룬다. 또한, 전체적인 관점은 예산, 법률 및 인사 정책과 보상 시스템도 다룰 것이다. 마지막으로, 이 관점에서는 기업이 완전히 민첩해질 수 있도록 자기 조직화, 투명성, 지속적인 고객 중시, 지속적인 학습, 심

지어 피드백과 같은 애자일의 핵심 가치가 무엇인지 설명하게 될 것이다.

제3부에서 논의한 조사와 제2부에서 제공한 종합 가치 및 새로운 조직 체계는 실용적이며 전체론적인 애자일 프레임워크를 제공한다.

기타

제3부에 열거된 조사들은 특정 영역을 다루고 있다. 우리는 제1장에서 해당 문제들을 다루었지만, 우리가 말한 것이 완벽한 것은 아니다. 다음에 논의하는 내용들이 당신의 회사의 상황에 맞게 수정할 수 있는 벤치마크가 되기를 바라며, 당신이 이것들을 뛰어넘어 더 멀리 탐험하기를 바란다.

조사한 내용을 활용하는 방법

회사에서의 역할에 관계없이 적어도 일부 조사한 것들은 그대로 활용할 수 있다. 당신이 하는 일은 조직 전체에 영향을 미칠 것이다. 여러분의 역할에 따라, 일부 조사는 여러분에게 적용되지 않을 수도 있다. 그래서 우리는 당신이 성찰하고, 성찰을 통해 얻은 것으로 자신만의 조사를 수행해 볼 것을 권장하는 것이다.

한 가지 제안하자면, 제3부에 나열된 조사 중 하나에서 시작하여 자신의 상황에 맞게 조정해 보는 것을 추천한다. 조사를 수행하고 분석한 다음 변수를 하나 변경해서 다시 시도하라. 재시도한 결과가 나올 동안 그 전의 결과를 동료에게 공개하라. 이 불충분한 실험 과정을 통해 학습을 주도할 수 있다.

이런 경험이 쌓이면 아래의 예처럼 몇 가지 조사들을 조합해 보기 바란다.

사례 : 채용 프로세스 조정

대부분의 회사들은 표준화된 채용 프로세스를 갖추고 있다. 보사노바를 구현한다는 것은 이러한 프로세스에 대해 좀 더 전체적인 관점을 갖는다는 것을 의미한다. 우리는 그러한 전체적인 관점을 만들기 위해 여러 가지 조사들을 사용하는 '샘플 접근법'을 제안한다.

먼저 회사의 다양한 부서와 다양한 계층 수준에서 '자기 조직화'된 교차 기능 그룹의 채용 과정 '구조'를 살펴보자.

이 접근 방식은 다음 조사를 통해 다양한 관점을 수용한다.

- 조사 : 교차 기능은 실제로 유용한가? (267쪽)
- 조사 : 생산 팀과 지원 서비스 팀 사이의 긴밀한 파트너십을 구축하는 것이 가치가 있는가? (281쪽)

그 후, 다음 조사를 통해 고용 프로세스의 '투명성'을 강화하는 '전략'을 실험하라. 이 전략의 목표는 채용 과정에 영향을 받는 모든 사람이 특정 결정이 어떻게, 그리고 왜 내려졌는지 이해하도록 돕는 것이다.

- 조사: 만약 우리가 전사적으로 투명성을 강조한다면 어떻게 될까?(254쪽)

교차 기능 그룹에서는 누가 고객인지, 누가 채용 프로세스에 대한 피드백을 요구하는 이들인지 명확히 하여 '고객'에게 초점을 맞춰라. 신규 채용을 받는 그룹으로만 대표되는 고객들인가, 아니면 최고 경영자들과 같은 다른 고객이 있는가?

그리고 채용 과정을 통해 이 고객들을 어떻게 인정할 수 있는지 생각해 보라.

• 조사: 성찰 회의로 고객 관계를 개선할 수 있는가?(269쪽)

그런 다음 '지속적인 학습'에 집중하여 '프로세스' 관점에서 바라보기를 시도해 보라. 신입사원들(그리고 신입사원을 요청한 그룹들)과 회고 회의를 열어 그들의 경험을 통해 학습할 수 있고, 이 피드백을 활용하여 채용 절차를 조정할 수 있다.

• 조사: 집단 성찰이 문제 해결 능력을 향상시킬 수 있는가?(288쪽)

그리고 마지막으로 채용 정책에 대한 변경 사항에 집중하여 내부 인사 부서의 회고 회의를 실시하라.

• 조사 : 팀 학습과 성찰의 리듬을 일정하게 만들면 고객 만족도를 높일 수 있는가?(300쪽)

따라서 여러 가지 조사를 결합하여 전략, 구조 및 프로세스의 다양한 관점을 실험할 수 있다. 그 결과 다양한 관점을 종합하여 더 넓은 시야를 확보할 수 있게 된다. 이는 본 책 서론에서 언급한 공통 과제이기도 하다.

이제 자신만의 방법으로

　제3부의 도입부에서 우리는 우리가 제공하는 조사를 보고, 당신의 상황과 비교하고, 제3부의 도입부에서 시각화된 다음 그림과 같은 실험을 수행할 것을 제안했다.

보사노바를 더 깊이 이해해보자

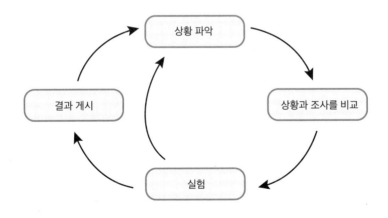

　제3부는 우리가 제공한 조사를 넘어 당신만의 조사를 개발하는 것

으로 마무리하고자 한다. 보사노바에 대한 깊은 이해는 새로운 영역의 탐험으로 이어진다.

사용자 자신의 조사를 설계하기 위해 다음과 같은 접근 방식을 제안한다. (아래 그림 참조)

1. 조사에 대한 아이디어가 나올 때까지 회사의 상황을 살펴보라. 조사가 회사의 전략, 구조 또는 프로세스에 초점을 맞추어야 하는지 결정하라.

2. 조사 방법을 설계하라. 배경, 가설, 그리고 약간의 측정을 포함하는 실험을 고려하라.

3. 실험을 실시하라. 결과를 분석하고 다시 1단계로 돌아가라.

4. 새로운 실험에 대한 아이디어를 동료들에게 공개해라. 동료의

보사노바로 새로운 영역을 조사해보자

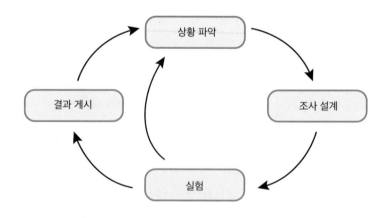

BOSSAnova : 우아하고 경쾌하게 조직 혁신하기

의견을 바탕으로 1단계로 돌아가 새로운 협업 조사를 설계하고 새로운 실험을 구현하라. 이 과정을 꾸준히 진행한다면 새로운 정책을 더 많은 부서로 확장하여 적용할 수 있다.

숙련도 강화

스트레스도 견디고 전사적 애자일을 달성하는 방식으로 보사노바를 구현하기 위해서는 전사적 역량 강화가 꾸준히 이루어져야 한다.

소프트웨어에서 생겨난 애자일 숙련 모델은 그 외의 분야에서도 폭넓게 사용할 수 있다. 이것은 팀으로서, 그리고 조직으로서 애자일에 더 능숙하게 대처하는 방법을 설명한다.

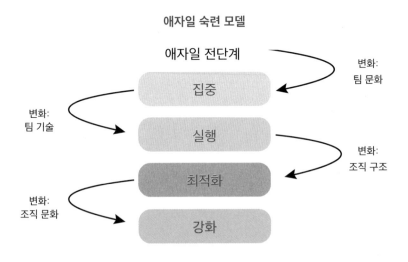

우리는 제3부에서 이제 이 모델에 대한 보완을 제안할 수 있다는 것을 발견했다. 애자일 숙련 프로젝트의 설립자들은 이 모델을 다음과 같이 요약한다.

애자일 숙련 프로젝트의
다이애나 라르센Diana Larsen이 전하는 통찰

우리는 모든 팀이 비즈니스 요구에 가장 적합한 숙련도 수준으로 작업해야 한다는 목표로 애자일 숙련 프로젝트를 공동 설립했다. 애자일 숙련 모델은 애자일 팀의 진로를 설명한다. 모델을 사용하여 팀에 대한 과정을 도표로 작성하고, 경영진과 조정하며, 개선을 위한 조직의 지원을 보장할 수 있다. 숙련도는 스트레스 속에서도 지속되는 일상적인 연습을 뜻한다. 누구나 교실 환경에서 일련의 실습을 따를 수 있지만, 압박감과 산만함 속에서 팀의 진정한 숙련도가 드러나기 마련이다.

성공적인 팀은 보완적인 기술력을 가진 개인들의 모임에서 시작한다.

팀이 애자일 방식을 채택하면 '**팀 문화의 변화**'가 일어난다. 즉, 이제 팀은 소프트웨어 계층이나 모듈과 같은 기술적 관점보다는 비즈니스, 고객 또는 사용자 혜택 측면에서 계획을 수립하게 되며, 이것은 '초점 맞추기(focusing)'를 숙달한다는 것을 의미한다. 테스트 중심 개발과 같은 기술 관행을 숙달하기 위해서는 일반적으로 더 많은 투자와 더 많은 시간이 필요하다. 운용 중인 소프트웨어를 제공하는 데 기술적인 제약에서 자유로워지는 '팀 기술의 변화'가 일어나면 팀은 '실행(delivery)' 숙련도를 발휘한다. 필요에 따라 팀은 시장의 요구를 이해하고 해결할 수 있는 능력을 내재화할 수 있다. '조직 구조의 변화'가 일어나면 팀 내부의 주요 비즈니스 역량을 움직이며, 팀은 '최적화(optimizing)'된 숙련도를 보일 수 있다.

애자일 개발은 기본적으로 팀의 노력이며 조직의 성공은 궁극적으로 팀에게 달려 있다. 애자일 플루언시 모델은 팀 숙련도 모델이기도 하다. 팀의 숙련도는 팀 내 개인의 능력 외에도 관리 구조, 관계 및 조직 문화뿐만 아니라 팀이 사용하는 도구, 기술 및 관행에 따라 달라진다.

한 가지 애자일을 모든 상황에 적용하는 것은 불가능하다. 애자일 플루언시 모델을 사용하여 조직의 위치를 파악하고 나면 최적의 애자일을 누릴 준비가 된 것이다.

이 기록에서 다이애나 라르센과 제임스 쇼어(James Shore)는 '강화(Strenghtening)'라는 하나의 단계를 열어두고 세 단계의 숙련도에 대한 자세한 설명을 제공하였다는 점에 유의하라.

이 장을 마무리하면서 강화 레벨을 채울 수 있는 방법을 제안한다.

BOSSAnova : 우아하고 경쾌하게 조직 혁신하기

우리는 그들의 설명에 다음의 글을 추가하고자 한다: "전체 시스템의 관점을 터득하려면 팀이 조직 간 가치 흐름 등에 대한 이해를 습득하는 '조직 문화의 변화' 즉, '강화' 숙련이 필요하다."

당신의 회사가 강화에 능숙한지 여부를 판단하는 데 도움이 되도록 자체 평가를 위한 7가지 지표를 제공한다. 이 평가 도구를 사용하기 위해 모든 팀원에게 각 문장을 잘 읽어보고, '전혀 그렇지 않다', '거의 그렇지 않다', '가끔 그렇다', '자주 그렇다', '항상 그렇다'의 척도로 평가하도록 요청하라. 평가 결과를 발표하고 어느 부분에서 합의를 이루는지, 어느 부분에서 가장 큰 차이점을 보이는지 논의하라. 그리고 이것을 이러한 차이를 탐색할 수 있는 조사로 발전시켜라.

강화 숙련도 지표

1. 회사가 팀으로 구성되어 있다. 회사의 언어는 포괄적이며 주주와 고객을 포함하여 '우리'와 '그들'을 구별하지 않는다. 즉, 각자의 책임이 팀 경계로 끝나지 않는다는 점을 각 팀들이 이해하고 있다.

2. 모든 팀은 스스로를 사회 시스템 안에서 자리 잡고 책임을 지는 전체 시스템이라고 생각한다.

3. 모든 팀은 새로운 시장의 가능성에 촉각을 곤두세우고 그들의 개발에 투자하거나 지원한다.

4. 회사는 내부와 외부 모두에 초점을 맞춘 실험을 통해 발전한다.

5. 모든 팀은 전체 조직의 가치 흐름을 이해하고 조직의 전반적인 최적화에 기여한다.

6. 주주 가치, 열정에 기반한 활동 및 법적 준수가 연계되어 고객 가치를 창출한다.

7. 회사 전체가 의미를 만들기 위해 의도적인 고요함 또는 성찰의 시간을 사용한다.

보사노바 활용과 관련하여 당신의 회사를 평가하기 위해 '상대적 애자일(Comparative Agility)'에 관한 설문 조사를 참조하라.[117]

---

117   https://www.comparativeagility.com/

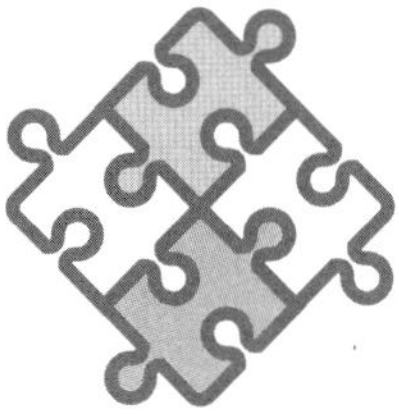

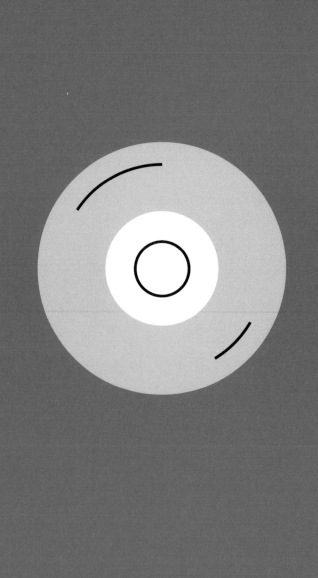

제 4부
파티 타임

"누구든 그 자체로서 온전한 섬은 아니다. 모든 인간은 대륙의 한 조
각이며, 전체의 일부이다."

-존 던(John Donne), <누구를 위하여 종은 울리나>에서

지금까지 우리는 하나의 회사만 봐왔을 뿐이지만, '어떠한 조직도 온전한 섬은 아니다'. 우리는 이해 당사자 및 고객과의 관계를 언급했지만 회사가 몸담고 있는 사회라는 복잡한 거미줄은 살펴보지 않았다.

　보사노바 회사는 금전적 이익, 고객의 이익, 업무의 영감, 규제 준수 사이에서 균형을 잘 맞출 책임이 있다. 만약 회사가 그 책임을 다하지 않는다면, 사회는 그 기업을 신뢰할 수 없다고 생각할 것이다. 이는 고객, 직원, 규제 당국은 해당 기업을 신뢰할 수 없는 기업으로 본다는 것을 의미한다. 결국 그러한 불신은 사업을 위축시킬 것이다.

　몇 년 전 유럽의 한 대형 보험 회사가 거대한 애자일 변신을 하겠다고 발표했다. 지난해에 그 회사는 매우 큰 수익을 얻었는데, 아마도 애자일을 사용하기로 한 결정과 관련이 있을 것이다. 하지만, 그 회사는 회사 체육 시설을 매각을 결정하고, 현재의 체육 시설에 대한 직원 보조금을 폐지하며, 럭셔리 피트니스 클럽을 운영하는 회사에 임대할 것이라고 발표했다. 회사는 임대를 통해 더 많은 이익을 얻겠지만, 이제 많은 직원들이 체육 시설에 접근할 수 없게 될 것이다. 사회는 이 뉴스를 보며 "회사가 정말 애자일을 도입했다면 왜 직원들을 그런 식으로 대하는가?", "그 회사는 정말 욕심이 많은 회사네. 거래할 때 주의해라, 또 무슨 피해를 주고 있는지 궁금하다." 등의 반응을 보였다.

　당신의 회사는 사회라는 전체의 일부라는 사실을 피할 수 없다. 피할 수 없다면 따뜻하게 환영받는 손님이 될 수 있는 방법은 무엇일까?

네 가지 가치

보사노바 회사의 경우, 네 가지 가치는 내부 및 외부 측면을 모두 가진다. 이 책은 주로 내부 효과에 초점을 맞추고 있지만 그 가치들의 외부 효과도 다음과 같이 중요하다.

- **자기 조직화:** 회사를 다른 회사 및 사회 기관과 함께 살아가는 환경을 조성하는 글로벌 네트워크의 한 노드로 간주하라.
- **투명성:** 회사의 활동을 대내외적으로 투명하게 하라. 오늘날 기업들에게 점점 더 많은 규제들이 적용되고 있다. 대금 거래의 모든 요소를 투명하고 추적 가능하도록 만들기 위해 투자 시장을 강제하는 유럽의 규제가 그 사례 중 하나이다.
- **지속적인 고객 중시:** 지속적인 관심이 필요한 고객으로서 경제적, 생태학적, 사회적, 사회적 환경을 이해하라.
- **지속적인 학습:** 세상을 더 나은 곳으로 만들기 위해 사회를 지속적으로 학습하라.

연결된 관점

제2부 제5장의 다음 그림에 나타난 관점의 통합은 오직 하나의 외부 연결, 즉 고객만을 보여준다.

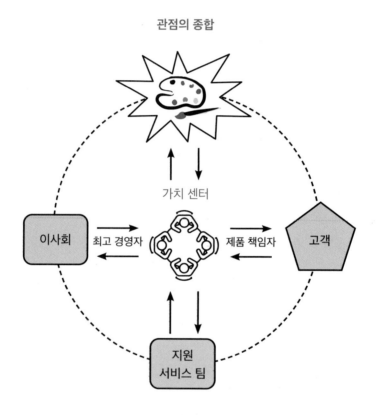

관점의 종합

그러나 다른 요소들, 예를 들면 이사회나 주주와 같은 외부적 연결도 구현해야 한다. 다음 그림은 이러한 외부 연결을 보여주며, 이렇

BOSSAnova : 우아하고 경쾌하게 조직 혁신하기

게 보면 회사는 단순히 '회사 섬' 이상인 것처럼 보인다.

연결된 관점

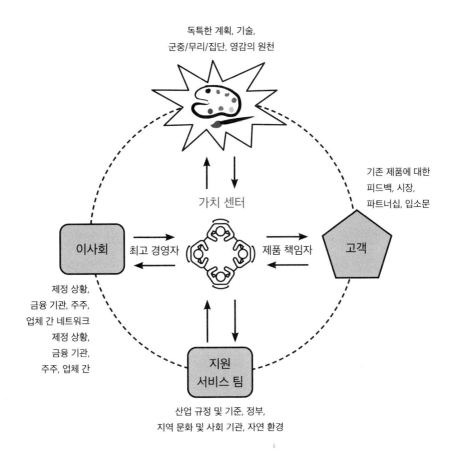

이러한 연결된 관점은 기업 경영에 필요한 경제적, 생태학적, 사회적 주변 환경을 통합한다. 이것들은 서로 영향을 주고받는데, 최근

비즈니스 라운드테이블(Business Roundtable)[118]의 출판물을 보면 180개 이상의 미국 기업의 CEO들이 주주가치 극대화가 기업의 유일한 목적은 아니라고 선언한 것이 그 사례이다. 그들은 오히려 고객, 직원 및 커뮤니티를 포함한 모든 이해 관계자에게 서비스를 제공한다. 고객과의 관계와 마찬가지로 관계의 불균형이 있을 수 있으며 네 가지 가치도 이러한 연결 사이의 균형이 필요하다.

'고객'은 시장에서 모습을 드러낸다. 가치 센터가 고객으로부터 받는 직접적인 피드백에 대해서는 이미 언급한 바 있지만, 고객들은 시장에도 피드백을 주며, 예를 들어 옐프(Yelp, 미국의 대표적인 지역 기반 소셜 네트워크. 회원들은 특정 지역에 대한 추천과 리뷰를 공유할 수 있다.-옮긴이)[119] 리뷰는 물론 입소문까지 퍼뜨린다. 회사의 평판은 기존 프로젝트에 대한 외부 피드백에서 나온다. 좋은 평판은 시장이 새로운 제품을 받아들일 수 있도록 준비하고 새로운 시장을 만드는 데 도움을 준다. 또한 좋은 평판은 자체 강화 사이클로 고객을 끌어들이고, 제1장에서 살펴봤듯이 시장의 창조적 파괴를 초래할 수 있는 혁신을 위한 파트너십을 형성할 수 있도록 만든다..

'지원 서비스 팀'은 노동자의 원천, 법적 제약 및 보호, 보조금 및 경제적 인센티브와 같은 가능한 지원 원천, 회사가 사용하는 자연 공

---

118 https://opportunity.businessroundtable.org/ourcommitment/

119 https://www.yelp.com/

급원 관리 등 회사가 존재할 수 있도록 하는 '사회의 혈관'과 연결된다. 정부의 규제는 산을 옮기는 것만큼 변경하기가 힘들고, 지역 문화는 수백 년 동안 존재해왔기 때문에 이러한 자원들은 변화 없이 안정되어 보인다. 하지만, 이러한 '산'들조차도 사실 변동적이고, 불확실하고, 복잡하고, 애매한 뷰카 세계의 일부이다. 정부의 프로세스와 지역 사회는 숨겨진 신뢰 네트워크에 의해 조용히 통제되는 경우가 많으며[120], 그들이 정말로 원한다면 꽤 빠르게 변화할 수도 있다. 기업은 환경 영향력에 반하지 않고 한계를 존중하고 이를 협력적으로 활용해야 한다.

전통적인 '이사회'는 주주와 금융업자의 대리인이다. 이사회 위원들은 종종 자신들의 신뢰 네트워크의 일부이며, 심지어 그러한 네트워크의 영향력을 통제하려는 겸임 이사직을 금지하는 법률도 있다. 보사노바를 구현하는 기업의 경우, 이사회는 주주 이외의 이해 당사자를 포함하며 소위 '혈연 및 지연에 따른 유착 관계(good ole boy network)'로만 구성되지 않도록 한다. 이사회 이외에 주식을 매입하거나 돈을 빌려주는 금융 기관은 광범위하고 가끔은 변동성이 큰 경제적 상황의 지배를 받는다. 주주는 참여자로서의 주주가 아닌 통제자로서의 주주가 가지는 '주인 의식(culture of ownership)'에 더 익숙하다.

120   제2부 제5장 참조

'예술과 영혼'은 일에 대한 창의성, 즐거움, 헌신을 가져다주는 열정과 영감이다. 그것들은 외부와 내부 모두에서 찾아온다. 예를 들어, 기업은 '집단 공동체'로부터 새로운 제품을 디자인하거나 기존 제품의 개선을 위한 의견을 듣기 위해 인터넷을 이용할 수 있는데, 이는 고객, 직원 및 지지자들이 참여하는 일종의 오픈스페이스 행사이다. 그리고 회사 직원들은 미팅이나 사용자 그룹에서 자신의 기술을 공유하는 다른 사람들과 새로운 아이디어를 교환할 수도 있다. 영감의 작용은 예측할 수 없는 '기발한' 방식으로 나타날 수 있다. 위탁아를 입양하기로 한 프로그래머 집단이나 사무실에서 '안 된다'는 말을 듣고 차고에서 유닉스를 개발한 AT&T 직원 2명을 생각해보라. 영감의 원천은 성찰, 다양한 분야 간 교류, 그리고 아름다움, 평등, 윤리와 같은 가치들을 포함할 수 있다.

이 연결된 관점이야말로 보사노바를 개발할 때 살펴볼 수 있는 또 다른 영역이다.

사회적 인식

사회의 한 부분으로서, 사회의 '환영받는 구성원'이 되는 것이 모든 회사의 최대 관심사이다. 이러한 인식을 얻기 위한 다양한 방법이 있으며, 상호 이익을 위한 사회적 인식을 바탕으로 행동하는 기업의 롤

모델 사례를 아래와 같이 정리하였다.

- 세계 최고의 재보험사(reinsurer) 중 하나인 뮌헨재보험(Munich Re)[121]은 70년대에 들어선 후 기후 변화에 대해 고민하기 시작했다. 그들은 일찍부터 기후 변화에 대한 연구 자료를 수집하여 책으로 출간했다. 경쟁적 우위를 위해 연구 데이터를 보호하는 것은 뮌헨재보험의 관심 밖이었다. 왜냐하면 투명성만이 다른 사람들로부터 배우고 데이터를 개선할 수 있으며, 이는 집단 간 변화에 대한 일반적인 사회적 인식과 자신의 복원력을 모두 증가시키기 때문이다.

- 자동차 회사인 BMW는 중요한 원자재 공급원인 광산에서 공정 노동을 시행한다. BMW의 지속 가능성 관리자인 페르디난트 게켈러(Ferdinand Geckeler)에 따르면 회사, 그리고 업계의 평판은 나쁜 헤드라인으로 인해 쉽게 손상될 수 있기 때문에 콩고 생산 기지에 좋은 생산 조건을 보장하는 것은 좋은 비즈니스 모델이라고 이야기한다.[122]

- 소셜 미디어 회사인 버퍼(Buffer)는 투명성을 그들의 근본적인 윤리적 가치 중 하나로 이해한다. 예를 들면 직원들의 급여 구

---

121   https://en.wikipedia.org/wiki/Munich_Re

122   http://www.sueddeutsche.de/wirtschaft/rohstoffe-sauber-bleiben-1.3809040

조까지 출판된다.[123] 이러한 투명성을 통해 그들은 더 많은 지원자를 얻게 되고 사람들이 버퍼를 사용하게끔 동기를 부여한다.

- 텔리아(Telia)사는 몇몇 중앙 유라시아 국가의 자회사들을 매각하기로 결정했다.[124] 이 회사는 정의롭고 지속 가능한 세상을 건설하는 것을 목표로 250개 이상의 기업으로 구성된 네트워크인 국제 비영리 단체 BSR(Businesses for Social Responsibility)[125]의 회원사이다. 텔리아는 '책임 있는 투자 회사 계획'을 만드는 등 인권 위험을 최소화하기 위해 잠재적 구매자에 대한 재무 실사를 하는 BSR을 지원했다.

- 마이크로소프트는 사용하지 않는 대역폭을 통해 광대역 데이터를 전송함으로써 미국 전역의 시골 지역 사회를 지원한다.[126] 이를 통해 광대역 통신 커버리지에 대한 비용을 80% 낮추고 시골 지역이 새로운 경제를 따라잡을 수 있도록 도움을 제공하고자 한다. 마이크로소프트는 2022년까지 미국 시골 지역 200만 명에게 광대역 연결을 제공하기로 약속했으며, 이는 교육, 의료, 농업 및 비즈니스 생산성을 향상시켜 사람들의 삶을 개선할

---

123 https://open.buffer.com/transparent-salaries/

124 https://www.bsr.org/en/our-insights/case-study-view/telia-company-human-rightsimpact-assessments

125 https://www.bsr.org/

126 https://www.fsg.org/blog/how-microsoft-evolving-csr-efforts-help-rural-america

것이다. 이 프로젝트는 비영리 컨설팅 업체인 FSG(Foundation Strategy Group)[127]의 지원을 받는다.

보사노바 기업들은 이러한 단일 회사의 이니셔티브 사례 외에도 텔리아사가 그랬던 것처럼 경제, 생태, 사회 및 사회 환경 개선을 목표로 하는 네트워크에 참여할 수 있으며, 그런 네트워크의 예시를 다음과 같이 정리하였다. 당신의 회사에서 중요하게 생각하는 네트워크는 무엇인가?

- 국제 투명성 기구(Transparency International)[128]: 부패 척결 글로벌 연합은 피해자와 부패 목격자에게 발언권을 부여하며 권력 남용, 뇌물 수수, 비밀 거래를 막기 위해 정부, 기업, 시민들과 함께 일한다. 국제적 · 국가적 부패를 억제하기 위해 일하는 시민 단체로 국가활동의 책임성을 확장하고 국제적 · 국가적 부패의 극복을 목표로 하는 공익적인 국제 비정부 기구(NGO)이다.
- 글로벌 콤팩트(Global Compact)[129]: 국제 연합은 기업들이 전략과 운영을 인권, 노동, 환경, 반부패 원칙을 따를 것을 요구하고 있다.

---

127   https://www.fsg.org/
128   http://www.transparency.org/
129   http://www.unglobalcompact.org/

- 공정 노동 연합(Fair Labor Association)[130]: 전 세계적으로 근로자의 권리를 증진·보호하고 근로 조건 개선을 위해 기업, 시민사회 단체, 전문대학 등의 노력이 집약된 협회이다.

- 기후 그룹(Climate Group)[131]: 지구 온난화를 2℃ 이하로 유지하여 생물의 생존과 번영을 보장하기 위한 기업과 정부의 강력한 네트워크이다.

- 세계 물 위원회(World Water Council)[132]: 물을 최우선 과제로 다루는 국제 다중 이해 관계자 플랫폼 기구이다. 이 위원회는 물 안보, 적응 및 지속 가능성의 정치적 차원에 초점을 맞추고 있다.

- 유엔 산하 영양 개선을 위한 세계 연합(GAIN, Global Alliance for Improved Nutrition)[133]: 영양 증진을 위한 세계적인 동맹으로, 영양에 민감한 정책을 통해 직원들의 건강에 초점을 맞춘다. 기업은 직원들을 잘 챙긴다는 평판뿐만 아니라 생산성도 높인다는 점에서 이익을 얻는다. 이 네트워크는 정부, NGO, 다자간 조직, 대학 및 최소 30개국의 600개 이상의 기업을 포함하며, 이 네트워크를 통해 많은 국가에서 영양실조를 최대 30%까지 줄일

---

130 http://www.fairlabor.org/

131 http://www.theclimategroup.org/

132 http://www.worldwatercouncil.org/

133 https://www.gainhealth.org/

수 있었다.[134]

- 다중 이해 관계자 이니셔티브 무결성 연구소(Institute for Multi Stakeholder Initiative Integrity)[135]: 인권과 지속 가능성을 포함한 상호 관심사를 다루는 기업, 시민 사회 및 기타 이해 관계자 간의 협력을 촉진하는 비영리 단체이다.
- 이웃 공동체 네트워크(Neighborhood Community Networks)[136]: 이웃 공동체들이 광범위한 정치적, 경제적 실체로 조직될 수 있도록 힘을 실어주는 상향식 구조 조직이다.

네트워크는 회사와 관련된 사회적 이슈와 연결하는 방법이자 회사에 영향을 미치는 표준을 개발하는 방법일 뿐만 아니라 사회적이며 전 지구적인 거버넌스의 새로운 형태로 급부상하고 있다. 네트워크는 기업들이 사회적 목적을 위해 봉사할 것을 요구하고 있으며 이는 어떤 의미에서는 기업들이 1800년대 초에 법적 형태로 처음 인기를 얻었을 때의 본래의 목적을 떠올리게 한다.

---

134   헨리브라운(Hanleybrown) 외 참조

135   http://www.msi-integrity.org/introducing-the-msi-database-an-overview-of-theglobal-landscape-of-standard-setting-multi-stakeholder-initiatives/

136   http://neighborhoodparliament.org

서클포워드(Circle Forward)의
트레이시 쿤클러(Tracy Kunkler)가 전하는 통찰

블랙록(BlackRock)의 회장 겸 CEO인 래리 핑크(Larry Fink)는 2018년 1월 CEO들에게 보낸 공개 서한에서 "사회는 공기업과 민간 기업이 모두 사회적 목적을 수행할 것을 요구하고 있다"라고 썼다.[137] 그는 또한 "시간이 지남에 따라 번창하기 위해서는 모든 기업이 재무 실적을 전달하는 것뿐만 아니라 어떻게 사회에 긍정적인 기여를 하는지 보여주어야 한다."라고 밝혔다.

이러한 의견은 최근 미국인들의 단면에 대한 설문 조사[138]에서도 확인되었다. 응답자의 78%는 기업이 중요한 사회 정의 문제를 해결하기를 원했고, 87%는 기업들이 자신의 관심사를 옹호했기 때문에 그 기업의 제품을 구매할 것이며, 76%는 자신의 믿음과 반대되는 이슈를 지지하는 기업의 제품이나 서비스를 불매할 것이라고 밝혔다.

이 설문 조사는 단순한 선호도 그 이상을 반영한다. 우리 지역 사회는 오랜 기간 지속된 인종, 성별 및 사회 경제적인 부당함뿐만 아니라 의료, 빈곤, 식량 안보 및 기후 복원력에서 생명을 위협하는 위기에 직면해 있다. 이러한 복잡한 문제들을 해결하기 위해, 더 많은

---

137 https://www.blackrock.com/corporate/en-no/investor-relations/larryfink-ceo-letter

138 Cone Communications CSR Study, 2017. http://www.conecomm.com/research-blog/2017-csr-study

사람들이 생태학의 핵심이 되어온 기본적인 상호 의존성을 인식하고 있다. 데이브드 코튼(David Korten)이 묘사한 것처럼, "생명은 공동체 안에서만 살아남고 번영할 수 있다."[139] 그래서 핑크(Fink)가 "기업은 주주, 직원, 고객, 그리고 그들이 운영하는 지역 사회를 포함한 모든 이해 당사자들에게 이익을 제공해야 한다."고 말했는데, 그는 점점 많은 사람들이 지나친 욕심으로 인한 치명적인 부작용에 눈을 뜨고 있음을 알고 있는 것이다.

그리고 시장이 어느 정도 변화를 주도하겠지만, 사실 상황은 더 복잡하다. "어떠한 실체나 부문도, 아무리 크고 강력하더라도 현재 시스템의 복잡한 문제를 해결할 수 없다. 오히려, 우리 성공의 열쇠는 시스템의 모든 부분 간의 활동, 관계 및 상호작용을 최적화하는 데 있다."[140]

복잡한 문제의 경우, 기업, 정부 및 시민 사회 등 모든 분야가 함께 모여 **다중 이해 관계자 계획**(MSI, multi-stakeholder initiatives)의 사회 변화를 위한 노력을 조율할 때 비로소 가장 유망한 해결 전략을 찾아낼 수 있다. 이러한 새로운 형태의 협업 거버넌스[141]는 전통적으로 소

---

139   Korten, David, "The New Economy: A Living Earth Systems Model" https://thenextsystem.org/the-new-economy-a-living-earth-system-model

140   Gopal, Srik; Clarke, Tiffany, FSG, 2015. "System Mapping: A Guide to Developing Actor Maps"

141   "협업 거버넌스(collaborative governance)"라는 용어는 최근에 부상한 상대적으로 새로운 분야를 가리키며, 다음 링크에서 학계, 실무자 및 참여자들의 가장 널리 사용되는 정의 중 일부에 대한 것을 확인할 수 있다. http://tinyurl.com/CollaborativeGovernance

외되었던 사람들을 포함하여 시스템 내의 모든 이해 당사자들을 한데 모아 공통적인 문제나 목표에 대한 해결 방안 논의, 의사 결정 및 구현에 참여시킬 것을 촉구한다. 이것은 권한, 지식, 자원이 많은 요소에 걸쳐 상호 연결되고 분배되는 복잡한 시스템이기 때문에 권력 관계는 계층적으로 구성할 수 없고 '동료 대 동료'(peer-to-peer) 형태가 될 수 밖에 없다. 이 장에 여러 MSI 사례가 나와 있으니 참고하기 바란다.

이러한 거버넌스 네트워크는 사람들이 직접 혹은 디지털 플랫폼에서 연결할 수 있는 기회를 제공하며, 종종 분산 네트워크 형태를 취한다. 이러한 방식으로 중개자, 허브 또는 대표자 없이 네트워크의 어떤 부분이라도 언제든지 다른 부분에 연결될 수 있다.[142] 새로이 발생하는 이슈를 중심으로 집결하는 의사 결정은 중앙 집중식 또는 분산형 허브에 의해 검토되거나 조정될 필요가 없으며, 오히려 네트워크 내의 어느 지점에서든 해결 방안이 나올 수 있다. 그러므로 정부는 종종 네트워크의 핵심 구성원이지만 반드시 참여를 지시할 필요가 사라진다. 새로 발생하는 이슈를 중심으로 소통, 조정 및 집결할 수 있는 구조적 자유가 있으며, 필요에 따라 조직 및 분해할 수 있고, 환경 내에서 기회와 도전을 받아들일 수 있는 재능과 자원의 새로운

142　애팔랜치아 식품 유역 프로젝트(Appalachian Foodshed Project), 2016. "지역사회 식량안전에 관한 지역보고서(A Regional Report on Community Food Security)."

조합을 결합할 수 있다.[143]

유엔, 기업, NGO, 정부 및 기타 행위자들 간의 다중 이해 관계자 파트너십은 유엔 지속가능 발전 목표(SDG)에 중요한 역할을 하고 있다. 글로벌 기업들에게 SDG 어젠다의 실행은 혁신적인 신규 비즈니스 기회를 제공한다.

협업 거버넌스 네트워크에 참여함으로써 기업들은 급변하는 사회의 요구에 맞춰 관심사를 조정하고 새로운 시장을 창출하는 혁신적인 솔루션을 만드는 새로운 기회를 갖게 된다. "관련 지식과 경험, 자원을 가진 서로 다른 행위자들 간의 협업을 통해 정책 문제를 이해하는 새로운 방법을 창조하고, 새롭고 창의적인 아이디어를 개발하며, 아이디어의 선택을 검증하고, 선택된 혁신 아이디어를 변형하고 테스트하며, 그 기능을 평가하고 최종적으로 대중들에게 확산시킬 수 있다."[144]

143 네트워크 영향과 평가혁신센터(Network Impact and the Center for Evaluation Innovation), 2014.

144 에바 쇠렌센(Eva Sørensen), 거버넌스 네트워크 내 공공 혁신 메타거버넌스(The metagovernance of public innovation in governance networks), 2014년 9월 16~17일 브리스톨에서 열리는 정책 및 정치 회의(Policy & Politics conference)에서 발표된 논문

요약

'사회'라는 거미줄을 강화하면 회사가 지고 있는 환경에 대한 책임을 다 할 수 있다. 회사 내부 전략, 구조 및 프로세스를 실험하는 것과 같은 방식으로 이러한 외부 책임에 대한 자신만의 조사를 개발해 보기 바란다.

자, 이제 섬을 떠나 파티를 즐겨보도록 하자!

제1부 악단 구성하기

- 애자일 플루언시(Agile Fluency): http://www.agilefluency.org/model.php

- 애자일 선언(AgileManifesto): http://agilemanifesto.org

- 애자일HR선언(AgileHRManifesto): http://agilehrmanifesto.org/

- 애자일마케팅선언(AgileMarketingManifesto): http://agilemarketingmanifesto.org/

- 앤드리슨(Andreessen, M.): Why Software is eating the World. The Wall Street Journal. August 20, 2011. http://tinyurl.com/jymevjd (2017년 2월 17일 최종 접속)

- BBRT(비욘드버지팅 협회): Beyond Budgeting Round Table. http://bbrt.org

- 비어(Beer, S.) (1995): Diagnosing the System for Organizations. New York: Wiley.

- 베타코덱스(Beta Codex): http://betacodex.org/de

- 비욘드버지팅 원칙: http://bbrt.org/the-beyond-budgeting

- 복스네스(Bogsnes, B.) (2016, ebook): Implementing Beyond Budgeting. Unlocking the Performance Potential. Hoboken, NJ: Wiley. Kindle ed.

- 브라운(Brown, J.) (2005): The World Café: Shaping our Futures through Conversations That Matter. San Francisco, CA: Berrett-Koehler Publishers, Kindle ed.

- 벅(Buck, J.) & 빌라인스(Villines, S.) (2017): We the People. Consenting to a Deeper Democracy. Washington, D.C.: Sociocracy.info

- 캐드베리 경(Cadbury, Sir Adrian): Shareholders versus Customers. Economia. October 13, 2013. http://tinyurl.com/jrdjv64 (2017년 2월 6일 최종 접속)

- 샤레스트(Charest, G.) (2007): La Democratie Se Meurt! Vive la Sociocratie! Reggio Emilia, Italy: Esserci.

- 서클포워드(Circle Foward): http://www.circleforward.us/

- 쿠퍼라이더(Cooperrider, D.): Introduction to Appreciative Inquiry. AI Com

- 커네빈(Cynefin): https://en.wikipedia.org/wiki/Cynefin
- DAD: Disciplined Agile Delivery. http://www.disciplinedagiledelivery.com/
- 딥데모크라시(Deep Democracy): http://www.iapop.com/deep-democracy/
- 데닝(Denning, S.): What Is Agile? The Four Essential Elements. http://tinyurl.com/y7c4jgtg October 15, 2017. (2017년 12월 최종 접속)
- 드라고-세버슨(Drago-Severson, E.), 블루-데스테파노(Blue-DeStefano, J.), 아쉬가르(Asghar, A.) (2013): Learning for Leadership. Developmental Strategies for Building Capacity in Our Schools. Corwin Publishers.
- 두히그(Duhigg, C.): What Google Learned From Its Quest to Build the Perfect Team. The New York Times Magazine. February 25, 2016. http://tinyurl.com/zruz7tm (2017년 2월 17일 최종 접속)
- 엑슈타인(Eckstein, J.) (2004): Agile Software Development in the Large: Diving into the Deep. New York, NY: Dorset House Publishing.
- 에머리(Emery, F.E.) & 트리스트(Trist E.L.) (1973): Towards a Social Ecology: Contextual Appreciation of the Future in the Present by F. E. Emery. Springer.
- 엔덴뷔르흐(Endenburg, G.) (1998, 2nd ed.): Sociocracy: The organization of decision-making; "no objection" as the principle of sociocracy. Eburon
- 기업 스크럼(Enterprise Scrum): http://www.enterprisescrum.com/
- 어양(Eoyang, G.), 홀러데이(Holladay, R). (2013, ebook): Adaptive Action: Leveraging Uncertainty in Your Organization. Stanford, CA: Stanford University Press. Kindle ed.
- 폴렛(Follett, M.P.) (2013): Dynamic Administration: The Collected Papers of Mary Parker Follett. Martino Fine Books.
- 깃허브(GitHub): https://en.wikipedia.org/wiki/GitHub
- 걸드너(Guldner, J.): Unternehmensstruktur: Die Mär von flachen Hierarchien (engl.: Organization Structures: The fairy tale of flat hierarchies. Die Wirtschaftswoche. August 29, 2016. http://tinyurl.com/j2dlnds (2017년 2월 6일 최종 접속)

- 헤스먼 새이(Hesman Saey, T.): Proteins that reprogram cells can turn back mice's aging clock. Science News, December 15, 2016. http://tinyurl.com/z3c5k9k (2017년 2월 17일 최종 접속)

- 호프(Hope, J.) & 프레이저(Fraser, R.) (2003): Beyond Budgeting: How Managers Can Break Free from the Annual Performance Trap, Harvard Business Review Press.

- 호프(Hope, J.), 번스(Bunce, P.), & 뢰슬리(Röösli, F.) (2011): The Leader's Dilemma: How to Build an Empowered and Adaptive Organization Without Losing Control. San Francisco, CA: Jossey-Bass.

- 인간 시스템 역학(HSD): Human Systems Dynamics. http://www.hsdinstitute.org/

- 산업 분석 패널(Industry Analyst Panel), Agile 2016: http://tinyurl.com/hzevhj3 (2017년 2월 17일 최종 접속)

- 야콥센(Jacobsen, I.), 스펜스(Spence, I.) & 자이드비츠(Seidewitz, E.) (2016): Industrial-Scale Agile

- From Craft to Engineering. Communications of the ACM. December 2016. P. 63-71.

- 라루(Laloux, F.) (2014): Reinventing Organizations. A Guide to Creating Organizations Inspired by the Next Stage of Human Consciousness. Brussels, Belgium: Nelson Parker.

- 라르만(Larman, C.) & 보데(Vodde B.) (2016): Large-Scale Scrum. More with LeSS. Reading, Mass.: Addison-Wesley.

- 대형 스크럼(LeSS): Large Scale Scrum. https://less.works/

- 리프마노비츠(Lipmanowicz, H.) & 맥캔들리스(McCandless, K.) (2014): The Surprising Power of Liberating Structures: Simple Rules to Unleash A Culture of Innovation. Liberating Structure Press.

- 맥킨지 설문조사: http://tinyurl.com/yc36w9zv (2017년 11월 최종 접속)

- 모던애자일(ModernAgile): http://modernagile.org/

- 넥서스(Nexus): Exoskeleton for Scaled Scrum. Also referred to as SPS - Scaled Professional Scrum. https://www.scrum.org/Resources/The-Nexus-Guide

- 오픈스페이스월드(OpenSpaceWorld): http://openspaceworld.org/

- 오웬(Owen, H.) (2008, 3rd ed.): Open Space Technology. A User's Guide. Berrett-Koehler Publishers.

- 라이머(Reijmer, A.) & 슈트라흐(Strauch, B.) (2016): Soziokratie. Das Ende der Streitge

- 레스폰시브(Responsive): http://responsive.org and Zander, R.P. (2017): Responsive: What It Takes To Create A Thriving Organization. Zander Publishing.

- 로버트슨(Robertson, B. J.) (2015): Holacracy. The New Management System for a Rapidly Changing World. New York, NY. Henry Holt & Company.

- 로젠버그(Rosenberg, M.B.) (2015, 3rd ed.): Nonviolent communication. A Language of Life. PuddleDancer Press. Kindle ed.

- 확장형 애자일 프레임워크(SAFe): Scaled Agile Framework. http://www.scaledagileframe work.com/

- 확장원칙(ScaledPrinciples): ScALeD Agile Lean Development - The Principles. http://scaledprinciples.org/

- 샤머(Scharmer, C.O.) (2009, ebook): Theory U: Learning from the Future as It Emerges. San Francisco, CA: Berrett-Koehler Publishers, Kindle ed.

- 셈코(Semco): The Semco Institute. https://semcostyle.org/

- 센게(Senge, P.) et.al. (2011, ebook): The Necessary Revolution: How Individuals and Organisations Are Working Together to Create a Sustainable World. Clerkenwell, London, UK: Nicholas Brealey Publishing, Kindle ed. and online: https://www.solonline.org/

- 쉐리단(Sheridan, R.) (2015): Joy, Inc.: How We Built a Workplace People Love. Portfolio.

- 스노든(Snowden, D.) (2000): Cynefin: a sense of time and space, the social ecology of knowledge management. In: Despres, C., Chauvel, D. (eds.): Knowledge Horizons: The Present and the Promise of Knowledge Management. Butterworth-Heinemann, Oxford.

- 소시오크라시 3.0(Sociocracy 3.0): http://sociocracy30.org/

- 밸브(Valve): http://www.valvesoftware.com/jobs/, https://en.wikipedia.org/wiki/Valve_Corporation

- 뷰카(VUCA): http://tinyurl.com/nh9827f

- 와프(Waugh, R.): Mark Zuckerberg invests in CAPTCHA-crushing AI which "thinks like a human". welivesecurity. March 25, 2014. http://tinyurl.com/jmne5qa (2017년 2월 17일 최종 접속)

- 화이트허스트(Whitehurst, J.) (2015): The Open Organization: Igniting Passion and Performance. Harvard Business Review Press.

- 월드블루(World Blu): http://www.worldblu.com/

제2부 즉흥 연주

- 애자일 플루언시(Agile Fluency): http://martinfowler.com/articles/agileFluency.html; http://www.agilefluency.org

- 애자일 루체로(AgileLucero): http://agilelucero.com/

- 애자일 선언(AgileManifesto): http://agilemanifesto.org

- 앤드리슨(Andreessen, M.): Why Software is eating the World. The Wall Street Journal. August 20, 2011. http://tinyurl.com/jymevjd (last accessed, February 17, 2017)

- 비어(Beer, S.) (1995): Diagnosing the System for Organizations. New York: Wiley.

- 베르그만(Bergmann, F.) (2019, reprint ed.): New Work New Culture: Work We Want And A Culture That Strengthens Us. Zero Books.

- 비욘드버지팅 원칙: http://bbrt.org/the-beyond-budgeting

- 복스네스(Bogsnes, B.) (2016, ebook): Implementing Beyond Budgeting. Unlocking the Performance Potential. Hoboken, NJ: Wiley. Kindle ed.

- 복스네스(Bogsnes, B.) (2017, LinkedIn article): Hitting the target but missing the point - myths about target setting. 온라인: http://tinyurl.com/ybf2fcc4 (last accessed January, 2018)

- 벅(Buck, J.) & 빌라인스(Villines, S.) (2017): We the People. Consenting to a Deeper

Democracy. Washington, D.C.: Sociocracy.info.

- 커네빈(Cynefin): https://en.wikipedia.org/wiki/Cynefin

- 드라고-세버슨(Drago-Severson, E.), 블루-데스파노(Blue-DeStefano, J.), 아쉬가르(Asghar, A.) (2013): Learning for Leadership. Developmental Strategies for Building Capacity in Our Schools. Corwin.

- 에머리(Emery, F.E.) & 트리스트(Trist E.L.) (1973): Towards a Social Ecology: Contextual Appreciation of the Future in the Present by F. E. Emery. Springer.

- 어양(Eoyang, G.) (2009): Coping with Chaos: Seven Simple Tools. Circle Pines, MN: Lagumo.

- 어양(Eoyang, G.)과 홀러데이(Holladay, R.) (2013, ebook): Adaptive Action: Leveraging Uncertainty in Your Organization. Stanford, CA: Stanford University Press. Kindle ed.

- 갈런드(Garland, Jr., Theodore): "The Scientific Method as an Ongoing Process". U C Riverside. Archived from the original on 19 Aug 2016. http://tinyurl.com/y9xdr6aa

- 골드카드(GoldCard): http://tinyurl.com/j6q7b8a

- 호프(Hope, J.), 번스(Bunce, P.), & 뢰슬리(Röösli, F.) (2011): The Leader's Dilemma: How to Build an Empowered and Adaptive Organization Without Losing Control. San Francisco, CA: Jossey-Bass

- 인간 시스템 역학(HSD): Human Systems Dynamics. http://www.hsdinstitute.org/

- 허먼(Herman, M.) (2016): Inviting Leadership in Open Space. A Guide for Training and Practice. http://tinyurl.com/n2z4sg4 (2017년 4월 14일 최종 접속)

- 이스마일(Ismail, S.), 말론(Malone, M.S.) & 반 헤이스트(van Geest, Y.) (2014, Kindle ed.): Exponential Organizations. Why new Organizations are ten time better, faster, and cheaper than yours (and what to do about it). Diversion Publishing.

- ISO 9000: 품질경영 http://www.iso.org/iso/iso_9000

- 케펄(Kepferle, L.) & 메인(Main, K.) (1995): The University of Kentucky Center for Rural Health. In: 오웬(Owen, H.) (1995): Tales from Open Space. Abbott Publishing. 온라인 주소: http://tinyurl.com/kldsu4b (2017년 4월 29일 최종 접속)

- 커스(Kerth, N.) (2001): Project Retrospectives. A Handbook for Team Reviews. New York, NY: Dorset House Publishing.

- 크리펜도르프(Krippendorff, K.) (1986): http://pespmc1.vub.ac.be/ASC/Kripp.html (2017년 5월 17일 최종 접속)

- 레이본(Leybourn, E.) (2018): https://www.linkedin.com/pulse/dear-company-you-business-make-money-evan-leybourn/ (2018년 2월 최종 접속)

- 리프마노비츠(Lipmanowicz, H.) & 맥캔들리스(McCandless, K.) (2014): The Surprising Power of Liberating Structures: Simple Rules to Unleash A Culture of Innovation. Liberating Structure Press.

- 마몰리(Mamoli, S.) & 몰(Mole, D.) (2015): Creating Great Teams: How Self-Selection Lets People Excel. Pragmatic Bookshelf.

- 메직(Mezick, D.) 외 (2015, 2nd ed.): The OpenSpace Agility Handbook. Freestanding press.

- 오웬(Owen, H.) (2008, 3rd ed.): Open Space Technology. A User's Guide. Berrett-Koehler Publishers.

- 패튼(Patton, J.) & 이코노미(Economy P.) (2014, Kindle ed.): User Story Mapping: Discover the Whole Story, Build the Right Product. O'Reilly Media.

- Pedagogical Patterns Editorial Board. (2012): Pedagogical Patterns: advice for Educators. Joseph Bergin Software Tools.

- 프린키피아사이버네티카(PrincipiaCybernetica): http://pespmc1.vub.ac.be/ASC/PRINCI_SELF-.html

- 라이너첸(Reinertsen, D. G.) (2009, Kindle ed.): The Principles of Product Development Flow: Second Generation Lean Product Development. Celeritas Publishing.

- 리스(Ries, E.) (2011, Kindle ed.): The Lean Startup. How Today's Entrepreneurs Use Continuous Innovation to Create Radically Successful Businesses. Crown Publishing Group.

- 롬(Romme, Georges). Quest for Professionalism. (2016) The Case of Management and Entrepreneurship. Oxford University Press.

- 로스먼(Rothman, J.) & 엑슈타인(Eckstein, J.) (2014, Kindle ed.): Diving for Hidden Treasures: Uncovering the Cost of Delay in Your Project Portfolio. Practical Ink.

- 사티어(Satir V.), 고모리(Gomori M.), 반맨(Banmen J.) & 거버(Gerber. J.S.) (1991). The Satir model: family therapy and beyond. Palo Alto, CA: Science and Behavior Books.

- 슈나이더(Schneider, J.) (2017) Understanding how Design Thinking, Lean and Agile Work Together http://tinyurl.com/ya6kx7j9 (2017년 11월 최종 접속)

- 뷜블링(Wölbling, A.), 크레머(Krämer, K.), 부스(Buss, C.N.), 드리비슈(Dribbisch, K.), 로부(LoBue, P.) & 타헤리반트(Taherivand, A.) (2012): Design Thinking: An Innovative Concept for Developing User-Centered Software, in Software for People. Mädche, Alexander (eds.), Berlin: Springer.

제3부 음악에 맞춰 춤추기

- 애자일얼라이언스(AgileAlliance) 경험 보고서: http://tinyurl.com/ydf7uu3d

- 애자일 플루언시(Agile Fluency): http://www.agilefluency.org/model.php

- 비어(Beer, S.) (1995): Diagnosing the System for Organizations. New York: Wiley.

- 브레그만(Bregman, P.) (2009): How to Teach Yourself Restraint. Harvard Business Review 온라인: https://hbr.org/2009/06/how-to-teach-yourself-restrain.html (2017년 8월 최종 접속)

- 브레그만(Bregman, P.) (2012): If You're Too Busy to Meditate, Read This. Havard Business Reiview 온라인: https://hbr.org/2012/10/if-youre-too-busy-to-meditate.html (2017년 8월 최종 접속)

- 카버(Carver, J.) (1997, 2nd ed.): Boards That Make a Difference: A New Design for Leadership in Nonprofit and Public Organizations, San Francisco, CA: Jossey-Bass.

- 챈들러(Chandler, A.): http://tinyurl.com/y3nxuqgn (2019년 8월 최종 접속)

- 쿠퍼라이더(Cooperrider, D.): Introduction of Appreciative Inquiry. AI Commons. http://tinyurl.com/y8dlgygk (2017년 7월 최종 접속)

- 디그넌(Dignan, A.): The OS Canvas. How to rebuild your organization from the ground up. http://tinyurl.com/yavden66 (2018년 1월 최종 접속)

- 어양(Eoyang, G.)과 홀러데이(Holladay, R.) (2013, ebook): Adaptive Action: Leveraging Uncertainty in Your Organization. Stanford, CA: Stanford University Press. Kindle ed.

- 푸(Fu Y.) & 황(Huang ZJ.) (2010): Differential dynamics and activity-dependent regulation of alpha- and beta-neurexins at developing GABAergic synapses. In: Proceedings National Academy of Science U S A 2010 Dec 28; 107(52): 22699-704. doi: 10.1073/pnas.1011233108. Epub 2010 Dec 13.

- 고메즈(Gomez, P.) & 짐머만(Zimmermann, T.) (1999): Unternehmensorganisation: Profile, Dynamik, Methodik (Das St. Galler Management-Konzept), Frankfurt/Main. Campus.

- 허쯔버그(Herzberg, F.), 마우스너(Mausner, B.), 스나이더만(Snyderman, B. B.) (1959): Motivation to Work. 2nd ed. New York: Wiley.

- 홀랜드(Holland, J. S.) (2016): Unlikely Friendships DOGS. New York: Workman Publishing Co., Inc.

- 허버드(Hubbard, D.W.) (2014): How to Measure Anything: Finding the Value of Intangibles in Business. 3rd ed. New York: Wiley.

- 이스마일(Ismail, S.), 말론(Malone, M.S.) & 반 헤이스트(van Geest, Y.) (2014, Kindle ed.): Exponential Organizations. Why new Organizations are ten time better, faster, and cheaper than yours (and what to do about it). Diversion Publishing.

- 김위찬(Kim, W.C.) & 마보안(Mauborgne, R.) (2009): How Strategy Shapes Structure. In Harvard Business Review. http://tinyurl.com/j2bn2ak (2017년 2월 최종 접속)

- 클라인(Kline, N.) (2015): Time to Think: Listening to Ignite the Human Mind. Cassell.

- 커츠(Kurtz, C.F.) & 스노든(Snowden, D.) (2003): The new dynamics of strategy: Sense-making in a complex and complicated world In: IBM Systems Journal, Vol.42, No.3, p.462-

483. 온라인: http://alumni.media.mit.edu/~brooks/storybiz/kurtz.pdf (2017년 4월 5일 최종 접속)

- 라르센(Larsen, D.) & 니스(Nies, A.) (2016): Liftoff. Start and Sustain Successful Agile Teams. The Pragmatic Programmers.

- 라이커(Liker, J.K.) (2004): The Toyota Way: 14 Management Principles from the World's Greatest Manufacturer. New York: McGraw-Hill.

- 맨스(Manns, M.L.) & 라이징(Rising, L.) (2015): More Fearless Change: Strategies for Making Your Ideas Happen. Reading, Mass.: Addison Wesley.

- 멀더(Mulder, P.) (2014): The Kepner-Tregoe method: http://tinyurl.com/ydh652rp

- 포펜덱(Poppendieck, M.) & 포펜딕(Poppendieck, T.) (2003): Lean Software Development: An Agile Toolkit. Reading, Mass.: Addison-Wesley.

- 레스닉(Resnik, David A.) (2013): The Role of Reflection in Leader Identity Formation in Small- and Medium-Sized Organizations. Ph.D Dissertation, Cappella University, UMI # 3593145.

- 리스(Ries, E.) (2011, Kindle ed.): The Lean Startup. How Today's Entrepreneurs Use Continuous Innovation to Create Radically Successful Businesses. Crown Publishing Group.

- 셴(Shen, L.) & 시(Hsee, C.) (2017): Numerical Nudging: Using an Accelerating Score to Enhance Performance. Association for Psychological Science. http://tinyurl.com/yaqmm3sg

- SWOT: http://tinyurl.com/ls2ye7d

- 스테이시(Stacey, R.) (2012): Tools and Techniques of Leadership and Management. Routledge.

- 밸브(Valve): http://www.valvesoftware.com/jobs/, https://en.wikipedia.org/wiki/Valve_Corporation

- 폭스바겐법(Volkswagen Act): https://en.wikipedia.org/wiki/Volkswagen_Act

- 메리엄-웹스터(Merriam-Webster): http://merriam-webster.com/dictionary/pattern

제4부 파티 타임

- 헨리브라운(Hanleybrown, F.), 카니아(Kania, J.) & 크레이머(Kramer, M.) (2012): Channeling Change: Making Collective Impact Work. Stanford Social Innovation Review 2012.
- 잰더(Zander, R.P.) (2017): Responsive: What It Takes To Create A Thriving Organization. Zander Publishing.

비욘드버지팅 원칙(비욘드버지팅에서 발췌[1])

1. **목표** : 단기 재정 목표에 집착하기보다는 대담하고 숭고한 목적을 가진 사람들을 참여시키고 그들에게 영감을 주어라.

2. **가치관** : 세부적인 규칙과 규정이 아닌 공동의 가치와 건전한 판단을 통해 통치하라.

3. **투명성** : 자율 규제, 혁신, 학습 및 통제를 위해 정보를 개방하고 제한하지 말라.

4. **조직** : 강한 소속감을 기르고, 책임 있는 팀들을 위주로 조직을 구성하며, 계층적 통제와 관료주의를 피하라.

5. **자율성** : 행동할 자유를 가진 사람들을 신뢰하라; 누군가 그것을 남용한다고 모든 사람들을 처벌하지 마라.

6. **고객** : 모든 이의 업무를 고객의 요구와 연결하고 이해 상충 피하라.

7. **리듬** : 달력이 아니라 비즈니스 리듬과 이벤트를 중심으로 역동적인 경영 프로세스를 구성하라.

8. **목표** : 하달된 고정 목표를 지양하고 방향성을 가지며, 포부가 넘치는 상대적인 목표를 설정하라.

9. **계획 및 예측** : 계획 및 예측을 엄격하고 정치적인 활동이 아니라 군더더기 없고 편견 없는 프로세스로 만들어라.

10. **자원 할당** : 세부적인 연간 예산 할당이 아니라 비용을 의식하는 사고방식 함양을 통해 필요한 자원을 적기에 사용할 수 있도록 하라.

11. **성과 평가** : 학습과 발전을 위한 동료 피드백과 전체적인 성과를 평가하라. 측정에만 근거하지 말고 보상만 고려하지 말라.

12. **보상** : 고정된 성과 기반 계약이 아니라 경쟁에서 얻은 공동의 성공에 대해 보상하라.

---

1   https://bbrt.org/the-beyond-budgeting-principles/

오픈스페이스 원칙(위키피디아 오픈스페이스 표제에서 발췌[2])

1. **누가 오든 모두 적절한 사람들이다.** 이는 무언가를 하기 위해서는 CEO와 100명의 인원이 필요한 것이 아니라 그 문제에 관심을 가지는 사람이 필요하다는 것을 말해준다. 그리고 일반적인 회의에서 방향성이나 통제력을 갖지 않았던 사람이 바로 오픈스페이스 회의의 다양한 참여 세션에서 두각을 나타내는 사람이다.

2. **언제 시작하더라도 모두 적절한 시간이다.** 이는 "정신과 창의성이 24시간 내내 깨어있을 수 없다"는 것을 말해준다.

3. 어디가 되었든 모두 적절한 장소이다. 이는 어느 곳이든 항상 열려 있다는 것을 말해준다. 이 점을 의식하고 있어야 한다.

4. **어떤 일이 일어나더라도 모두 그럴만한 일이 일어나는 것이니, 놀라지 않도록 대비하라!** 이는 어떤 일이 일어났다면 아무리 조바심을 내고 불평하고 떼를 써도 그것을 바꿀 수 없다는 점을 말해준다. 그저 결과를 받아들이고 다음 단계로 넘어가라. 이 문구의 뒷부분은 이 모든 것이 결국 좋은 결과를 가져올 것이라는 점을 알려준다.

5. **한 가지가 끝나면 그제서야 (이번 세션 내에서) 끝난 것이다.** 이는 일단 제기된 문제를 해결하는 데에 시간이 얼마나 걸릴지 알 수 없지만, 그 문제나 작업 또는 대화가 끝나면 다음으로 넘어가야 한다는 점을 말해준다. 세션이 30분 남았더라도 그 시간을 고수하지 마라. 시간을 지키는 것이 아니라 일을 해야 한다.

위의 다섯 가지 원칙 외에도 **"두 발의 법칙"**이라고 불리는 법칙이 있다. 참가하는 동안 참가자 자신이 배우지도 않고 기여도 하지 않는 상황이 된다면, 두 발을 이용하여 다른 곳으로 가야 한다.

---

2   https://en.wikipedia.org/wiki/Open_Space_Technology

소시오크라시 원칙(소시오크라시에서 발췌[3])

1. **동의** : 동의의 원칙은 (규칙을 정하거나 변경하는) 각 정책 결정이 동의에 의해 이루어지도록 한다. 동의는 의견일치가 아니다. 즉, 동의한다고 해서 모든 사람이 찬성한다는 뜻은 아니다. 이는 감당할 수 없는 위험이 무엇인지 알 수 있는 사람은 없다는 뜻이다. 우리는 누군가(보통은 중재자)가 "이 제안을 채택할 때 감당할 수 없는 위험이 예상됩니까?"라고 물을 때 우리가 동의에 의해 결정을 내렸다는 사실을 알게 된다. 회의 참가자들이 감당할 수 없는 위험을 발견하지 못했다고 확인한다면, 우리는 그 제안에 설명된 실험을 시도해 보겠다는 동의에 의해 결정을 내리게 된다. 정책이 게임의 규칙이라면 운영은 '실제 게임'이다. 우리는 동의에 의해서만 정책 결정을 내리지만, 운영 결정은 규칙에 따라 정할 수 있다. 운영 결정은 대개 예산과 의사 결정을 특정 역할에 위임하며 해당 역할에 인력을 할당하는 것을 의미한다.

2. **서클** : 서클의 원칙은 소시오크라시 조직이 자신의 팀원을 관리하고, 동시에 자신의 작업 방법을 결정하며, 자신의 예산을 관리하는 반(半)자율적이고 자기 조직적인 팀들로 구성되어 있다고 말한다. 각 서클은 동의에 의해 자신의 정책(그리고 다른 서클에 적용되는 정책)을 정의하고, 운영 작업에 적절한 여러 가지 의사 결정 방법들을 사용한다. 서클의 원칙에서 핵심은 각 서클이 (조직 내부 또는 외부의) 특정 고객에게 특정 유형의 가치를 제공하는 것을 목적으로 구성된다는 점이다. 예를 들어 과수원을 위한 서클이라면 재배업자, 운송업자, 판매원, 회계사, 또는 적어도 이러한 각 분야에 해당하는 하위 서클들을 관리하는 인원들을 포함할 것이다. 각 특정 유형의 가치는 목표가 된다.

3. **피드백** : 피드백의 원칙은 업무에서, 특히 조직의 권력 구조에서 피드백 프로세스를 사용하라고 말한다. 기업들 대부분이 하향식 조직 구조를 갖기에 관리자들은 조직 내 각 단계

---

3   http://thesociocracygroup.com/home/basic-principles/4-principles/

의 연결 고리 역할을 하고 있지만, 이러한 '단일 연결'은 종종 실무자들은 알고 있고 '고위 경영진'들은 알지 못하는 핵심 정보의 정체 구간이 되기도 한다. 소시오크라시 조직들은 각각의 서클이 상위의 서클과 연결되는 '이중 연결'을 사용한다. 정상적으로 운영된다면 운영 리더 역할은 상위 서클의 지침과 우선순위를 하위 서클에 전한다. 대표 역할은 하위 서클의 피드백과 지침을 자신의 보고 대상인 서클에 전한다. 대표자들은 자신의 두 서클 중 상위 서클에서 어떠한 운영 책임도 갖지 않을 수도 있지만, 그들은 (운영 리더와 함께) 엄연히 동의 의사 결정을 위해 필요한 두 서클의 구성원이다.

4. **선출** : 동의에 의한 선출의 원칙은 중요한 균형 감각을 제공한다. 동의를 얻어 내린 정책 결정을 이용하여 거의 모든 결정을 운영 역할이나 프로세스에 위임할 수는 있지만, 대표자 등 중요한 역할의 선출은 위임할 수 없다. 대표자들은 그들이 대표하는 서클의 동의에 의해 선출되어야 한다. 이로써 조직은 '동의'라는 연대감으로 견고해지고, 권력은 조직 전체를 순환하게 된다.

애자일 원칙

애자일 선언[4]에서 발췌 : 우리는 이것을 통해 소프트웨어를 개발하고 다른 이들을 돕는 더 나은 방법을 찾아가고 있다. 이 작업으로 우리는 다음의 가치들을 발견하였다.

- 프로세스와 도구보다는 개인과 상호 작용
- 포괄적인 문서보다는 업무 소프트웨어
- 계약 협상보다는 고객 협업
- 계획을 따르기보다는 변화에 대응

4　http://agilemanifesto.org

즉, 먼저 언급한 것들에도 가치가 있지만 우리는 그다음에 언급한 것들에 더 높은 가치를 부여한다.

역시 애자일 선언[5]에서 발췌한 것으로, 우리는 다음의 원칙들을 따른다.

1. 우리의 최우선 과제는 가치 있는 소프트웨어를 조기에 지속적으로 제공하여 고객을 만족시키는 것이다.
2. 비록 개발이 늦어지더라도 변화하는 요구 사항을 환영하라. 애자일 프로세스는 고객의 경쟁 우위를 위해 변화를 활용한다.
3. 작업 소프트웨어를 몇 주에서 몇 개월 혹은 좀 더 짧은 주기로 자주 제공하라.
4. 사업자들과 개발자들은 프로젝트 내내 매일 함께 일해야 한다.
5. 동기 부여가 된 개인들을 중심으로 프로젝트를 구축하라. 이들에게 필요한 환경을 제공하고 지원하며, 임무를 완수할 수 있도록 신뢰하라.
6. 개발 팀에게 정보를 전달하는 가장 효율적이고 효과적인 방법은 면대면 대화이다.
7. 작업 소프트웨어는 상황을 파악할 수 있는 주요 척도이다.
8. 애자일 프로세스는 지속 가능한 개발을 촉진한다. 후원자, 개발자, 사용자는 일정한 속도를 오랫동안 유지할 수 있어야 한다.
9. 뛰어난 기술과 우수한 설계에 꾸준히 주의를 기울이면 민첩성을 향상시킬 수 있다.
10. 단순성, 즉 하지 않을 업무의 양을 최대화하는 기술은 필수적이다.
11. 최고의 아키텍처와 요구 사항, 설계는 자기 조직화 팀에서 나온다.
12. 자기 조직화 팀은 더욱 효과적인 운용 방법을 주기적으로 고민하며, 그 결과에 따라 팀의 활동을 조정하고 조율한다.

저자 소개

유타 엑슈타인 (Jutta Eckstein)

유타 엑슈타인은 독일의 코치, 컨설턴트, 트레이너, 작가, 강
사이다. 컨설턴트로서 대규모 조직과 분산된 조직에서도 실
현할 수 있는 전사적 애자일과 (사회적, 경제적, 환경적) 지속가
능성을 중심으로 활동하고, 세계 여러 곳의 팀과 조직의 애자
일 전환을 지원하고 있다. 또한 작가로서 그동안 크고 작은

프로젝트에서 애자일 프로세스를 적용한 자신의 경험을 글로 남기고 있다. 비즈니스 코칭
및 변화 관리 석사, 제품 엔지니어링 석사 및 교육학 학사 학위를 받았으며, 생태 환경주의
오염 관리 위원(pollution control commissioner) 교육도 이수하였다.

애자일 얼라이언스(Agile Alliance)의 회원으로 2003년부터 2007년까지 이사회에서 활동하였
으며, 미국과 아시아, 유럽 등 세계 각지의 다양한 회의의 프로그램 위원회 회원으로 활동하
고 있다.

저자 유타 엑슈타인에 대해 더 알고 싶다면 :

* 트위터 @juttaeckstein
* 링크드인(LinkedIn) https://linkedin.com/in/juttaeckstein/
* 싱(Xing) http://xing.com/profile/Jutta_Eckstein
* 홈페이지 http://jeckstein.com

존 벅 (John Buck)

존 벅은 교육 및 컨설팅 국제 조직인 거버넌스얼라이브 유한 회사(GovernanceAlive LLC)의 회장이다. 이 회사는 미국 워싱턴 DC에 본사가 있으며, 조정 및 회의 퍼실리테이션 서비스도 제공하고 있다. 그는 다수의 소시오크라시 교육 워크샵을 진행하였고, 다양한 조직의 소시오크라시 구현 프로젝트를 이끌어왔다. 최근에는 전사적 애자일 구현을 위한 보사노바(BOSSA nova)까지 활동 범위를 넓혀 다양한 단체의 이사회에서 활동하고 있다. 후지쯔의 고등 소프트웨어 연구소와 함께 대면, 온라인, 비동기(asynchronous) 회의 개선 소프트웨어인 위버(Weaver)를 개발하는 등 그의 연구 개발은 현재 진행 중이다.

존 벅은 대규모 정보기술 프로젝트 관리 등 정부 및 기업체 관리 경험이 풍부하다. 플라스틱 제조업체, 대학교, 장기 요양시설, 공동주택단체, 비정부기구, 식품생산업체, 소프트웨어 기업 등 전 세계에 다양한 고객들을 확보하고 있다.

그는 조지 워싱턴 대학에서 수량 사회학(Quantitative Sociology) 석사 학위를 받았다.

저자 존 벅에 대해 더 알고 싶다면 :

- 트위터 @johnabuck
- 링크드인(LinkedIn) https://linkedin.com/in/john-buck/
- Governance Alive http://www.governancealive.com

《위 더 피플, 더욱 성숙한 민주주의를 위한 합의
(We the People, Consenting to a Deeper Democracy)》

저자: 존 벅, 샤론 빌라인스

존 벅과 샤론 빌라인스의 《위 더 피플, 더욱 성숙한 민주주의를 위한 합의(We the People, Consenting to a Deeper Democracy)》 개정판이 2017년 9월에 종이책과 전자책 형태로 출간되었다. 마틴 그림쇼(Martin Grimshaw)는 "소시오크라시야말로 본질적으로 단순하고 인간적이며 실용적인 21세기에 필수적인 도구"라고 설명한다.

《위 더 피플》은 2007년 초판이 출간된 이후 소시오크라시의 원칙과 실행, 그리고 그 역사와 이론적 기반의 기준이 되어왔다. 이 책은 소시오크라시의 역사, 원칙, 이론을 종합적으로 설명하며, "실행 방법"에 대한 정보, 역사적인 문헌의 소개, 회의 과정에 대한 지침, 용어사전, 참고문헌 및 색인 등도 담고 있다. 현재 판매 중인 개정판에는 수정사항이 반영되었다.

개정판은 업데이트된 내용을 많이 담고 있으며, 21세기의 협력이 실제로 가능한 조직을 설계하고 조직하는 방법을 배울 수 있어 최고의 소시오크라시 학습서로서 손색이 없다. 이 책은 업무에 유용한 내용만 담고 있는 것이 아니라, 더 효과적이고 효율적이며 조화로운 일터와 유대관계도 조명한다. 이 책은 동등성, 투명성, 그리고 책임에 가치를 두고 있다.

소시오크라시는 팀과 부서에서 이루어진 정책 결정에 대한 동의의 의사 결정을 기반으로 한다. 서클이라고 불리는 팀들은 의사소통, 특히 피드백에 최적화되도록 설계된 계층 구조에서 상호연결되어 있다. 조정 또는 총괄 관리 서클은 해당 팀원을 포함하며 모든 구성원의 동의로 정책 결정을 내린다. 이를 통해 정책이 조직 전체에 완벽하게 전달되고, 원활하고 효율적으로 구현된다.

"폐쇄적인 선형 시스템의 기계적 모델이 사이버네틱스 및 복잡성 이론으로 대체되면서 세상이 움직이는 원리에 대한 우리의 생각이 근본적으로 바뀌었다. 꿀벌의 세계 등 자연계만큼

《조직 변화를 위한 회고 회의(Retrospectives for Organizati onal Change): 애자일 접근법》, 2판

저자: 유타 엑슈타인

이 책에서 유타 엑슈타인은 본래 피드백을 얻기 위한 일종의 촉 진 워크샵이었던 회고 회의를 조직 변화의 시작과 구현을 위해 개념적으로 적용하는 방법을 알려준다.

기술적으로 말하면 회고 회의는 한 집단이 과거의 공동 작업 기 간을 뒤돌아보고 그로부터 배우는 도구였다. 조직 변화를 위한 회고 회의 참석자들은 공동 의 과거를 공유하지 않지만, 각자 다른 개인적 경험으로부터 서로 배우면서 이를 공유된 미 래를 형성하기 위한 기초로 사용한다. 이 방법의 가장 큰 장점은 다양한 그룹의 경험을 활용 한다는 것이다. 특히 변화가 너무나 역동적이라 목표에 대한 접근법이 불분명하거나 복잡한 경우, 혹은 목표 자체가 결정되지 않은 경우, 조직 변화를 위한 회고 회의가 해결 방법을 제 공할 수 있다.

이 책에서는 조직 변화를 위한 회고 회의의 사용에 대한 개념적 아이디어를 다루며, 실제 적 용에 대한 피드백과 경험담도 담고 있다.

"회고 회의의 의례와 실행에 관한 책들이 여럿 있었지만, 이 중요한 의식의 '이유'를 공유해 준 책은 없었다. 유타는 회고 회의가 얼마나 유용한지를 알려주는 실제 경험 사례들을 보여 주었고 회고 회의를 사용하여 조직의 변화를 주도한 연구 내용도 공유해 주었다. 이 책을 꼭 한 번 읽어보라!" -《두려움 없는 변화와 더 두려움 없는 변화(Fearless Change and More Fearless

Change)》의 공동 저자 린다 라이징

《숨은 보물찾기(Diving for Hidden Treasures): 프로젝트 포트폴리오에서 지연 비용 파악하기》

저자: 요한나 로스먼 & 유타 엑슈타인

여러분의 회사는 프로젝트의 추정치로 가치를 평가하고 순위를 매기는가? 단기 프로젝트를 제외하면 추정치는 틀리는 경우가 많다. 원하기만 해서는 계획했던 가치를 실현하지 못한다. 어떻게 하면 잠재적 가치를 실현하기 위한 프로젝트를 제시간에 완료할 수 있을까?

추정치 대신 지연 비용을 사용하여 프로젝트를 평가하고 순위를 매겨보라. 멀티태스킹, 제시간에 완수되지 못한 여러 프로젝트, 전문가가 대기 중인 작업, 청결 수칙에 대한 지나친 주의, 수없이 많은 경영진의 결정 등 프로젝트 지연 비용이 발생하는 이유는 다양하다.

일단 지연 비용에 대해 알아야 무엇을 해야 할지 정할 수 있다. 멀티태스킹은 중지할 수 있다. 전문가가 필요한 부분을 없앨 수도 있다. 진행 중인 프로젝트 작업 수를 줄일 수도 있다. 지연 비용을 사용하여 조직 내 프로젝트 작업의 순위를 매길 수 있다. 프로젝트, 프로그램 또는 프로젝트 포트폴리오에 대한 나은 의사 결정을 내리도록 지연 비용을 사용하는 방법을 배워 보라.

프로젝트가 늦어지는 상황이 궁금한 적이 있는가? 프로젝트가 늦어지는데 그 이유를 몰라서 걱정되는가? 지연 비용을 통해 지연이 발생하는 위치와 이유를 확인할 수 있다. 멀티태스킹, 전문가 및 다른 프로젝트의 지연과 같은 일반적인 관행들이 프로젝트를 지연시킬 수 있다. 프로젝트의 지연 비용을 분석하고 제거하기 위한 간단한 도구와 방법에 대해 알아보자.

《분산 팀 조직을 통한 애자일 소프트웨어 개발

(Agile Software Development Distributed Teams)》

저자: 유타 엑슈타인

모든 소프트웨어 프로젝트는 시간적, 지리적, 문화적, 언어적, 정치적, 역사적 거리라는 과제를 안고 있다. 다양한 형태의 거리는 심지어 같은 방에 있는 개발자들에게도 영향을 미친다. 이 책의 목표는 애자일의 두 가지 주요 요소, 즉 애자일에 필요한 긴밀한 협업과 여러 도시, 국가 및 대륙에 분산되어 있는 프로젝트 팀을 조율하는 것이다. 이 책에서 유타 엑슈타인은 실제로 여러 가지 애자일 방법과 그에 필요한 지속적인 커뮤니케이션만이 분산 프로젝트의 과제를 해결할 수 있다고 주장한다. 민첩성은 변화에 대한 대응력이기 때문에, 애자일 실무자는 변화하는 환경과 결과를 수용할 수 있는 유연성을 유지해야 한다. 반복 개발은 글로벌 프로젝트 팀이 달성해야 하는 학습 곡선에 도움이 된다.

이 책은 작업을 외주하고 문제를 잊는 방법에 관한 내용을 다루지 않는다. 그와 반대로 엑슈타인은 개발 파트너를 신중하게 선택한 후 노력과 프로세스를 통합하여 한 명의 기여자가 달성할 수 있는 것보다 더 나은 결과물을 만드는 방법을 자세히 설명한다. 저자는 템플릿이나 도표보다는 주제 토론과 연구를 중요하게 생각한다. 책 여러 곳에서 실무자들이 전하는 짧지만 생생한 경험담들을 확인할 수 있다. 엑슈타인은 독자들이 변화의 주도자가 되어 이 책에 나오는 개념을 창의적으로 적용하고 성공을 위한 맞춤형 분산 프로젝트를 계획하도록 도와준다.

이 책은 다음의 주제를 다루고 있다.

- 생산성 신화
- 개념적 무결성 보장
- 신뢰 및 상호 존중
- 가상 회고 회의

《대규모 팀의 애자일 소프트웨어 개발

(Agile Software Development in the Large)》

저자: 유타 엑슈타인

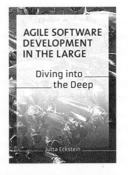

애자일 또는 "경량" 프로세스는 소프트웨어 개발 산업에 혁명을 가져왔다. 이 프로세스는 기존의 소프트웨어 개발 프로세스보다 더 빠르고 효율적이다.

이를 통해 개발자는 프로젝트 중간에 요구 사항 변경을 수용하고, 작업 소프트웨어를 자주 제공할 수 있으며, 나아가 소프트웨어 개발의 인적 요소에 집중할 수 있다.

안타깝게도 대부분의 애자일 프로세스는 요구 사항의 빠른 변화에 대처해야 하는 중소 소프트웨어 개발 프로젝트를 위해 설계되었기 때문에 대규모 팀에게는 불리했다!

이 책에서 애자일 커뮤니티의 주요 연설자이자 컨설턴트인 유타 엑슈타인은 200명 규모의 팀으로까지 애자일 프로세스를 확장하는 방법을 보여준다. 똑같은 기술이 대규모 조직 내에서 10명 미만의 개발자로 구성된 팀에도 적용된다.

이 책은 다음의 주제를 다루고 있다.

- 대규모 팀에서 사용되는 애자일 가치 시스템
- 애자일 프로세스 전환의 영향
- 여러 하부 팀의 애자일 조정
- 프로젝트 규모 및 팀 규모가 기본 아키텍처에 미치는 영향

대규모 프로젝트를 힘들게 만드는 유연하지 못한 프로세스에 좌절할 필요가 없다! 이 책을 통해 애자일 소프트웨어 개발의 효율성과 적응력을 마음껏 활용하라.

BOSSAnova
:우아하고 경쾌하게 조직 혁신하기

초판 1쇄 인쇄   2022년 08월 17일
초판 1쇄 발행   2022년 08월 31일

지은이   유타 엑슈타인, 존 벅
옮긴이   오웅석
감수자   주현희
펴낸이   최익성

기 획   김민숙
책임편집   박정은
마케팅 총괄   임동건
마케팅   임주성, 홍국주, 김아름, 신현아, 김다혜, 이병철, 송현희, 김신혜
마케팅 지원   안보라, 안민태, 우지훈, 박성오, 신원기, 박주현, 배효진
경영지원   임정혁, 이순미
펴낸곳   플랜비디자인
디자인   박영정

출판등록   제2016-000001호
주 소   경기도 화성시 첨단산업1로 27 동탄IX타워 A동 3210호
전 화   031-8050-0508   팩 스 02-2179-8994   이메일 planbdesigncompany@gmail.com
홈페이지 https://www.planb.ac

ISBN   979-11-6832-030-7 (03320)